Yannik Chauvin

Le roman de la guerre des Gaules

La furie helvète

Livre I

Alphée

Jean-Paul Bertrand

www.editions-alphee.com

Couverture : Atelier Patrick Guillon.
Image de couverture : Fresque de Giovanni Demin,
« Les Helvètes se soumettent à Jules César » © Electa / Leemage.

EAN : 978 2 7538 0364 0

À Dominique,
et à Emmanuelle, Gabrielle et Rafaèle
pour leur soutien indéfectible.

La guerre des Gaules constitue
l'un de ces événements « charnières »
qui marquent notre histoire,
avec un « avant » et un « après »,
l'« après » comptant infiniment plus que l'« avant ».

Christian Goudineau, *César et la Gaule.*

BRETAGNE
Catuvellaunes
Cénimagnes
Trinobantes
Ancalites
Cassès
Segontiaques
Bibroques
Durotriges
Dobunnes
Atrébates
Cantiates
Dumnonnes
Manche
Morins
GAUL
Mén
Atrébates
Nerviens
Sambre
Ambiens
Viromanduens
Atuatuc
Bellovaques
Calètes
Veliocasses
Suessions
Oise
Aisne
Rèmes
Unelles
Lexoviens
Aulerques Eburovices
Parisiens
Meldes
Tricasses
Seine
Esuviens
Coriosolites
Osismes
Abrincates
Ambibarres
Redons
Aulerques Diablintes
Carnutes
Sénons
Vénètes
Aulerques Cénomans
Namnètes
Andécaves
GAULE
Lingo
Mandu
Loire
Cher
Turons
Ambiliates
Lemovices Armoricains
Eduens
Océan Atlantique
Bituriges
Boiens
Allier
Pictons
Ambivarètes
CELTIQUE
Vienne
Lémovices
Amba
Santons
Ségusiavo
Dordogne
Arvernes
Vellaves
Cocosates
Boiates
Pétrocores
Helviens
Vasates
Nitiobriges
Gabales
Vocates
Sotiates
Cadurques
Garonne
GAULE
Rutènes
Volques Arécomiques
Tarusates
Elusates
Ausques
Tolosates
NARBONNAIS
Cantabres
Ptianes
Tarbelles
AQUITAINE
Autrigons
Suburates
Biguerres
Garumnes
Volques Tectosages
Vascons
HISPANIE
M

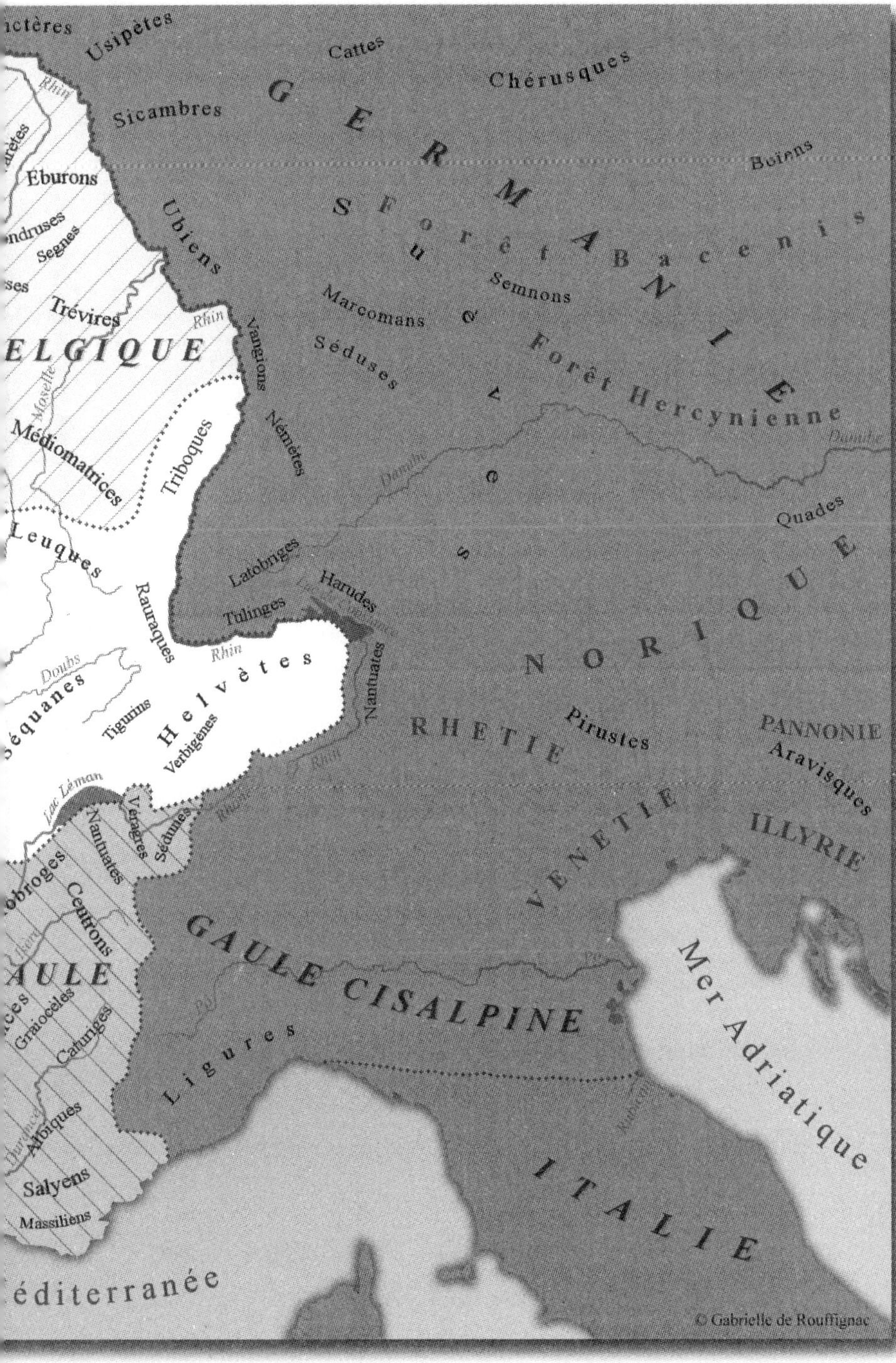

LES PEUPLES DES GAULES AU TEMPS DE CÉSAR

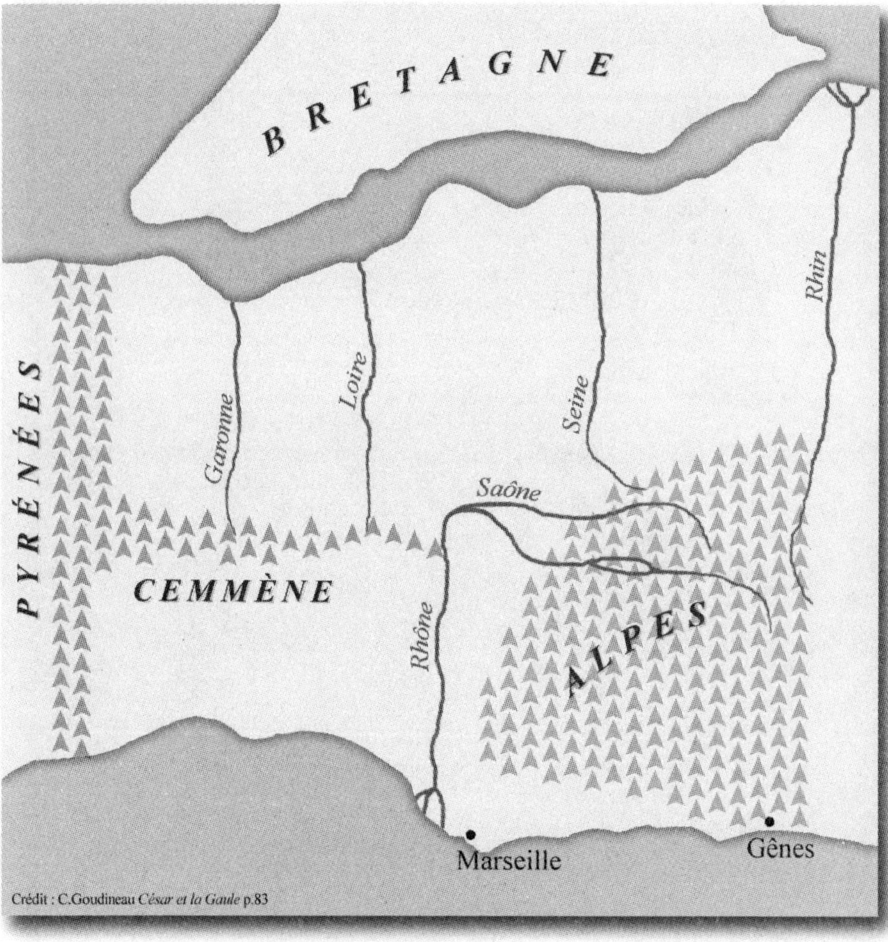

LA GAULE TELLE QU'ON SE LA REPRÉSENTAIT À L'ÉPOQUE DE CÉSAR

(d'après le géographe grec Strabon)

PRINCIPAUX PERSONNAGES

LES HELVÈTES

Artébax	Druide
Artovindas	Traître, à la solde de César
Camilas	Lieutenant d'Orgétorix
Crilax	Homme de main d'Orgétorix
Danna	Fille d'Orgétorix
Divicon	Vieux général Tigurin. Conseiller militaire de Ségorix
Dubigabr	Traître, à la solde de César
Harilac	Chef du clan des Sarunètes. Général en chef de l'armée helvète
Marmilas	Conseiller particulier de Ségorix. Espion à la solde de César
Nammée	Noble d'Helvétie. Négociateur auprès de César
Orgétorix	Chef de clan
Saanorix	Chef du clan des Tigurins
Ségorix	Roi élu des Helvètes
Vérucloet	Noble d'Helvétie. Ambassadeur auprès de César

LES ROMAINS

César	(Caïus Iulius) Proconsul de Gaule transalpine
Crassus	(Publius Licinius) Fils du triumvir. Lieutenant de l'état-major de César
Labiénus	(Titus Attius) Adjoint militaire de César. Stratège. Homme de confiance
Libérius	(Lucius) Lieutenant de l'état-major particulier de César
Mercator	(Caïus Iulius) Questeur chargé de l'intendance. Lointain cousin de César
Probus	(Marcus Fulvius) Lieutenant de l'état-major particulier de César
Procillus	(Caïus Valerius) Conseiller particulier de César
Servilius	(Caïus) Lieutenant de l'état-major particulier de César

LES LÉGIONS ROMAINES

	Général-commandant	***Enseigne***	***Effectif***
VII	Aurélius (Quintus)	Renard	5 000 hommes
VIII	Naso (Caïus Horatius)	Ours	5 000 hommes
IX	Drusus (Marcus)	Dauphin	4 000 hommes
X	Capito (Aulius Tullius)	Lion	6 000 hommes
XI	Octavus (Lucius)	Eléphant	4 000 hommes
XII	Cornélius Minor (Titus)	Alouette	5 000 hommes

LES AUTRES

SEQUANES

Castix	Chef de clan
Catamantal	Père de Castix. Ancien roi des Séquanes

ÉDUENS

Diviciac	Druide. Chef des druides de Gaule. Frère de Dumnorix
Dumnorix	Frère de Diviciac. Précédent roi des Éduens
Éborac	Noble éduen de l'entourage de Lisc
Lisc	Roi élu des Éduens

ALLOBROGES

Sénonac	Roi élu des Allobroges

CHAPITRE I

COUP D'ÉTAT

MARS -61

EN HELVÉTIE

DEPUIS TROIS JOURS, le vent, glacial à ne pas mettre un barbare dehors, torture la vallée. Une quinzaine de bovins, allongés pêle-mêle et raides, les côtes saillantes ondulant sous la peau uniformément neigeuse, offrent au ciel lourd un masque ricanant. Les chiens, faméliques eux aussi, la truffe au ras de la neige, contournent ces carcasses doucement, respectueusement, presque tendrement. D'un regard en coin, ils saluent la mort. Au-dessus, les buses tournoient en vol planant, patientes et résolues. La Dent de l'Ours plante son aiguille dans le nuage blanc, sale et bas ; comme limée par les dieux, elle ne présente plus au regard que ses contreforts hérissés de mélèzes gris. Le frottement de la soie du vent sur la mousse de la neige polie rend une mélopée monotone, chuintante et triste que lacère, de loin en loin, la voix hurlante d'impuissance d'une bête affamée. Hormis les cris sporadiques des loups, le silence règne. Ou plutôt une absence de bruit. Pas de bruit d'oiseaux, pas davantage de bruit d'animaux terrestres, de bruit d'enfants, d'une quelconque vie. La glace emprisonne le gargouillis de la rivière. Dans les auges, simples pierres creuses parsemées le long des haies, l'eau, figée, renvoie le ciel lourd. Prises en glace elles aussi, les maisons couvertes de chaume et les huttes, dont les toits de branches et de paille ploient sous la neige, apparaissent statufiées. À l'intérieur, dans des âtres rudimentaires, tablettes de pierres plates empilées, des pains de tourbe en combustion tentent de contenir les lacérations piquantes des vents coulis qui fraient leur chemin par les interstices. Les habitations vomissent de tous leurs pores de lourdes volutes noirâtres que la bise, complice de la neige immaculée, se charge d'éparpiller aussitôt.

En Helvétie, cet hiver cingle dur.

Les habitants forment un peuple de braves. Le climat rude dans ces montagnes, la résistance incessante des Helvètes aux attaques répétées des Germains du Nord et de l'Est, leurs propres tentatives d'incursion pour élargir leur pré carré, leur ont forgé le caractère et l'endurance. Jusqu'à présent, la géographie les a tenu éloignés des mœurs raffinées de la Province et la civilisation émolliente des contrées ensoleillées leur a épargné ses tentantes facilités.

MARS -61

LA CONJURATION

Assis en cercle autour du feu qui rougit le centre de la pièce, Orgétorix et ses compagnons tiennent conférence. Bien que de taille respectable, il n'est pas un colosse, même si l'épaisse pelisse qui le protège du froid, comparable à celles de ses compagnons, fait illusion en attribuant à chacun un égal volume. Les quelques nobles des diverses tribus, réunis par ce matin glacial de mars, lui reconnaissent une volonté de fer. Beaucoup de ceux qui en ont douté ont disparu ! Issu de la race dont on fait les manœuvriers, puis les meneurs, Orgétorix a commandé maintes expéditions guerrières, dont certains peuples voisins parlent encore avec effroi. Les copieux butins qu'il a amassés lui ont procuré une fortune considérable, qu'il consacre à son unique ambition : détrôner Ségorix, se débarrasser au passage de ceux des nobles qui ont rechigné à le prendre pour chef et devenir ainsi roi des Helvètes.

La réunion d'aujourd'hui présente tous les signes d'une conjuration.

Orgétorix dévoile son plan.

— Compagnons, l'Helvétie est devenue trop petite pour nous : cinq jours de cheval du nord au sud, et à peine plus de l'est à l'ouest, ce n'est pas assez pour nos quatre tribus ! Ces montagnes partout rendent la culture difficile et aléatoire ! La neige six mois par an empêche les troupeaux de paître. Par dessus le marché, voilà que nos femmes font des enfants à tour de bras ! D'un côté, notre peuple se développe, mais, de l'autre, par Lug, il manque d'air !

Il accompagne son discours de grands gestes simulant un espace imaginaire plus large qu'il ne peut l'embrasser.

L'assemblée des seigneurs ne dit rien. Déjà peu bavards par nature, les chefs laissent venir Orgétorix dont nul n'ignore l'appétit de pouvoir dévorant.

— Nous sommes enfermés, poursuit Orgétorix. Le Rhin nous sépare des Germains, le Jura nous isole des Séquanes, derrière le Léman et le Rhône, au sud, c'est l'envahisseur romain. Pas d'expansion possible.

Il saisit un gobelet de cervoise, et, pour laisser ses paroles imprégner ses pairs, prend son temps pour boire à longs traits. Il s'essuie la bouche d'un revers de main.

— Un peuple qui ne conquiert pas est un peuple mort ! tonne-t-il.

Il abat sa main sur la table, quêtant l'approbation d'un regard circulaire.

— Que proposes-tu ? interroge une lourde moustache rousse.

— Il y a un peu plus de quarante ans, les pères de certains d'entre nous ont tenté de s'installer en Aquitaine en suivant les Cimbres et les Teutons… commence Orgétorix.

Saanorix, le chef des Tigurins se rengorge. Les bardes racontent à l'envi les exploits du père de son père, qui menait alors le clan d'une main de fer depuis des années. Avec un jeune et brillant stratège du nom de Divicon, ils avaient fait danser les légions de Rome dans la région de Toulouse.

— C'était une bonne idée ! poursuit Orgétorix. L'affaire a échoué parce qu'ils n'avaient pas pris les moyens de se rendre maîtres de leur destin : les alliances n'ont pas tenu ! Ils se sont séparés. Chacun pour soi ! Plus tard, les nôtres ont, une nouvelle fois, traversé les Alpes, en direction du Norique, pour fondre sur l'Italie par le nord. Une campagne de l'infâme Sylla les a refoulés à l'intérieur de la Gaule.

Orgétorix se tait un instant, puis, caressant sa courte barbe d'un air pensif, reprend.

— Je me demande si nous saurions faire mieux !

— Tu mets en cause notre bravoure ? gronde une pelisse de bouc.

— Au contraire, bougre ! rétorque Orgétorix. Aucun peuple n'est plus courageux que nous. Au cours de notre histoire, nous avons massacré des milliers d'ennemis, mis en déroute d'innombrables hordes. Nous avons tenu notre territoire contre les Germains…

— Ouais ! Bon… Que proposes-tu, coupe la moustache rousse avec un brin d'impatience.

— Une vaste opération, longue, lointaine, mais glorieuse ! Une opération à la mesure de notre bravoure ! Compagnons, marchons vers le couchant ! Repassons le Rhône, soumettons par les armes les peuples qui s'opposeront à notre avance, faisons route vers le grand Océan, installons-nous et, de là, nous étendrons le pouvoir de notre peuple sur la Gaule tout entière.

Pendant quelques instants, un silence lourd de réflexions, de supputations, de calculs, enveloppe le petit groupe.

— Et Ségorix ? objecte un solide gaillard enfoui dans une saie de laine épaisse.

— Pffft ! coupe Orgétorix avec un geste éloquent du bras, signifiant que le chef élu des Helvètes ne constituait pas un obstacle.

— Crois-tu que l'on ait une chance raisonnable de succès ? hasarde une toque de renard.

— Sous mon commandement et avec votre courage, nous réussirons, foi de Bélisama, affirme Orgétorix.

Flattés dans leur orgueil et dotés d'un objectif à la mesure de leur détermination, les chefs posent encore quelques questions, pour la forme, puis approuvent sans plus de discussion le projet d'exode et d'invasion. Aucun ne demande qui fera partie de l'expédition tant il est évident que le projet concerne le peuple helvète dans son ensemble. Il n'est, en effet, pas question de laisser sur place une partie de la population : elle se ferait anéantir par des envahisseurs ou des revanchards aussitôt tourné le coin de la plus proche montagne.

MARS -61

LE TEMPS DES AMBASSADES

Une expédition de cette envergure demande des préparatifs minutieux. Orgétorix se charge de la coordination et distribue les rôles. Un groupe de compagnons est affecté à l'approvisionnement : il s'agit, pour l'essentiel, de mettre à profit les deux prochaines années pour semer, récolter et engranger, par précaution, le blé et les vivres nécessaires à la subsistance du peuple lorsque les ressources des pays traversés et conquis feront défaut. En raison de l'urgence et de la nécessité, on décide de cultiver toutes les surfaces arables, sans laisser à la jachère la part qui lui revient traditionnellement.

Un autre groupe se voit confier la mission de préparer le transport : fabriquer en grand nombre des chariots à quatre roues et des tentes. Tout ce que le pays compte de charrons, de forgerons, de menuisiers, de charpentiers et de pousseurs d'alène est mis à contribution. Les marchands iront acheter, chez les voisins, des bêtes de somme par dizaines.

Afin de mettre le maximum de chances du côté de la réussite, Orgétorix cherche une alliance avec son puissant voisin de l'Ouest, le peuple des Séquanes. Accompagné d'une escorte légère, et de quelques membres de sa famille, il prend la route de Besançon pour y rencontrer Castix. Son père, Catamantal, fut autrefois roi des Séquanes, avant que la couronne échoie sur la tête du rejeton d'une famille d'intrigants. Les complots, les coups bas, les croche-pieds étaient monnaie courante depuis que les meneurs du peuple devaient leur hégémonie davantage à leur fortune qu'à leur charisme. Chaque année, l'assemblée des notables cooptait l'un des leurs à la fonction très enviée de « rix », chef du peuple. Pour cette élection, des familles s'alliaient, ou, au contraire, se déchiraient, des hommes trahissaient, des mariages s'organisaient, des meurtres ensanglantaient les clans, des fortunes changeaient de main. Dans cette affaire, l'honneur d'être le guide du peuple, – le vergobret [1] – comptait pour peu de choses à côté des richesses formidables que le « rix », collecteur de l'impôt dont il avait lui-même fixé l'assiette et le montant, avait l'occasion d'empocher.

Les liens qui rapprochent Orgétorix de Castix sont de ceux dont on fait les alliés : l'un et l'autre partagent une situation identique : ambitieux, belliqueux, et, de surcroît privés d'un pouvoir qui, pensent-ils, leur revient de droit.

— Je t'apporte une double nouvelle, commence Orgétorix.

— Favorable pour moi, j'espère ! hasarde Castix.

1. Les notes sont reportées en fin d'ouvrage page 361.

— Favorable pour nous deux, corrige l'Helvète. Je touche au but. Dans quelques semaines, le Conseil des nobles d'Helvétie se réunit. Ségorix ne se comporte pas en chef : il ne sait pas décider ; il agace et impatiente tout le monde. Sur mon ordre, Camilas, mon lieutenant, a tendu l'oreille, ici et là, parmi les familles de mon peuple. Le doute n'est plus permis. Ségorix va être débarqué et, sous peu, je serai rix des Helvètes.

— Comme ça ? Tout simplement ?

— J'ai un peu aidé le sort : j'ai graissé des pattes là où il le fallait, j'ai fait les promesses nécessaires, j'ai aussi fait trucider quelques opposants irréductibles, enfin ce qu'on fait pour être élu ! Mais seule compte la victoire. Elle est là, à portée de ma main !

— Grâce soit rendue aux dieux !

— Cette première nouvelle te concerne. Ta lignée est noble. Ton père était le plus grand rix du pays Séquane. Respecté par les siens, il avait su se faire honorer également des gens du Sud : le Sénat de Rome l'avait consacré « ami du peuple romain ». Puis il est mort et, comme pour moi, la couronne de ton pays t'a échappé. Lug m'est témoin, c'est une usurpation ! Ne perds plus de temps, suis mon exemple et récupère le pouvoir. C'est ton bien ! Par tous les dieux, je t'y aiderai.

— Si j'ai ton appui… Et la seconde nouvelle ?

— Liée à la première. Les Séquanes et les Helvètes sont des peuples puissants, sans doute les plus puissants de la Gaule. De plus, nous sommes voisins. Jusqu'à présent, nous avons vécu séparés, chacun dans son coin, à repousser les agressions continuelles venues de l'Est. Une bravoure défensive ! Presque une honte ! En tous cas, rien d'exaltant. L'épée me démange. Soyons tous deux rix en nos royaumes, Castix. Alors, unissons nos forces et étendons notre puissance sur la Gaule tout entière. C'est le projet que je forme. C'est la proposition que je suis venu te faire.

— La Gaule tout entière ? Rien que cela ? Belle ambition ! Mais, dis-moi, que fais-tu des Arvernes ?...

— Les Arvernes ne sont pas loin de la frontière de la Province. Autant dire que Rome les a à l'œil. Ils ne bougeront pas ! Du reste, on peut toujours fomenter un peu de troubles vers le sud, histoire d'attirer l'attention des Romains : ça occupera les Arvernes pendant que nous nous étendrons au nord de leur pays.

— Et les Éduens ?... insiste Castix, parfaitement au fait des luttes d'influence qui ont opposé Besançon à Bibracte.

— Ils ont l'étoffe d'un grand peuple, mais ils pactisent avec Rome [2] : ça les ramollit !

— Peut-être, mais ce peuple occupe une position centrale et on ne peut l'ignorer. Mieux vaut s'en faire un ami qu'un ennemi.

— Tu connais Dumnorix, le vergobret des Éduens ? questionne Orgétorix.

— Mon père le connaissait. Il s'en méfiait ! Moi, je ne l'ai pas encore rencontré. Un bloc d'ambition, à ce qu'on dit…

La discussion qui s'ensuit, longue, passionnée, emportée, dure une bonne partie de la nuit.

Au petit jour, Castix cède, contre l'assurance que les Éduens, ses grands voisins de l'ouest, joindront leurs forces à la coalition. Le pacte entre les Helvètes et les Séquanes est scellé, mais sous condition.

Orgétorix reprend la route vers l'ouest, direction Bibracte, la ville principale du pays des Éduens, imposante contrée qui s'étend entre la Saône et la Loire. Le roi Dumnorix, vergobret des Éduens, le reçoit avec égards. Après un classique échange de présents, Orgétorix informe son hôte de sa prochaine élection à la tête du Royaume d'Helvétie, reçoit les félicitations d'usage, lui fait part de son projet de sortir de ses frontières, présente l'accord avec les Séquanes comme la plus naturelle des alliances, et fait miroiter qu'une opération à trois serait encore plus bénéfique.

— J'ai tant de respect pour les Éduens qu'il m'est désagréable de traverser la contrée en ennemi. Au contraire, une alliance de nos peuples sera irrésistible.

— Qu'ai-je à gagner dans l'opération ? questionne Dumnorix.

— La gloire sans doute. Le pouvoir certainement. Et ta part des richesses des plaines du couchant.

Dumnorix, le premier et le plus riche de tous les Éduens, n'a pas pour priorité d'accroître encore un trésor personnel qui lui permet de s'offrir hommes et biens tout en entretenant, sur sa cassette, une garde personnelle comparable à une petite armée. En revanche, il est connu, et apprécié par une grande partie du peuple, pour son sens farouche de l'indépendance. Il forme des rêves de grandeur dans lesquels les Éduens, ramassant le sceptre gaulois abandonné par les Arvernes deux générations plus tôt, rassembleraient les peuples de la Gaule en refoulant dans les lointains les envahisseurs de tout poil, germains odieux et insupportables romains. Évidemment, sa carrure faisant craquer les coutures de son territoire actuel, il se voit le roi du vaste ensemble à constituer. Après tout, se dit-il, pourquoi ne pas commencer par un pacte avec les Helvètes ?

— J'apprécie ta sollicitude et ta proposition. Je suis prêt à envisager d'y consentir. Afin de sceller notre entente, je souhaiterais que tu laisses à ma Cour quelques Helvètes de haut rang qui matérialiseraient cette union aux yeux de nos peuples. De la sorte, si des éléments de ton armée, en traversant mon pays, venaient à échapper à ton contrôle et chercher la bagarre ici, mes invités helvètes sauraient, mieux que mes propres forces de l'ordre, les remettre sur le droit chemin.

Excellente idée que de détenir des otages ! Ce furieux d'Orgétorix, étincelant d'ambition, est tout à fait capable de me lézarder de son épée, dès que j'aurais le dos tourné, s'il juge qu'il n'a plus besoin de moi ! Par tous les dieux, s'allier ne signifie pas se donner !

— Je jure que pas un Helvète n'aura le front de briser notre alliance et de se comporter mal, se récrie Orgétorix, la main sur le cœur.

— Bien malin qui peut savoir comment se comporte une foule ! réplique Dumnorix, bien décidé à ferrer le poisson.

— Pour mon aventure, j'ai besoin de tous mes guerriers, de leurs chefs et de ceux, tous nobles et riches, qui travaillent à mettre au point notre expédition. Il m'en coûterait trop de me séparer de quelques-uns pour en faire des otages. Notre expédition en souffrirait et, du reste, le préjudice retomberait également sur toi.

— Mouais… concède Dumnorix. Que me proposes-tu ?

— Abandonne simplement l'idée des otages !

— Jamais !

Orgétorix se renfrogne. Echouer, là, si près du but ! Pas question ! Sa réflexion dure plusieurs longues minutes. Soudain, il se lève, s'approche de l'Éduen à le toucher et vrille son regard sombre dans celui du rix.

— Voilà ! dit-il d'une voix basse, étrangement calme. Ce que je te propose, Dumnorix, vaut infiniment plus que des otages !

— Parle !

— Un pacte de sang !

— Quoi ?... Explique-toi !

— Je t'offre ce que j'ai de plus précieux : ma propre fille. Prends-la et épouse-la. Ainsi, nos deux peuples seront unis. Au demeurant, je sais qu'il ne lui déplairait pas de quitter la montagne !

C'est ainsi que fut scellée l'alliance entre les Helvètes et les Éduens.

MARS -61

TRAHISON

Avant même qu'Orgétorix ait atteint Bibracte, la capitale des Éduens, un émissaire de Castix le Séquane a rejoint en grand secret Genève, pour sonder le roi des Helvètes sur le projet d'invasion. Aux yeux du Séquane, le succès de l'opération n'est assuré qu'à une seule condition : tous les clans d'Helvétie doivent s'engager dans l'aventure, sans exception et sans réticence. Une opposition en Helvétie, pense-t-il, se traduirait forcément par une guerre entre factions rivales. Et il y aurait toutes chances pour que la bagarre se transporte ici, en Séquanie. Il n'est pas question de laisser mes voisins batailleurs vider leurs querelles intestines sur mon territoire !

Ségorix, le roi élu d'Helvétie, écoute l'émissaire. Pas un mouvement de son visage ne trahit la froide colère qui le submerge à mesure que lui est dévoilé le plan. Pourtant, la manœuvre d'Orgétorix, si elle le surprend par son ampleur, ne l'étonne ni par son astuce, ni par son audace. Il comprend sur-le-champ que son rival veut faire d'une pierre deux coups : étendre loin vers l'ouest, et avec l'aide du voisin, la domination des Helvètes – pourquoi pas ? – puis tirer parti de ce succès pour lui ravir le pouvoir, ce qui est parfaitement contestable. Après en avoir conféré avec le Conseil des nobles, il décide d'une réplique en douceur. Sous prétexte de le traiter avec la plus grande déférence, il maintient auprès de lui l'émissaire séquane en différant sa réponse : pas question que l'ambitieux Orgétorix, qui guigne sa place, soit informé de ce contact avant son retour en Helvétie.

Deux jours plus tard, Orgétorix et sa petite escorte, de retour d'ambassade, franchissent les limites de la ville. À peine a-t-il passé la barrière de bois qu'il est arrêté par la garde royale, enchaîné et amené devant le roi et ses proches conseillers. Parmi ceux-ci, Crilax, le très cruel géant Verbigène [3]. Sauvé par le jeune Ségorix des griffes de l'ours un jour de jeunesse où le hasard les avait mis en présence sur les flancs enneigés de l'Oreille-du-Chat, le colosse lui était, depuis, lié à la vie, à la mort.

Le roi des Helvètes lève le menton, plante son regard dans celui d'Orgétorix, et parle : il n'ignore rien de ce qui se trame ; il rappelle la coutume fondamentale du pays selon laquelle la décision des expéditions guerrières ne relève que du roi ; il sait qu'en dépit de cette règle non écrite mais impérative, Orgétorix prépare une conquête de grande envergure ; il sait qu'il a entraîné, dans l'aventure, des nobles du pays, dont il a soudoyé l'attachement et la trahison ; il sait que des alliances alentour ont été nouées, ou sont en train de l'être, pour monter ce projet, et sans doute pour de plus ambitieux desseins dont le Conseil n'a pas eu à délibérer. Bref, il connaît toute l'affaire.

Orgétorix, raide et fier, ne desserre pas les lèvres. Ses yeux ne cillent pas, ce qui donne à son regard une étrange fixité proche de l'hallucination. Si près du but ! pense-t-il. Enchaîné comme un voleur ! Et par qui ? Par cette baudruche de Ségorix dont l'ambition n'a jamais dépassé les limites de son pré à chèvres ! Sois maudite, baderne !

17 MARS -61

LE PROCÈS D'ORGÉTORIX

Selon la coutume helvète, l'accusé dispose de trois jours pour préparer sa défense et l'exposer au tribunal présidé par le roi. S'il convainc de son innocence, il est libéré. S'il est reconnu coupable de trahison, il est brûlé. S'il profite de ce délai pour fuir, il est pourchassé et banni du royaume à tout jamais.

Le jour dit, le roi en son tribunal – une demi-douzaine de personnes en tout – siège. Derrière la table, debout, quelques hommes en armes, comme pour rappeler que, chez les Helvètes, la force et le droit ne font qu'un. Autour de la place centrale, la population, massée, curieuse, vrombissante, attend le spectacle. Un procès attire toujours la foule. Aujourd'hui, la gravité de l'acte reproché, défi à l'autorité légitime, autant que la qualité de l'accusé, font planer dans l'air frais une odeur de sang et de chair rôtie.

À l'heure précise fixée trois jours plus tôt, de l'angle nord-est de la place, apparaît Orgétorix. Seul. En armes… et en majesté !

Les parures d'or qui couvrent sa gorge, ses poignets, ses biceps et ses chevilles lui prêtent l'apparence d'un prince royal. Son casque, œuvre d'art conique, ciselée de multiples motifs géométriques, sert de socle à un oiseau de proie en bronze auquel les ailes déployées donnent une allure impériale. Sa tunique, bariolée de couleurs vives, est barrée de l'épaule droite à la hanche gauche d'un large baudrier de cuir à motifs repoussés au bout duquel pend le fourreau. De la lourde épée de fer, seule est visible la poignée, sculptée en forme humaine. Une ceinture à boucle d'or large comme un pectoral supporte la gaine d'un poignard effilé. Un manteau de laine, dont les pans se rejoignent par une fibule d'or, couvre les épaules. Des braies rayées et des chausses de cuir dont les lanières remontent sur les mollets complètent l'équipement. Orgétorix s'est donné les apparences d'un chef. La foule ne s'y trompe pas, qui retient son souffle.

Le pouce gauche passé dans sa lourde ceinture, le bras droit en avant, sans une parole, il se crée un chemin à travers la multitude qui s'écarte presque religieusement à son passage et se referme derrière lui. Sans hâte excessive, il s'avance vers Ségorix et ses juges, jusqu'à ce que ses cuissardes touchent la table. Pas un mot ! Pas un bruit ! La minute devient éternité ! Soudain, tout en plongeant le faisceau de son regard dans le regard de son roi, avec la vivacité d'un serpent, il dégaine de sa ceinture sa courte dague, lève le bras et, de toute la force dont il est capable, pique l'arme dans le bois de la table, à quelques centimètres des mains royales croisées l'une sur l'autre. Dans le silence épais, la lame vibre plusieurs longues secondes. Hormis le roi, qu'un réflexe a fait brutalement reculer, nul n'a bougé ! Seuls les regards ont changé : chez les juges, la stupeur mêlée d'ahurissement, peut-être voilée d'une légère crainte, succède à la tranquille certitude d'être du bon côté de la table.

Reculant d'un pas, les bras croisés sur le plastron, Orgétorix apostrophe le roi d'une voix forte, destinée à la foule davantage qu'à ses juges.

— Ségorix, cette arme est fichée dans le bois comme mon peuple sera planté dans la Gaule. Je veux porter haut l'honneur des Helvètes et tu m'enchaînes. Je veux offrir à mon peuple les terres de l'Ouest et tu m'emprisonnes. Je veux honorer Ésus, le dieu de la guerre, et tu m'accuses de trahison. Ségorix, roi Ségorix, qu'as-tu fait pour ton peuple ? Oui, je prépare l'invasion de la Gaule. Oui, je viole la coutume. Oui, je transgresse ton autorité et nos institutions. Je connais notre loi : je mérite le bûcher. J'y suis prêt.

Ce discours interloque et le roi et le tribunal, visiblement pris à contre-pied. La foule elle-même se laisse gagner par cette sorte de sympathie qui accompagne souvent l'expression, chez un perdant, du courage à l'état brut. Elle laisse sourdre un grondement d'où jaillissent, plus clairs, quelques cris d'approbation.

Le roi fixe son ennemi, la bouche à demi ouverte, esquisse une réplique lorsque Orgétorix reprend :

— Roi Ségorix, mon sort est déjà scellé, sans nul doute ! Je te demande une faveur : la coutume m'y autorise.

Sans attendre la royale approbation, il poursuit.

— Mes partisans demandent à être brûlés avec moi. Accepte qu'ils t'en fassent la demande par eux-mêmes.

Ayant dit cela, il se retourne et fait un large geste du bras.

Alors, de tous côtés, par dizaines, par centaines, surgissent les hommes d'Orgétorix, ses soldats, ses partisans, sa famille, ses obligés. Bousculant la foule, ils investissent la place du tribunal. Ils apparaissent innombrables. Une marée de casques, de bonnets de cuir, de saies, de tuniques. Un grondement sourd à l'intensité croissante. Pas une émeute, non, simplement une invasion puissante et tranquille, balayant tout, obscurcissant tout. Dix mille partisans, estime Camilas, le lieutenant de Ségorix. La foule des curieux a reculé devant le flux : la place appartient à Orgétorix.

Cernés de toutes parts, au milieu de la multitude en armes, décidée, menaçante presque, le roi, les cinq juges, la garde, n'ont pas bougé, ne peuvent plus bouger.

Orgétorix, lui, a disparu.

Sur ses talons, Crilax le Verbigène, fou de rage. Il a immédiatement compris la manœuvre du traître dont il ne quitte pas des yeux la longue silhouette. À grands coups de coudes, il se fraye un chemin à sa suite. Son maître, le roi, est peut-être déjà mort, là-bas, écrasé par cette armée sauvage. Par la faute de cet ambitieux trop rusé dont la pelisse vient de tourner au coin de l'entrepôt à grains. Il contourne le bâtiment par l'autre côté, se retrouve face à Orgétorix. Une dague brandie, puis abattue. Plusieurs fois. Jaillissements de sang. Gargouillis faible ressemblant à un cri vite transformé en un râle d'agonie. Un corps plie sur ses genoux et s'affaisse dans la boue gluante. Orgétorix a traversé le Sidh pour entrer dans son autre vie.

De sa lourde épée de bronze, Crilax, d'un seul coup, tranche la tête maudite qu'il brandit à bout de bras par les cheveux tout en retournant sur ses pas, le visage farouche. On s'écarte devant ce colosse maculé de sang. Il lui faut peu de temps pour rejoindre la place du Tribunal, s'ouvrir un chemin, accéder au roi et, poussant un rugissement fauve, planter sur la table, à côté de la dague étincelante, la tête ensanglantée du traître.

24 MARS -61

ET MAINTENANT ?

La maison du roi ne se distingue pas vraiment des autres habitations de la ville. Appuyés sur un muret de pierres enduites d'argile, de forme ovale et monté à hauteur d'homme, des troncs de jeunes mélèzes ébranchés, plantés en oblique, se rejoignent à sept ou huit mètres de haut pour former le faîte d'une toiture en cône allongé, recouverte de plusieurs couches successives de branches, brindilles, chaume et paille. Un enduit de terre, sorte de torchis brillant, habille les murs. Légèrement creusée dans le sol et recouverte de paille, la rotonde ainsi dessinée suffit à abriter la dizaine de personnes formant la famille directe de Ségorix. Seul le trophée cloué sur le linteau de la porte – un double crâne de louve et de son louveteau, les armes de Ségorix – indique au passant que le roi habite là. Alentour et formant une vaste cour, les habitations de la suite du roi, serviteurs, valets d'armes, partisans les plus fidèles, achèvent de désigner l'ensemble comme le siège du pouvoir.

C'est là que se tient usuellement le Grand Conseil, qui réunit périodiquement, outre les chefs des quatre tribus d'Helvétie, les têtes des douze familles les plus importantes du pays [4]. Le cas échéant, lorsque l'ordre du jour le commande, les proches conseillers de ces seigneurs participent également aux débats.

Aujourd'hui, le repas rassemble, autour de Ségorix et son fidèle Crilax, une douzaine de personnes : deux chefs de tribus, chacun accompagné de son conseiller, et huit nobles, dépêchés par les familles du nord et de l'est du pays dont les maîtres, dissidents, n'ont pas jugé bon de faire le déplacement : ils ont expliqué, avec une franchise toute montagnarde, qu'ils préféraient, avant de s'engager, juger du sens dans lequel le vent allait tourner. Deux clans manquent à l'appel : celui d'Orgétorix, mort il y a une semaine, et le clan des Tigurins. À table également, s'est rangé Marmilas, jeune guerrier des bords du Rhône, intrépide et brillant, dont les idées lumineuses, tant pour la défense que pour l'attaque, ont permis au roi de se sortir avec honneur et butin de récentes escarmouches avec des peuplades de Germains, sur la frontière du nord. Il fait office de secrétaire particulier, en même temps que de confident et, le cas échéant, d'envoyé spécial du roi. Camilas, l'ancien lieutenant d'Orgétorix, rallié à la nouvelle cause, fait partie des convives.

Ségorix prend la parole.

— Mes compagnons, Orgétorix a eu le sort que les dieux réservent aux ambitieux trop pressés. Sa dépouille, offerte en holocauste à Taranis, doit pourtant continuer de guider notre action. Je vous le confirme : le projet de migration vers l'Ouest, vers les terres fertiles où coulent le lait et le vin, vers le temps clément d'Aquitaine, est bon. J'entends le reprendre à mon compte.

Il balaye doucement du regard ses hommes assis, comme lui, sur des billots de bois. Les hochements de tête de beaucoup, perçus comme autant de signes d'approbation, l'invitent à poursuivre.

— Pour une expédition de cette envergure, l'Helvétie ne peut se permettre d'être divisée. Aujourd'hui, deux tribus ont déserté leur place au Grand Conseil ! Certains d'entre vous apparaissent marqués par le doute ! Vous tous qui m'entourez, dites aux absents de me rejoindre sans tarder, dites à ceux qui ont cheminé un temps avec Orgétorix qu'ils reprennent leur place, sous ma direction, dans la conduite des affaires du pays, dites aux chefs tièdes et hésitants de choisir leur camp et leur avenir. Usez de conviction : mon pardon est accordé à ceux qui feront allégeance et serment de fidélité avant la prochaine lune. Les autres, avec familles et serviteurs, seront exclus de l'expédition : je ne veux pas de futurs traîtres avec moi ! Ils seront privés de leurs armes, abandonnés sur place et serviront d'esclaves au premier envahisseur de notre territoire vide. À moins que les fauves ne s'en chargent avant !…

Sur cette menaçante perspective, le groupe se disperse.

Depuis quelques heures déjà, les chefs des clans s'en sont retournés. La nuit est tombée sur la ville de Ségorix. Les luminescences rougeoyantes qui filtrent, çà et là, des fissures et des interstices trahissent la douce chaleur des braises encore vivaces dans les maisons de la ville. Très loin, dans la vallée, un chien aboie. La lune, levée depuis bientôt trois heures, est au zénith. Tout dort.

Alors, une forme drapée d'un long manteau de laine grise sort avec précaution de la petite hutte qui fait l'angle de la cour du roi. Sa capuche lui masque le visage. À ses chausses et au bas de ses braies, on reconnaît un homme. À sa démarche, on le devine jeune. Les épaules légèrement courbées, il se dirige vers l'enclos des chevaux. Il s'approche d'un animal, se déleste doucement sur la croupe du cheval d'un bagage double pendant de part et d'autre puis s'affaire quelques instants autour de chaque pied de l'animal qu'il enveloppe d'un épais tissu retenu par un lien en cuir pour amortir le bruit des sabots. Alors seulement, d'un geste ample, il rejette sur l'épaule un pan de son manteau laissant voir une tunique bleu turquoise, enfourche l'animal d'un bond et s'éloigne vers le sud, dans la nuit. Il sera absent quelques jours, comme il sied à un chasseur…

CHAPITRE II

L'EXODE HELVÈTE

1er FÉVRIER -58

LES BONNES IDÉES NE MEURENT PAS

TROIS ANS ONT PASSÉ.

En fin de journée, Ségorix, roi des Helvètes, convoque une réunion stratégique. Objectif : préparer l'opération « Aquitaine ». Le Conseil militaire groupe, autour du roi, les chefs des quatre tribus : deux sont toujours restées fidèles au roi en dépit de la tentation d'alors pour les richesses offertes par Orgétorix, et les deux autres se sont assez rapidement ralliées à Ségorix pour éviter une sécession qui les aurait laissées en redoutable infériorité face aux barbares. L'intendant aux armes et le responsable de l'approvisionnement ont été conviés. Assistent aussi au Conseil, Crilax le Verbigène, l'âme damnée du roi, ainsi que Marmilas, l'homme de confiance.

La décision d'envoyer Saanorix, chef du clan des Tigurins, faire la tournée des tribus voisines installées dans la région des lacs, est prise immédiatement ;

l'union faisant la force, l'adjonction des Rauraques, des Tulinges, des Latovices et de quelques Boïens amplifiera les chances de succès de l'opération. Saanorix se mettra en route dès le lever du soleil, demain.

Le deuxième point en discussion est d'ordre tactique : quelle route prendre ?

— Nous envisageons un regroupement de toutes les familles sur notre frontière qui regarde le couchant, expose Marmilas, que le roi avait envoyé en reconnaissance secrète quelques semaines auparavant. Par commodité, nous avons déterminé l'emplacement à l'extrémité du Grand Lac. À partir de là, nous avons le choix entre deux routes. La route nord, la plus directe, est aussi la plus risquée. Elle oblige à franchir le Jura par le col de l'Écluse. Sur ces chemins étroits, escarpés, nos chariots auront du mal à rouler. Quant aux inévitables défilés, ils présentent un danger extrême ! Le risque d'être bloqués, agressés et défaits par une simple poignée de pillards ou de guerriers ennemis déterminés est constant.

Cette analyse reçoit l'approbation des chefs des clans les plus occidentaux du pays, dont les pères ont été plusieurs fois étripés dans ces parages.

— La route sud est plus calme, poursuit Marmilas. Montagneuse également, certes, mais les voies, larges et multiples, diminuent le risque. Un inconvénient, mais de taille : au départ, cette route passe par le pays des Allobroges. En d'autres termes, on traverse la Province romaine.

— J'ai entendu dire que, depuis que leur révolte a été réprimée dans le sang par ce boucher de Pomptinus[1], les Allobroges n'ont plus ni armes, ni guerriers, observe-t-on à gauche du roi.

— Les Romains n'ont laissé là-bas qu'une faible garnison, renchérit-on à droite. On n'en fera qu'une bouchée.

— Peut-être ! intervient Ségorix, que l'expérience rend particulièrement prudent, surtout lorsqu'il s'agit de se frotter aux Romains. Les techniciens, votre avis ?

— Impossible d'approvisionner dans les défilés du Jura, intervient l'intendant. Je choisis la route sud, les yeux fermés.

— Pas d'opinion, dit l'armurier. Un gaulois sans arme dans la bataille n'existe déjà plus. C'est avant la bagarre que j'interviens, pas pendant.

— Et toi, Marmilas, reprend le roi.

— Pour la stratégie, j'opte pour le sud, résolument. L'aspect politique de ce choix n'est pas de mon ressort mais du tien, Roi !

Ségorix se lève, parcourt lentement les quelques mètres qui le séparent de la porte ouverte, contemple un long moment les montagnes enneigées que le carmin du couchant illumine encore. Choix simple car binaire : blanc ou noir, oui ou non, nord ou sud.

Choix absolument compliqué car binaire : pas d'à peu près, pas de solution mitigée, pas de faux-fuyant. À l'intérieur de la maison, hormis le crépitement du feu dans l'âtre, aucun bruit ne trouble la réflexion du roi.

Soudain, Ségorix se retourne. Quelques enjambées l'amènent au centre du cercle. Il lève aux nues le poing droit. À ce signe, tous les chefs se lèvent et, faisant corps avec le chef suprême, saisissent de leur main droite, qui son biceps, qui son avant-bras dressé aux cieux.

— C'est la route du sud ! annonce Ségorix d'une voix rauque.

Un bref cri d'approbation fuse des gorges mâles, résonne un instant et va se ficher tout là-haut, dans l'entrelacs de brindilles et de chaume au-dessus duquel scintillent les premières étoiles.

Dès le jour suivant, le roi des Helvètes envoie un messager au chef des Allobroges. Par courtoisie d'abord : l'appartenance du pays à la Province romaine depuis plus de soixante ans [2] oblige à d'indispensables précautions et à de nécessaires courbettes. Par sens politique ensuite : la récente et sévère répression romaine dans la plaine de la Sorgue, et la mort horrible de Catugnat, leur chef de guerre, a certainement soulevé, chez les Allobroges, une rancœur aiguë et lancinante envers leurs occupants, dont il faut tirer profit. Par intérêt enfin : Genève, ville frontière entre les Allobroges et les Helvètes, dispose d'un pont sur le Rhône.

L'ambassade helvète est investie d'une triple mission : convaincre les voisins que le passage des Helvètes par leur territoire est amical et pacifique ; leur faire percevoir que plus rapide est l'opération, moins les Allobroges auront à souffrir des incidents inévitables que ne manqueront pas d'occasionner quelques poivrots incontrôlés, qui, du reste, seront dûment châtiés ; et enfin, démontrer que pour accélérer la manœuvre, la traversée du Rhône par le pont de Genève serait un atout précieux, pour autant que le roi des Allobroges veuille bien donner son autorisation. De nombreux présents sont déposés au pied du roi, gage de l'amitié qui unit les deux peuples.

DÉBUT MARS -58

ÉMIGRATION HELVÈTE

Aux premiers jours de mars, Ségorix convoque l'assemblée des Helvètes. Il y a, là, tout ce que le pays compte de chefs de guerre – chevaliers aristocrates, leurs lieutenants et leur entourage immédiat – et de faiseurs de sacré – druides, vates et leurs assistants [3]. Présents également, les chefs des tribus voisines ramenés par Saanorix, le Tigurin : les Rauraques, les Tulinges et les Latovices. Rameutés de toute l'Helvétie à grand renfort de messagers, des centaines d'hommes se réunissent au bord du fleuve, dans le Pré-aux-Buses, situé en contrebas de la maison du roi, seul espace à la ronde suffisamment vaste pour accueillir tant de monde. Au-dessus des foyers de pierres plates où se consument des troncs entiers, d'immenses chaudrons vomissent les volutes odorantes des préparations qui mijotent des heures entières : ici des soupes de gruau d'avoine et de châtaignes, là des quartiers de porc ou de bœuf. Des serviteurs, alourdis de lourdes cruches à deux anses qu'ils remplissent à une batterie de tonneaux en une incessante noria, circulent autour des groupes, offrant cervoise et hydromel. Les plus nobles des Helvètes font cercle autour du roi. Le barde attitré de Ségorix virevolte autour du groupe et, pinçant les cordes d'une lyre, exalte la gloire des Helvètes et de leur roi.

Les plus éloignés, ceux dont les territoires jouxtent les barbares du levant, ont eu loisir de se joindre à l'assemblée à l'occasion du repas. Vers le milieu de l'après-midi, lorsque le soleil, pour quelques heures encore, éclaire la vallée de sa lumière rasante, on installe au milieu du pré une estrade faite de planches épaisses reposant sur un piétement de tréteaux. De place en place, noyés dans la foule, des personnages vêtus d'une longue robe blanche recouverte d'une peau de mouton, s'installent, juchés sur de petits tabourets : les hauts parleurs, ces membres du clergé dotés d'une forte voix – en général des bardes – sont chargés de relayer, phrase à phrase, le discours à la foule, trop imposante pour capter la voix du chef en direct. Des serviteurs soufflent dans des cornes de vache pour imposer le silence : le roi va s'exprimer.

Pour accentuer la solennité de l'instant, Ségorix a revêtu sa tenue de guerrier. De son casque conique orné d'une crête transversale s'échappent de longues torsades rousses qu'il a ramenées derrière les épaules par un lien de cuir tressé. La cotte de mailles qui double l'épais gilet de cuir et recouvre le haut des braies, est serrée, à la taille, d'une ceinture où s'accroche, sur le flanc gauche, la grande épée dans son fourreau. À droite, un court poignard. Debout sur le sol et appuyé à l'estrade, le long bouclier ovale, bois cerclé de fer, peint aux couleurs du roi : un double crâne de loup sur fond vert foncé.

Le roi étend les mains. Le silence gagne le pré. Ségorix prend la parole.

— Voici rassemblés près du fleuve les plus dignes représentants de la vertu et du courage, de la noblesse et de la richesse, de la volonté et de l'audace, que l'on puisse trouver en Helvétie. À vous tous qui avez fait le voyage, salut !

Un roulement sourd naît et enfle, issu de centaines de poings fermés frappant à coups redoublés des centaines de poitrines couvertes de peaux de bêtes. Une façon, pour les guerriers, de rendre le salut.

— De tous les peuples de Gaule, les Helvètes sont les plus braves. Nos pères ont maintes fois résisté aux barbares de Germanie lorsque ces sauvages – qu'Ésus les exterminent – prétendaient voler nos troupeaux, nos terres et nos femmes.

Grondements dans la foule.

— Il y a bien longtemps, massés à la frontière des Allobroges, les nôtres, par leur détermination, ont convaincu l'envahisseur romain de ne rien tenter contre notre territoire et son peuple. Nous n'avons connu aucune domination ! Nous sommes restés libres.

Levant à l'oblique le bras droit prolongé de la lourde épée qu'il a tirée de son fourreau, il tourne doucement sur lui-même, par la droite, de manière à envelopper son peuple d'un seul regard. Forçant la voix, il crie :

— Aujourd'hui, voulez-vous perdre votre liberté ?

Un rugissement lui répond dans une forêt de poings levés. Derrière Ségorix, sa garde rapprochée, son Conseil de guerre, Crilax, Marmilas, ses proches très fidèles, murmurent de plaisir. Lorsque s'apaisent les vociférations, le roi poursuit.

— À Rome, la situation se gâte. Les chefs se bagarrent. Il se pourrait que certains cherchent à se fabriquer une renommée à notre détriment. Les moyens dont peut disposer l'envahisseur du sud sont considérables. Le risque d'une invasion n'a jamais été aussi imminent. Notre druide, Artébax, parle avec les dieux. Ils l'ont prévenu du danger. Nous devons agir.

Ceux, parmi la foule, qui avaient participé au projet d'Orgétorix, commencent à se demander si l'histoire ne serait pas en train de bégayer. Les autres attendent, mi-confiants, mi-perplexes.

— Peuple d'Helvétie, la meilleure défense a toujours été l'attaque ! N'attendons pas ici, coincés dans nos montagnes, que Rome déboule. Sortons, par Lug ! Sortons tous ! Traversons le fleuve, faisons route vers l'ouest, vers ce pays au climat doux et à la terre accueillante, où le fruit et la vigne poussent en quantité. Nous passerons le fleuve, puis la montagne et nous nous installerons au bord du grand Océan.

Nouveau rugissement d'approbation de la foule. Ségorix poursuit.

— Je ne vous propose pas une conquête ordinaire. Non ! Nous partons, nous traversons et nous nous installons. Définitivement. Sans espoir de retour. Êtes-vous prêts à me suivre ?

Pour la troisième fois retentit un rugissement sauvage.

— Nous ne laisserons pas nos maisons, nos villages, nos villes, nos récoltes, tomber aux mains crochues des Romains, des Germains ou de tout autre rapace envahisseur. Avant le grand départ, nous brûlerons tout, nous mettrons le feu à ce qui fut notre pays et notre terre. Comme nos ancêtres venus de l'est l'ont fait avant nous, nous émigrons, définitivement, pour offrir à nos descendants un sort meilleur et digne de notre peuple. Par les dieux, nous vaincrons !

Une triple ovation secoue la vallée, dont l'écho roule longuement dans la montagne.

DÉBUT MARS -58

ROME, DANS LA VILLA DE CÉSAR

Caïus Valerius Procillus entre à grandes enjambées dans la pièce de la Regia[4] où César travaille. Entouré de quelques-uns de ses plus proches lieutenants, le proconsul est penché sur une table de marbre où s'étale une carte du monde connu, que des ciboires d'étain plantés aux quatre coins empêchent de s'enrouler. Le document provient directement de l'atelier de Poseidon d'Apamée, le géographe le plus réputé de l'époque, qui avait fondé une école de très grande réputation, à Rhodes[5]. Sur le parchemin, on distingue des frontières et des mers, des fleuves et des montagnes, le carmin des provinces et l'ocre des peuples autonomes. La Gaule se présente au regard comme une sorte de quadrilatère simple. Au nord, un long chenal, courant tout droit du Rhin à l'Ibérie, sépare la Gaule de la Bretagne. Au sud, la Méditerranée, de Gènes aux Pyrénées, délimite une côte à peu près rectiligne et sensiblement parallèle au chenal du Nord. Entre ces deux mers, et suivant la même direction, le massif

Cemmène[6] barre entièrement le pays, du Rhône aux Pyrénées. La Gaule est fermée, à l'ouest par la chaîne des Pyrénées qui court du chenal du Nord à la Méditerranée et, à l'est, par le Rhin et la chaîne des Alpes. La Garonne, la Loire, la Seine et le Rhin présentent tous les quatre des trajectoires parallèles et un cours sud-nord qui les jette dans le chenal.[7]

Quelques mois plus tôt, l'Assemblée du peuple romain avait attribué à César le gouvernorat de l'Italie du Nord, que l'on appelait alors Gaule Cisalpine, et de l'Illyrie, une province qui court le long de la côte est de l'Adriatique. Cette décision s'était accompagnée d'un bonus de taille, propre à satisfaire les appétits du bénéficiaire : ce mandat lui était conféré, non pour une seule année comme le réclamait l'usage, mais pour cinq ans[8]. De quoi bâtir une politique à long terme et une gloire pour l'éternité ! Un bonheur arrivant rarement seul, le clin d'œil des dieux viendra quelques semaines plus tard, de la mort inopinée du consul Metellus Celer chargé de la Gaule du sud, dite Transalpine : le Sénat décide alors d'ajouter ce territoire aux provinces déjà attribuées à César. Il n'en espérait pas tant ! Le voici désormais maître officiel incontesté de toute la Gaule conquise. Et de plus, il dispose de cinq années entières pour entrer dans l'Histoire, égaler Alexandre, dont le nom résonne jusqu'à l'Indus, effacer Pompée et ses victorieuses campagnes d'Orient, porter les aigles romaines aussi loin et aussi haut que ses forces le lui permettront, et marquer ainsi la mémoire des hommes à jamais.

C'est à ce dessein qu'il travaille lorsque Procillus, conseiller particulier et homme de confiance absolue, fait irruption.

— Ave, Général ! Je t'apporte le résultat de la mission que tu m'as confiée. Marmilas vient de me faire parvenir un message par l'entremise d'un marchand. Ça s'agite chez les Helvètes.

— Enfin ! Nous y voilà !... Marmilas ? C'est bien ce jeune Allobroge déguisé en Helvète que j'ai reçu il y a deux ans ? Il avait fait le voyage en secret pour me tenir informé des projets grandioses de Ségorix : la traversée de la Gaule pour s'installer près de l'océan. C'est cela ?

— C'est bien lui, Général. Ta mémoire est fidèle.

— Des barbares sur le point de se mettre en route ! On n'oublie pas une information de cette importance, Caïus ! constate gravement le proconsul.

César ferme un instant les yeux. Les récits des raids meurtriers perpétrés autrefois par les envahisseurs du nord lui traversent l'esprit : l'assaut sauvage et victorieux de Brenn contre Rome – *vae victis* –, les tumultes sanglants des deux derniers siècles, les équipées féroces des Cimbres et des Teutons, réprimées de justesse dans un bain de sang, la violence des Tigurins, une peuplade helvète, déjà ! Le proconsul connaît trop ces empreintes douloureuses sur l'histoire de Rome pour prendre à la légère l'agitation qui frémit à la frontière.

— Ils sont prêts à partir, poursuit Procillus. Tu te souviens que l'un des leurs, un certain Orgétorix, avait tenté de fomenter un coup contre leur roi qui ne se décidait pas à agir. Il a échoué. Il en est mort. Le roi Ségorix a réussi à retourner la situation à son profit. Depuis, bizarrement, c'est l'union sacrée, là-haut. Plutôt inhabituel chez les Gaulois ! Mais d'autant plus redoutable !

— Ils envisagent toujours une émigration en masse ?

— Oui.

— Vers où ?

— Vers la Saintonge, le pays des Santons, entre Loire et Garonne, du côté de l'océan.

— Jupiter m'est témoin, c'est un long voyage. Et puis, voilà qui va les installer juste à côté de notre Province. Je n'aime décidément pas ça ! Que sait-on de l'itinéraire prévu ?

— Ils franchissent le Rhône par le pont de Genève, traversent le pays des Allobroges puis contournent, par le sud, le mont Cemmène, l'imposant massif au cœur du pays Arverne. À ce moment, ils voyagent à travers les terres de Province. Lorsqu'ils arrivent entre Garonne et Loire, ils piquent plein nord jusqu'à la mer. Voilà ce qui est prévu. Marmilas n'en sait pas davantage. Il ignore également si les Helvètes ont signé des traités avec des peuples de cette région.

— Nous nous mettrons en mesure de répondre à cette question le moment venu…, élude César tout en précisant, la voix sourde… si la réponse nous est encore utile !

Se retournant soudain vers ses lieutenants, César gronde.

— Vous avez entendu ? Soldats, la situation est grave. Il ne sera pas dit qu'un proconsul des Gaules aura perdu une seule minute face au danger d'une invasion barbare. Toi, Libérius, prends une escorte, fonce aujourd'hui même à Aquilée : trois légions hivernent là-bas : la Sept, la Huit et la Neuf. Mobilise-les et lève le camp immédiatement ! Traverse les Alpes, rendez-vous sur le flanc sud du lac Léman, en pays Allobroge ; moi-même, je pars pour Genève demain matin, au lever du soleil. Je compte y être sous huit jours ! Je te donne huit jours de plus. Ne me fais pas attendre !

Libérius, d'un geste de la tête, indique qu'il a reçu le message.

Le généralissime se tourne alors vers le jeune Crassus. Son père, Marcus, immensément riche, a prêté tant d'argent à César que ce dernier fait figure d'obligé ! Ceci explique pour partie la présence du fils aux côtés du général.

— Toi, Publius, rejoins immédiatement la légion Dix, la Narbonnaise : elle stationne actuellement au bord du lac d'Alba[9]. Dis au commandant, mon ami Capito, de plier bagages et de se mettre en route sur-le-champ en direction de Genève. Quelques jours lui suffiront pour couvrir la distance. Il y aménagera un terrain suffisamment vaste pour accueillir les légions et commencera les travaux de campement. Tout doit être prêt pour l'arrivée de Libérius.

Crassus incline la tête et s'apprête à sortir.

— Attends ! Ce n'est pas terminé ! Dis à Capito de ratisser le pays, y compris en dehors de la Province, et d'y recruter de quoi former une légion supplémentaire ! Des Gaulois ! Ils sont grands, bagarreurs et durs à la douleur : on en fera d'excellents légionnaires. Qu'il en trouve cinq mille et les amène à Genève. Je te donnerai un message de ma main, à lui remettre.

Titus Labiénus, l'ancien tribun du peuple, son fidèle soutien dans les campagnes politiques du Forum[10] intervient.

— Général, le Sénat ne va pas apprécier !

— Ah oui ? répond ingénument César.

— Il faut l'autorisation des Pères Conscrits pour lever de nouvelles légions, n'est-ce pas ?

— C'est juste, Titus ! Eh bien, le Sénat n'appréciera pas !... Autre objection ?

Autour de la table, nul ne dit mot. César reprend.

— Nous devons contrer une transhumance massive ! Il nous faut des forces appropriées à la menace. Quatre légions sénatoriales, c'est bien ! Une légion supplémentaire, c'est mieux, mais, je le crains, insuffisant !

Avec une esquisse de sourire dans les yeux, le généralissime regarde son lieutenant.

— Labiénus, lève une sixième légion en Cisalpine ! Et conduis-la à Genève. Ramasse, en même temps, des auxiliaires ! Autant que tu le peux ! Nous en aurons besoin.

Puis il se recule d'un pas et pose la main sur la carte colorée. L'émotion fait vibrer sa voix.

— Soldats ! À compter de cette minute, nous sommes en opérations !

Labiénus, Libérius et Crassus saluent César d'un geste de la main et quittent la pièce, suivis des autres lieutenants formant le conseil militaire du généralissime.

15 MARS -58

CÉSAR PART EN GUERRE

De sa villa, César voit le petit jour se lever sur la Ville aux Sept Collines. Au loin, le Champ de Mars, lové dans une boucle du Tibre, rassemble quelques rares et splendides demeures : vastes jardins plantés d'ifs et de saules, piqués, çà et là, de pièces d'eau que gardent, immobiles, des nymphes de marbre au sourire esquissé. Au cœur de la ville, le long des voies larges aux lourdes dalles soigneusement ajustées, se succèdent temples, basiliques, bâtiments publics, commerces de luxe, auberges de renom, résidences officielles. La Regia, superbe édifice de pierre et de marbre, aux mosaïques richement colorées, a été construite par les Rois, pour les Rois. La roue de l'Histoire a fini par l'attribuer au *Pontifex maximus*. César y réside ès qualité [11].

Les premiers rayons du soleil n'ont pas encore frappé le portique de sa villa que la petite troupe est prête au départ. Outre le généralissime, l'équipée réunit Procillus, les lieutenants de son conseil rapproché [12], son secrétaire particulier, Pompeius Trogus [13], sa garde personnelle et quelques serviteurs. Des chariots attelés transportent armes, bagages et victuailles sous la responsabilité d'un intendant. Sur un ordre du chef, la quarantaine de personnes que comporte le convoi se met en mouvement. Le martèlement des sabots domine le ronronnement des roues cerclées de fer. Au petit trot, sans se retourner, la troupe, cap au nord, quitte Rome par la Voie Triomphale. Présage ?

Dans six jours, c'est l'équinoxe de printemps, cette date qui symbolise chez les prêtres et les militaires romains le début de la période favorable pour partir en guerre.

César a revêtu sa tenue de voyage : nu-tête, manteau rouge qu'une fibule d'or maintient aux épaules, plastron de cuir sur une chemise de lin, caleçon de laine, chausses de cuir épais pourvues de lanières enroulées au mollet. À la ceinture, un court poignard. Très droit, le regard déterminé, des yeux noirs [14] en perpétuel mouvement pour capter tout ce qui bouge, le front haut et bombé, la calvitie naissante masquée par des cheveux courts et grisonnants ramenés en avant, le généralissime part en opérations.

Avec une avance d'une semaine sur le calendrier des dieux !

La guerre des Gaules a commencé.

19 MARS -58

SUR LA ROUTE DE GAULE

Quatre jours ont passé. César et Procillus cheminent côte à côte. À l'horizon, les crêtes enneigées des contreforts des Alpes zèbrent en dents de scie l'azur pâle d'un ciel de printemps qu'aucun nuage ne tache.

— Je me demande la vraie raison de tout ceci, interroge soudain Procillus, plongé depuis le départ de Rome dans la perplexité.

— Le Gaulois attaque, je réprime, c'est tout ! répond un César laconique.

— Tu as une légion, qui campe sur l'Isère, insiste Procillus. Il t'était facile de donner les ordres voulus pour l'envoyer contenir les Helvètes. C'est, du reste, pour ccla, qu'elle a été maintenue là depuis deux ans.

— Une légion ne suffit pas ! Rome tremble, Caïus ! Comme elle a tremblé naguère lorsque les Cimbres et les Teutons ont fondu comme des vautours sur l'Italie. Quand la canaille bouge, bien malin qui peut en prédire l'issue. Les anciens racontent qu'il y a cinquante ans, l'armée hurlante des barbares de Germanie était si imposante, si nombreuse, qu'il lui a fallu six jours, entends-tu, six jours entiers, pour défiler, de la tête à l'arrière-garde, devant le camp romain d'Aquae Sextiae [15] abasourdi et terrifié.

Procillus respecte un instant le plongeon dans la mémoire dont l'attitude de César offre soudain tous les symptômes. L'homme a maintes fois apporté l'illustration de son courage. Mais sans lucidité, le courage ressemble à de la témérité. Lorsqu'il lui semble que la méditation se termine et que César refait surface, Procillus insiste.

— Oui, mais… pourquoi toi ?

— C'est mon heure, lâche le Généralissime, avec un brin de mystère. Rome a besoin de grandeur. Et la grandeur se nourrit de victoires militaires. Procillus, as-tu oublié nos lointaines guerres contre les Samnites : la victoire de Sentinum a lavé l'affront des Fourches Caudines ? As-tu oublié que Pyrrhus nous a écrasés à Héraclée, à Ausculum, avant que nous l'étripions devant Tarente ? As-tu oublié les outrages répétés du

Tessin, de la Trébie, de Trasimène, de Cannes avant l'éclatante victoire de Scipion sur les Carthaginois ? Et Metellus qui a planté l'aigle sur la Macédoine, l'as-tu oublié aussi ? Et enfin Marius qui a exterminé les barbares de Germanie, Cimbres, Teutons, et autres Ambrons ?

— Aucun romain n'oublie ces pages de gloire, Général.

— La politique intérieure n'assurera pas la grandeur de Rome, poursuit César. Un creuset où mijotent les ambitions personnelles et stériles, voilà ce que Rome est devenue aujourd'hui. On peut y jouer des coudes un moment, mais là n'est pas la gloire, ni de Rome, ni des hommes qui la servent.

— Mais la Gaule ! Pourquoi la Gaule ?

— D'abord, elle est une proie pour les sauvages : cela, je ne le veux pas. Ensuite, parmi les terres non soumises, elle présente aujourd'hui le plus haut potentiel stratégique pour la puissance de la République. Enfin, elle est riche. Elle constitue, par conséquent, l'objectif le plus immédiat pour mon propre triomphe. Le Sénat et le peuple romain m'ont confié le proconsulat sur les peuples gaulois conquis par nos pères. J'entends à la fois me montrer digne de cet honneur et élargir les frontières de ce territoire jusqu'à ce que la mer fasse barrage… et au-delà, s'il est possible.

Après un instant de réflexion, il ajoute, pensif :

— La Dacie et les régions du Danube viendront à leur tour… plus tard !

Pendant quelques minutes, ils chevauchent en silence. Procillus, du coin de l'œil, observe César à la dérobée, persuadé que le sujet n'est pas clos par ces claquements de drapeaux. Il a sondé le soldat, pas l'homme. Magie du lieu, magie de l'instant, magie de la circonstance, il sent qu'il peut poursuivre son interrogatoire sans fâcher son ambitieux interlocuteur. À condition de se montrer habile.

— Cette conquête te tient à cœur, n'est-ce-pas ? hasarde-t-il.

— Plus que tu ne saurais l'imaginer, Caïus ! lâche César, sans ciller.

— Te voici bien mystérieux, tout à coup !

— Ecoute, mon ami ! Il y a quarante ans, les Tigurins, la peuplade sans doute la plus cruelle d'Helvétie, a écrasé une armée romaine. Pis, elle a humilié les survivants : quasi-nus, mains liées dans le dos, pieds entravés de chaînes, elle les a obligés à courber bas l'échine pour passer, deux par deux, sous un alignement de jougs de taureau [16]. Entends-tu les ricanements grossiers de la populace, Procillus ? Les plaisanteries vulgaires ? Vois-tu les crachats s'écraser sur les dos arqués ? Révoltant !

— Mais, César, quarante ans ont passé…

—Une défaite peut s'oublier, une humiliation jamais ! Et ce n'est pas tout !

—Quoi, encore ?

—Parmi les morts, on a relevé le consul de l'époque, un certain Lucius Cassius, ainsi que l'un de ses plus fidèles lieutenants, un homme de valeur dit-on. Il s'appelait… Lucius Pison.

—Lucius Pison !… Comme…

—Oui ! C'était le père de mon beau-père Calpurnius Pison. Alors, tu vois, mettre une raclée aux Helvètes, c'est un peu une affaire de famille ! Je dois bien cette équipée à ma toute récente épouse, la douce Calpurnia ! Ce sera mon cadeau de noces !

Les deux hommes poursuivent leur route en silence.

La famille ! Cet homme, ce bloc d'ambition dévorante, a donc un cœur ! L'armure se fendille pour un visage de femme ! Ce n'est pas Procillus qui viendrait en faire reproche à César, son modèle, son soutien, presque son père. Il voue au généralissime une admiration que les confidences d'aujourd'hui renforcent tout en en confirmant le bien-fondé.

Procillus, descendant d'une famille royale de Gaule, a grandi sur la rive gauche du Rhône, non loin de Vienne. Cabur, son père, régnait sur les Helviens. Son grand-père, le roi Silac, a opposé aux envahisseurs romains une résistance héroïque. Sa bravoure et son courage alimentent encore les chansons épiques que les bardes transmettent de village en village, dans la région. Il est mort avec les honneurs, peu de temps après la paix, laissant le trône à son fils, plébiscité par le peuple. Cabur a conduit les affaires sous régime d'occupation avec un tel doigté, une telle probité, un tel courage, que ces vertus lui ont été reconnues, non seulement par son peuple, mais également par Rome. Peu désireux de s'accrocher à la royauté – il haïssait la routine – il fut, à sa demande, déchargé par son peuple de l'honneur de la charge il y a vingt-cinq ans. L'un des consuls d'alors, Caïus Valérius Flaccus, qui entretenait avec Cabur des liens de fraternité nés de l'admiration pour sa vertu, l'a fait citoyen romain. Comme le voulait l'usage, Cabur romanisa alors son nom, et devint Caïus Valérius Caburus. C'est sous ce nom qu'il est connu et apprécié du Sénat et des magistrats de Rome. Son fils, Procillus, esprit agile dans un corps harmonieux, a, très tôt, séduit César par l'étendue de son savoir, la pertinence de ses propos, et la modestie de son comportement. Jeune homme de grande valeur, Procillus se montre aussi à l'aise à Rome, parmi les grands, qu'en Gaule, au milieu de son peuple. César en a fait son familier, bien avant que ne démarre son opération gauloise. Prémonition ?

22 MARS -58

AVEC CÉSAR, EN VUE DE GENÈVE

Le trajet s'effectue à marches forcées, à raison d'une centaine de kilomètres par jour. Le généralissime suit la route déjà connue de Rome et empruntée naguère par le consul Fulvius Flaccus pour aider Marseille à se défaire des Arvernes : elle passe par Turin, le pas de Suse, le col de Montgenèvre [17], Briançon et Chambéry. Le 22 mars, une semaine après le départ de Rome, des hauteurs du Grand Piton, le lac Léman est en vue, qui étale ses eaux tranquilles, tout au fond de la vallée.

La légion Dix, qui gardait la Gaule du sud-est, campe sur place depuis deux jours. Six mille hommes creusent, abattent, taillent, défrichent, tronçonnent, roulent, clouent, lient, pour qu'en quelques jours, ce qui n'était auparavant qu'une clairière s'inclinant en pente douce vers le lac, devienne le formidable camp retranché propre à abriter les vingt-cinq mille hommes des six légions romaines.

23 MARS -58

L'HELVÉTIE BRÛLE

L'Helvétie entière fume, et avec elle les pays alentour, les terres des cousins Tulinges, Rauraques et Latovices. Depuis plusieurs jours déjà, villes, villages, fermes, champs, entrepôts, ateliers, granges, brûlent. Les vallées, longues et encaissées, concentrent les fumées lourdes et grises issues de la combustion des matériaux mouillés. L'absence de vent plaque à hauteur de la tête des premiers mélèzes une atmosphère poisseuse dont l'odeur mordante pique sans distinction les narines des hommes et les naseaux des bêtes. Couvercle sur le chaudron ! Parfois, la lumière du soleil, devenu disque jaune sale tirant sur l'orangé, s'en obscurcit encore.

Sur toutes les voies, par tous les chemins, tous les sentiers, hommes et femmes, enfants et aïeuls, chevaux et bovidés, chiens et chats, poules et lapins, porcs et chèvres, tout ce qui est en état de se déplacer fait route vers l'ouest, en direction du lac. De lourdes plates-formes à quatre roues, attelées à deux ou à quatre bœufs emprisonnés sous le joug, charrient des monceaux d'ustensiles, de jarres de victuailles, de tonneaux de boisson, de portiques de viandes séchées que le rythme majestueux des animaux balance doucement. Les ridelles contiennent avec peine les lourdes bottes de foin dont on fera, indifféremment, et le lit des hommes et le repas des bêtes. Des chariots-ateliers construits pour la circonstance transportent le four du forgeron comme celui du potier, le métier du tisserand comme l'établi du peaussier. Même la moissonneuse, tombereau bas au bord inférieur armé de dents, est équipée, elle aussi d'un châssis tracté.

Spectacle hallucinant que celui d'un peuple qui se prépare à déménager !

Sur la rive nord du lac, Ségorix, fou de colère, tient conseil. L'arrivée de César dans les parages, et le mouvement de la légion narbonnaise, ne tiennent sûrement pas du hasard. La coïncidence avec le grand départ résulte nécessairement d'une information communiquée aux Romains.

— Trahison ! rugit-il, parcourant l'espace à grandes enjambées. Trahison ! On n'est pas encore parti que Rome est à notre porte !

— En effet, je ne me souviens pas que tu m'aies parlé d'un comité d'accueil, susurre le Rauraque à mi-voix.

— Je n'ai pas de mauvais rapports avec les Germains. On pourrait leur demander de l'aide ! ajoute avec perfidie son voisin le Tulinge.

— Jamais de la vie, tonne Ségorix. Je ne recommencerai pas le coup des Séquanes [18] !

— Que comptes-tu faire ? questionne le chef d'un clan du nord du pays.

— Trouver le traître qui a prévenu Rome, lui ouvrir le ventre avec mon poignard et le pendre avec ses tripes à la branche du premier noyer venu.

Il a dit cela d'une traite, sans reprendre son souffle, signe chez lui, de la plus extrême contrariété.

— Le mal est fait, la vengeance attendra ! réplique le Tulinge.

— Alors, ton plan, Ségorix ? s'impatiente une voix depuis le fond de la pièce.

— Ils sont six mille. Nous sommes quinze fois plus nombreux ! Sans compter les nôtres qui ne portent pas d'armes mais qui font masse. Le nombre joue pour nous. On leur rentre dedans, par Ésus ! aboie Harilac, l'homme à la pelisse de bouc.

Ancien lieutenant d'Orgétorix, ce géant bagarreur a rallié la cause de Ségorix par raison et sans enthousiasme : le roi lui semble trop mou !

— Risqué ! Risqué et un peu primitif ! objecte le Rauraque de sa voix douce.

Piqué au vif, Harilac se retourne d'un coup, s'approche de son contradicteur à le toucher. Plus grand d'une bonne tête, il le surplombe de manière menaçante.

— Les Helvètes sont les plus forts. Je n'ai pas peur d'une poignée de romains !

Le Tulinge tente de détourner de son ami Rauraque la colère d'Harilac.

— D'abord, ils ne sont pas une poignée, ils ont déplacé une légion ! Ensuite, des auxiliaires de chez eux ont entendu dire que trois autres légions étaient en route. Enfin, nous avons un long chemin à parcourir jusqu'à l'océan. Les occasions de montrer notre bravoure ne manqueront pas. Je suggère de commencer par la négociation.

— Qu'en penses-tu, Divicon ? intervient Ségorix.

Divicon, vieillard noble et vif encore, est, en général, de bon conseil. Son glorieux passé militaire donne à ses avis le poids de l'expérience et, le plus souvent, l'accent de la sagesse. Son principal défaut, qui s'accentue avec l'âge : une légère tendance à somnoler de manière impromptue.

— Hein ! Quoi ?

— Nous disions : avec les Romains, on se bat ou on négocie ? résume Ségorix.

— Mieux vaut vaincre sans combattre que combattre sans vaincre !

Tel un magicien, Divicon fait jaillir en toutes circonstances de ces sortes de maximes un peu plates, qu'il invente ou emprunte.

— C'est aussi votre avis, vous autres ?

Ségorix interroge chacun du regard. Les hochements de tête l'invitent à tenir compte absolument de l'avis de la majorité, sous peine d'avoir du mal à tenir ses gens par la suite.

— Bon, très bien ! Nous venons de décider de négocier !

24 MARS -58

AMBASSADE HELVÈTE

Le lendemain matin, deux des plus illustres citoyens d'Helvétie, hommes d'expérience, droits et loyaux, ce genre d'hommes adulés par leurs amis et respectés par leurs opposants, se présentent à la porte du camp de César. Vérucloet et Nammée ont pour mission de dirc au généralissime romain qu'ils forment le plan de s'installer à l'ouest, en Saintonge ; qu'ils ont l'intention de traverser le pays des Allobroges, puis de faire route à travers la Province en laissant le puissant Massif Cemmène à droite ; qu'il s'agit, là, d'une expédition amicale et pacifique ; que les Helvètes ne nourrissent évidemment aucun grief contre les Romains ; qu'aucun dommage ne résultera de cette opération qui ne soit durement châtié et immédiatement réparé ; que le roi des Helvètes requiert de César l'autorisation de traverser le pont de Genève d'abord, la région limitrophe ensuite, la Province enfin ; que le roi Ségorix le Grand présente au généralissime son salut le plus accueillant ainsi que ces quelques modestes présents.

— Tu remercieras le roi Ségorix pour ses présents, intervient César en regardant Vérucloet. Quant à ton expédition, il s'agit là d'une affaire considérable. Combien de personnes émigrent-elles ?

— Le peuple entier, ou presque ! précise Vérucloet.

— Combien ? insiste César.

— Un peu plus de trois cent cinquante mille !

— Et vous comptez faire mouvement dans le calme ? Lors des déplacements de l'armée romaine, il est parfois difficile à certains de mes généraux de tenir leurs légionnaires, pourtant disciplinés ! Alors, tu imagines, un peuple entier !

— Notre intérêt, Général, n'est pas de créer des troubles dans les pays que nous traversons, ni de mettre à mal leurs populations. Nous finirions par pâtir nous-mêmes de nos propres débordements !

— Mouais ! Les Allobroges sont un peuple fier et quelque peu agité : ils ont la rébellion facile ! Je dois m'entretenir de ton projet avec Sénonac, leur chef. Dans le même temps, je vais envoyer l'un de mes lieutenants à Rome pour informer le Sénat de ta demande. Pour l'heure, les Helvètes resteront en Helvétie. À la mi-avril, je serai en mesure de t'apporter ma réponse. Pas avant ! Revoyons-nous à ce moment-là, si vous le jugez toujours utile. Salut à Ségorix et bon retour.

Sur cette invite sans détour, à la limite de l'impolitesse, les ambassadeurs helvètes blêmissent. Ils se gardent pourtant bien de répliquer à l'affront de ce congédiement abrupt. Quel en eût été le bénéfice ? César pousse son avantage facile d'un léger sourire à l'ironie palpable. Il regarde les deux émissaires s'incliner respectueusement, jeter un bref regard à Procillus et aux lieutenants, faire demi-tour sans un mot et se diriger, raides et pâles, vers la porte de toile dont deux factionnaires en armes tiennent ouverts les pans. Ils quittent la tente prétorienne avec toute la dignité que leur confère leur mission. La déception, pourtant, affaisse légèrement leurs épaules.

24 MARS -58

LES PREMIERS PRÉPARATIFS ROMAINS

Servilius, le plus exalté des lieutenants de César, se lève et arpente la pièce en se frottant les mains.

— Bien joué ! Bien joué ! Ces sauvages n'imaginaient quand même pas que nous allions les regarder passer tranquillement. Général, nous avons deux semaines de tranquillité. Donne tes ordres !

Rassemblés autour de la carte que Trogus vient de déployer sur la table, les compagnons voient César pointer son doigt sur l'extrémité ouest du lac.

— Nous bloquons immédiatement la route sud, décide le généralissime. Et tout d'abord, je détruis le pont de Genève !

— Je m'en charge, répond aussitôt Cornélius Balbus, l'officier commandant le corps du génie [19].

— Bien. Dans le même temps, nous empêchons les Helvètes de descendre vers la Province. Ils sont concentrés chez eux, sur le flanc nord-ouest du lac. L'espace entre le lac et la montagne du Jura constitue une voie de passage naturelle. C'est la route qu'ils veulent suivre. Murons-la et l'affaire est entendue. Des questions ?

— Tu veux la barrer physiquement, ou simplement en défendre l'accès hermétiquement avec des hommes ? questionne Balbus.

— Les deux, réplique César. Cette voie doit devenir absolument infranchissable !

— Compris ! Je reviens avant la fin du jour avec des propositions.

Il tourne les talons et quitte la tente.

César sait bien qu'en dépit de la valeur de l'armée romaine, le nombre ne joue pas en sa faveur. À cet instant, les légions d'Aquilée traversent les Alpes. Un courrier de Libérius l'a informé que des escarmouches avec une horde de Graiocèles dans un défilé de montagne allaient retarder l'arrivée de deux à trois jours. Le généralissime, sans rien laisser paraître, accuse le coup : Libérius ne sera pas ici avant les premiers jours d'avril.

La légion Dix, pour brave qu'elle soit – et Jupiter sait que sa réputation est flatteuse –, n'a jamais encore servi sous ses ordres : il connaît bien le bouillant général qui la commande, mais pas la légion elle-même, ou, du moins, pas suffisamment. Plus grave encore, lui-même n'en est pas connu. Après une ou deux victoires, lorsque sa valeur de stratège et ses capacités de chef auront éclaté aux yeux de tous, il ne doute pas qu'alors, ces hommes lui seront attachés par les liens les plus forts qui soient : ceux de l'admiration. Mais pour l'instant…

César réfléchit. En face, s'il faut attacher foi aux paroles de Vérucloet, le peuple helvète compte trois cent cinquante mille personnes ; sur ce total, sortons les femmes, les vieux, les enfants, les prêtres, les esclaves, bref, tous ceux qui, a priori, ne combattent pas. J'estime cet ensemble aux deux tiers. Par conséquent, un Helvète sur trois est en état de porter les armes. Un tiers seulement, mais un tiers quand même ! Cent mille barbares contre cinq mille légionnaires ! Par tous les dieux ! Il est urgent de temporiser en attendant Libérius et les légions d'Aquilée. Il est également impératif d'opposer aux assaillants autant d'obstacles physiques que la nature peut en fournir et l'homme en aménager.

Balbus revient. Le projet de l'ingénieur est considérable, presque pharaonique : une barricade immense, haute, infranchissable, en travers de la vallée qui sépare le Jura du lac Léman. La muraille, d'une hauteur moyenne de cinq mètres, se déroule sur une trentaine de kilomètres. Ses vingt mètres de large sont constitués de troncs formidables, liés par trois pour former des trépieds et fichés en terre sur quatre rangs. Cet appareil enserrera toutes sortes de matériaux disponibles faisant bouchon : troncs d'arbres, bien sûr, en très grand nombre, et maîtresses branches, mais également rochers sortis du fleuve, arbustes, feuillages, débris, ronciers.

En connaisseur, César apprécie et approuve l'audace du projet. Il en rajoute, cependant ! Il demande d'adjoindre un fossé tout du long, et d'ériger, tous les cinq cent mètres un ouvrage servant à la fois de poste d'observation et de place de rassemblement de soldats.

Ainsi, explique-t-il, les renforts seront immédiatement opérationnels si, d'aventure, un point de la barricade est enfoncé. Oui, la barricade est sensible au feu, répond l'ingénieur à l'objection de Procillus, mais la fumée trahira immédiatement le point faible où il conviendra de porter les renforts. De plus, des réservoirs d'eau seront répartis tout le long du mur.

Le projet barricade, incluant les fossés, les points d'eau et les redoutes, est approuvé. Il est mis en œuvre immédiatement.

15 AVRIL -58

LE RETOUR DES ÉMISSAIRES HELVÈTES

Le 15 avril, la délégation helvète se présente à la porte du camp et demande à être reçue par le généralissime. Vérucloet et Nammée, aujourd'hui accompagnés de Marmilas, ont reçu instruction d'accentuer la pression sur le Romain, de mentionner comme anecdotiquement le déséquilibre des masses en présence et l'absolue supériorité helvète, d'évoquer avec subtilité la possibilité d'une prochaine mise en marche du peuple par la route qui lui plaît, bref, de gonfler un peu les pectoraux. Ni l'un ni l'autre n'ont oublié l'affront feutré de la précédente entrevue.

La journée n'a pas bien commencé : depuis la barge qui leur fait traverser le fleuve, les trois Helvètes ont contemplé avec consternation et colère les piles inclinées du pont de Genève, fichées dans les eaux boueuses. Plutôt que détruit, le pont a été démonté : le tablier a disparu rendant l'ouvrage inutilisable. Perdu dans ses pensées et tournant le dos au sens de l'avancée, Nammée n'a pas vu venir la rive opposée. Un léger choc lorsque la plate-forme flottante a cogné la rive : Nammée a perdu l'équilibre et, sans grâce, s'est retrouvé cul par-dessus tête, assis dans une coudée d'eau glacée. Les chevaux ont henni ! Le nautonier a éclaté de rire ! Il a eu tort ! Se redressant aussi vite qu'il était tombé, Nammée a fondu sur l'impudent passeur qu'il a roué de coups autant pour assouvir sa colère que pour exorciser le ridicule du spectacle qu'il venait d'offrir à ses compagnons. Marmilas l'a aidé à s'essorer tandis que Vérucloet faisait mine de n'avoir rien vu.

Le trajet jusqu'au camp romain s'est effectué en silence.

Un factionnaire ouvre le battant de la lourde porte de rondins de sapin tandis que son collègue court vers une tente, au bout de l'allée. Les trois cavaliers descendent de cheval, confient les rênes à un palefrenier, ajustent leur mise et pénètrent dans le camp. Accompagné du légionnaire, Trogus, le secrétaire de César, parcourt à grand pas la centaine de mètres qui sépare sa tente de la porte prétorienne où attendent les ambassadeurs.

— Ave, dit-il dans un sourire de bienvenue, en se présentant et en demandant aux dieux de combler ses hôtes de bienfaits. Le généralissime vous prie de l'excuser. Le Conseil militaire qu'il préside en cet instant ne devrait plus durer trop longtemps. En attendant, c'est un honneur pour moi, que de mettre ma tente à votre disposition.

D'un geste du bras, Trogus invite les visiteurs à le suivre. Ils dépassent des écuries, puis longent de grandes tentes d'où s'échappe un brouhaha de conversations, de rires, d'invectives, et débouchent sur une place qu'occupe, au centre, une grande maison de toile carrée richement décorée et soigneusement bordée de légionnaires en armes. Ils contournent la construction, traversent la place en diagonale, en direction d'une petite tente plantée à l'angle nord-est. Le légionnaire de garde à l'entrée, qui semble les attendre, relève la portière de toile et invite les visiteurs à pénétrer. L'intérieur, d'une sobriété absolue, se compose d'un bat-flanc enveloppé d'une couverture de laine bosselée d'un polochon, d'une table et ses quatre tabourets, et d'un coffre dont le couvercle ouvert laisse entrevoir des effets personnels, ainsi que des rouleaux de parchemin en grand nombre. Contre la cloison de toile, sur une planche soutenue par deux tréteaux, l'armement de Trogus brille doucement dans l'ombre.

—Installez-vous, propose le romain, et mettez-vous à votre aise. Lucius, mon ordonnance, va vous apporter du vin et des figues sèches.

Et il sort.

Deux heures ! L'attente des Helvètes se prolonge deux pleines heures.

Sous sa tente, César savoure cet instant. À quarante ans passés, sa vie publique lui a offert l'occasion de mener bien des séances de négociation sur des sujets extrêmement divers. Comme d'habitude, l'expérience lui dicte l'action à entreprendre : l'une de ses forces réside dans cette capacité de traduire la réflexion en actes, autant que de n'agir qu'après réflexion. En matière de négociation, il s'appuie, la plupart du temps, sur deux constatations. D'abord, il a remarqué que la durée des entretiens n'a, en général, que peu de rapport avec l'importance du sujet en cause : c'est pourquoi il choisit volontiers de se montrer expéditif, voire cassant, lorsque le but à atteindre revêt, à ses yeux, une importance extrême. Ensuite, la négociation est, avant tout, un combat des nerfs ! Sûr des siens en toutes circonstances, il s'applique à exciter systématiquement ceux de l'adversaire par les moyens les plus simples – ce sont les plus efficaces, a-t-il observé – parmi lesquels figure l'attente indûment prolongée de la partie adverse. Il aime à « faire mijoter le débat », selon ses propres termes !

Le généralissime a un autre motif d'extrême satisfaction. Les trois légions d'Aquilée, – la Sept, la Huit et la Neuf, un renfort de quatorze mille soldats – ont rejoint le camp de Genève et sont maintenant opérationnelles. Pour la forme, César a fait à Libérius les remontrances que son retard sur le calendrier prévu à Rome justifiait. Libérius, pas dupe de la fausse colère, a laissé passer l'orage en minimisant les attaques des Graiocèles. Les forces en présence commencent de s'équilibrer, suppute César : il y a quelques jours, face à cent helvètes, j'alignais cinq légionnaires ; aujourd'hui, j'en poste plus de vingt. Ça change tout ! Le pont est hors d'usage. La barricade avance à pas de géant : le chantier occupe trois légionnaires sur cinq, ainsi que tout ce que l'armée compte de valets et d'esclaves : c'est une foule de près de quinze mille personnes qui travaille depuis le début avril à obstruer la saignée entre lac et montagne. Tout va bien !

Au moment précis où les Helvètes, excédés, outrés, se lèvent et s'apprêtent à partir, un légionnaire pénètre dans la tente de Trogus.

—Le général va vous recevoir ! dit-il en maintenant ouverte la porte flottante.

Trop tard pour quitter le camp : ils se savent coincés. Bouillants de colère ravalée, et précédés du légionnaire, ils font, en sens inverse, le chemin suivi quelques heures plus tôt.

Arrivés devant la riche maison de toile au centre de la place, le légionnaire leur intime l'ordre de s'arrêter. S'engageant sous l'auvent, il s'avance jusqu'au seuil de la tente :

— Général, les ambassadeurs d'Helvétie ! annonce-t-il d'une voix forte.

— Prie-les d'entrer ! répond une voix calme et posée.

Le légionnaire s'efface. Vérucloet entre le premier, suivi de Nammée puis de Marmilas.

La première impression, c'est la douce clarté du lieu. Les Helvètes n'ont jamais connu que d'austères et sombres maisons de branches et de terre battue, aux ouvertures parcimonieuses destinées à maintenir le froid à l'extérieur, ou des tentes pointues aux parois de cuir qu'aucune lumière ne transperce jamais. Ils sortent de la tente de Trogus, entièrement opaque, éclairée uniquement par le pan de la portière relevée. Et là, chez le généralissime, la lumière du jour pénètre, filtrée et tamisée par l'immense drap de lin blanc tendu à l'horizontale sur un treillis de fines solives de bois joliment décorées. Le toit de la maison laisse passer le jour ! La deuxième impression : le luxe ! Le mobilier prétorien – céruse blanc cassé, motifs carmin, filets d'or – paraît tout droit sorti de l'atelier du menuisier tant son état est impeccable. Les sièges sont rehaussés d'épais coussins brodés. Au sol, des tapis garance recouvrent la terre poussiéreuse.

César se lève pour accueillir ses visiteurs. On procède aux salutations d'usage. On lui présente Marmilas. On prend place autour de la table. Des commandants de légions sont là. Procillus et Trogus également. Des serviteurs posent des pichets de vin et d'eau, ainsi que des gobelets. Dans l'air flotte, curieusement, une légère et subtile odeur d'encens.

Pendant leur longue attente chez Trogus, les Gaulois avaient décidé que Vérucloet, le plus expérimenté des trois, et sûrement le plus diplomate, prendrait la parole devant César et mènerait les débats. Comment commencer ? La colère étant mauvaise conseillère, il choisit l'ironie.

—César, nous te savons tous trois gré de nous avoir permis de mesurer longuement l'honneur qu'il y a à être reçu par le plus fameux des généraux romains… après Pompée.

Par Minerve, une attaque ! Si tôt ! songe César.

—Helvète, à mon tour, je me réjouis que tu sois venu chercher auprès de moi, comme je t'y avais invité, la réponse à la question de ton roi.

—En voyant les travaux que tu as entrepris, Général, il nous semble que le mystère ne réside plus dans ta réponse, mais dans tes explications.

—J'ai effectivement fermé le pont de Genève : Sénonac, le roi des Allobroges craint votre déferlement sur ses terres : il m'a prié d'en interdire l'accès.

— Alors, ce ne sont plus ses terres, César, mais les tiennes !

— Erreur, Helvète. Les peuples liés à Rome par des liens d'amitié conservent leur gouvernement, leurs structures et leur organisation.

Ce débat ne mène à rien. Vérucloet a la réponse, claire et sans ambages : César interdit la route sud. Il faut maintenant tester la résistance du Romain.

— Traverser le Rhône n'est pas une affaire. En rendant le pont inutilisable, tu nous compliques juste un peu la tâche, rien de plus. Nous tenons beaucoup à la route sud, celle qui traverse la Province.

— Helvète, les traditions et les usages du peuple romain ne lui permettent d'accorder à personne le droit de passer par la Province. Le Sénat veille que cette interdiction soit scrupuleusement observée. Moi, proconsul de Gaule Transalpine, je représente le peuple et le Sénat : je m'emploie donc à agir pour qu'il en soit ainsi.

— Nous pourrions nous passer de ta permission, suggère doucement Vérucloet après un instant de silence.

— Tu pourrais, Helvète ! réplique César, laconique.

— Nos guerriers sont quatre fois plus nombreux que les tiens ! renchérit Nammée qui bout d'intervenir.

César se tourne vers lui, le toise un instant.

— Tiens donc ! Apprends, Gaulois, que le nombre ne fait rien à l'affaire : les combats se gagnent par la valeur militaire et la stratégie, pas par la force brutale !

— Tu t'opposerais par la force, si nous décidions de passer ? insiste Nammée.

— N'en doute pas un instant ! Comme tu l'as vu, j'ai commencé de prendre des dispositions à cet effet, en défense comme en hommes.

Délaissant Nammée, César se retourne vers Vérucloet.

— Ambassadeur, dis à ton roi de ne pas forcer son destin. On ne défie pas impunément Rome. Nous n'avons pas pour politique d'anéantir les peuples insoumis. Mais devant la nécessité, nous y sommes fermement résolus. Et nous ne fléchirons pas !

— Ta botte est lourde, Romain ! Prends garde qu'elle ne trouve, devant elle, botte plus lourde encore. La fureur décuple les forces et ce qui doit être sera, prévient Vérucloet dont le talent diplomatique craque devant l'inflexibilité de César.

— Le Sénat et le peuple romain sont ta meilleure garantie de paix, Helvète. Rapporte ces propos à ton roi et que la sagesse de Minerve lui dicte sa conduite.

15 AVRIL -58

RÉUNION D'ÉTAT-MAJOR AUTOUR DE CÉSAR

Les Helvètes ont quitté la tente. César confère avec son état-major, ainsi qu'il le fait chaque fois que l'avenir immédiat nécessite, lui semble-t-il, une décision importante.

— Je n'aime pas la tournure que prennent les événements, dit Probus, l'un des lieutenants, dont le courage est pourtant légendaire dans l'armée.

Il s'est maintes fois illustré dans des opérations violentes et garde de la campagne contre Spartacus une épaisse cicatrice violacée en travers de la joue gauche. De quelques mois plus âgé que César, il passe pour en être le conseiller militaire le plus écouté après Labiénus.

— Explique-toi, réclame le généralissime.

— À l'évidence, les Helvètes veulent en découdre. L'information m'a été confirmée par Sénonac, le roi des Allobroges, qui connaît bien la situation de l'autre côté du lac.

— Bien sûr, intervient Procillus, ils ont un homme particulièrement bien placé : le conseiller privé de Ségorix, le jeune Marmilas, est en réalité allobroge.

— Quoi ! Celui qui assistait à l'entrevue ? s'exclame Probus, incrédule.

— Eh, oui ! intervient César, amusé. Pas de bonnes opérations sans de bons renseignements ! Que t'a dit Sénonac ?

— Il est persuadé que les Helvètes vont attaquer. Il tient cette certitude du récit des préparatifs de départ immédiat rapporté par son homme chez les Helvètes.

De plus, ils ont tout brûlé : ils ne peuvent faire marche arrière.

— Tu ne nous penses pas suffisamment nombreux pour les contenir ?

— Général, en dépit de la valeur de nos légions, nous restons à quatre contre un, répond prudemment Probus. C'est bien peu si notre barricade est enfoncée !

— Aucune raison valable pour qu'il en soit ainsi ! objecte, avec une légère suffisance, Marcus Drusus, le général commandant la légion Neuf. Prendre des positions défaitistes n'est pas bon pour le moral des troupes !

Drusus, homme de terrain, n'a jamais nourri pour les militaires d'état-major une admiration sans borne : il rate rarement l'occasion de le faire savoir.

Un rapide tour de table démontre à César qu'à l'exception de Servilius, son bouillant lieutenant, et de Drusus, les opinions unanimes penchent pour un renfort dans les meilleurs délais, avant toute action guerrière. Les quatre légions actuelles suffiront sans doute à contenir l'assaut derrière une barricade en bon état, mais l'avenir n'est pas assuré. Il est arrivé à César, par le passé, de jouer son sort à l'aveuglette, sur un coup de dés. Aujourd'hui, la question, purement stratégique, se résume à un rapport de forces. Nul hasard n'interfère.

15 AVRIL -58

LE DÉPIT DES HELVÈTES

Dans le camp des Helvètes, la fureur le dispute à la consternation. Ségorix sait, désormais, la route sud hermétiquement bouchée. Ses émissaires lui ont décrit l'extrême détermination du Romain et les rapports quotidiens des observateurs qu'il a placés à la pointe ouest du lac ne laissent aucun doute quant à l'ardeur déployée par l'ennemi pour leur barrer le passage.

Il a bien envoyé quelques groupes essayer de franchir le Rhône en radeau. Ils se sont fait massacrer.

Ségorix se voit contraint de revoir sa stratégie. César remporte, sans combattre, sa première victoire. Il ne reste aux Helvètes qu'une seule voie : la route nord à travers le pays des Séquanes.

Camilas remet en mémoire les démarches entreprises il y a deux ans par Orgétorix auprès des peuples voisins. L'ancien lieutenant du chef factieux, rallié depuis à la cause du roi Ségorix, suggère de faire de même, mais de s'appuyer, cette fois, davantage sur les Éduens.

— Dumnorix, l'ancien roi des Éduens, est l'intermédiaire idéal, explique-t-il. D'abord, sa femme est une Helvète. Ensuite, il veut rendre aux Éduens leur gloire passée. Il ambitionne de disputer aux Arvernes la suprématie de la Gaule. Dans ce but, il cherche à pactiser avec tout peuple susceptible d'appuyer son action : il fait les yeux doux aux Séquanes et se montre très généreux à leur égard. Il est payé, en retour, d'une grande popularité.

— Je connais bien Castix, le Séquane, intervient Ségorix. On peut lui parler en direct.

— Peut-être, mais nous avons gros à gagner, et rien à perdre, en mettant l'Éduen en valeur, réplique le conseiller. Par ailleurs, nous aurons besoin des Éduens pour suivre notre nouvelle route. Il n'est pas inutile de multiplier les amis là-bas.

— Fais à ton idée, Camilas, mais fais vite !

16-21 AVRIL -58

LE ZÈLE DIPLOMATIQUE DE SÉGORIX

Camilas parcourt en sens inverse le chemin suivi par Orgétorix trois ans plus tôt.

Comme il s'y attendait, l'ambassade auprès de l'Éduen est couronnée de succès, même si elle ne se déroule pas comme prévu. En effet, à Bibracte, le pouvoir a changé de mains. Le nouveau vergobret se nomme Lisc. Selon les ragots, c'est une sorte de campagnard falot qui vient de remplacer Dumnorix. Ce mouvement – en réalité une feinte – sans éloigner l'ancien homme fort des affaires, offrait à Dumnorix le confort d'un règne par procuration. Depuis quelques temps, des critiques, provenant de certains des chefs de clans les plus influents, s'étaient exprimées ouvertement : on s'attristait de voir les Éduens perdre du terrain et du prestige au profit des Arvernes. Dumnorix était visé. Jugeant préférable de prendre alors du champ, il avait décidé de ne pas se représenter aux suffrages des nobles cette année, tout en ourdissant auprès des druides et des nobles pour que Lisc soit élu. Ce qui fut fait. Cependant, dans l'ombre, il continue d'agir comme s'il était en charge des affaires.

Face à la demande de Camilas, Dumnorix, frétillant d'ambition, discerne vite le parti qu'il peut tirer d'une double amitié ainsi renforcée : en s'alliant avec les Séquanes, il élargit son territoire ; grâce aux Helvètes itinérants, c'est la gloire des Éduens qui sera colportée aux confins de la Gaule, avec retentissement forcément bénéfique pour l'ex-futur chef. Au passage, pourquoi ne pas envisager une alliance véritable des trois peuples pour la conquête de la Gaule tout entière. Sous sa direction, évidemment !

Non seulement il accepte que les Helvètes traversent le territoire, quoique dans l'ordre et la discipline, et se fait fort de rallier Lisc à cette vue, mais il donne également son accord pour parler aux Séquanes. La mission de Camilas commence bien.

L'entrevue de Besançon, chez les Séquanes, a lieu quatre jours plus tard. Après que le principe de royauté eut été aboli en Séquanie [20], Castix, renouant avec la puissance de son père, le roi Catamantal, est redevenu l'homme fort du pays. Il reçoit Dumnorix et Camilas avec politesse. En raison des oppositions passées, les Séquanes ne nourrissent pas une tendresse particulière pour les Éduens. On lui explique les dangers auxquels s'expose un peuple dont le territoire est traversé par des centaines de milliers de voyageurs hostiles ; on lui vante la cruauté naturelle de ces populations montagnardes et quasi-sauvages ; on lui dépeint tous les avantages qui résulteraient d'une alliance fraternelle entre les trois peuples ; on lui rappelle le premier arrangement négocié par Orgétorix ; on le félicite pour la légendaire sagesse de son action, à laquelle on s'en remet pour la décision d'aujourd'hui. Castix attend patiemment la fin du plaidoyer pour intervenir.

—Dumnorix, je suis sensible que tu aies fait le voyage pour appuyer la proposition des Helvètes. Tu aurais pu t'épargner cette peine car je n'ai nul besoin d'un intermédiaire pour parler à Ségorix. Lorsque l'aventurier Orgétorix est venu me demander le passage pacifique, il y a quelques années, j'avais tenu Ségorix informé et c'est en plein accord avec lui que j'avais fait accepter l'arrangement par mon roi. Je ne refuserai pas aujourd'hui à un ami ce que j'ai concédé, hier, à son ennemi. Les dieux se souviendraient de ce parjure ! En mal ! Camilas, dis à ton roi que son peuple pourra traverser mon royaume. Mais je ne veux ni dommages, ni désordre.

23 AVRIL -58

LE DÉPART DES HELVÈTES

Un soleil printanier nimbe la campagne autour du lac. La neige a disparu, cédant aux premières fleurs les espaces inaccessibles aux hommes. Ailleurs, la bouillasse règne en maître. Le piétinement incessant de tout un peuple en transhumance, immobilisé depuis près d'un mois dans ce coin d'Helvétie, donne aux pâturages d'autrefois des allures de soue. Tout ce qui est un peu plat reçoit par dizaines, par centaines, de ces cabanes en bois hâtivement fagotées, de ces tentes de peau, où se recroqueville un peuple que la lassitude de l'inaction commence de gagner. Pour éviter les débordements, les chefs de tribus, les chefs de famille, les chefs de village imposent une discipline de fer, dont l'application, souvent aveugle, excite au lieu de calmer. Un invraisemblable fouillis, fait de chariots dételés, de bagages entassés, de chevaux et d'animaux de trait parqués, de va-et-vient incessants en tous sens, dessine le décor permanent où se meuvent trois cent cinquante mille helvètes, prêts pour le grand voyage sans retour.

Au milieu de cette foule grouillante, deux hommes semblent ne jamais se quitter. Se présentant comme des Harudes, ce peuple germain des bords du Danube, ils ont rejoint l'est de l'Helvétie il y a plusieurs mois. Prétextant de mauvais traitements subis, ils ont demandé asile aux Latobriges. Depuis lors, on les a vus déployer un zèle industrieux, infatigable et apprécié au profit de leurs bienfaiteurs. Artovindas et Dubigabr, les deux frères adoptés, sont partout chez eux.

La fruste tente de Ségorix contient avec peine les affaires personnelles du roi et de sa maisonnée, ainsi que les emblèmes de la royauté rassemblés là faute d'entrepôt mieux adapté. Un espace meublé d'une table de planches et de bancs en bois brut accueille les lieutenants, les chefs des clans et les prêtres de la tribu. Camilas, rentré à brides abattues, transmet à Ségorix les salutations du roi des Séquanes et fait rapport au Conseil du succès complet de sa mission. Plus rien ne s'oppose au départ des Helvètes.

—Nous partirons demain matin à l'aube, conclut Ségorix. Que Cernunnos m'encorne, je jure que nous ne prendrons aucun repos avant d'avoir atteint les rives de l'océan. Nous pactiserons avec nos amis. Nous exterminerons nos ennemis. Que la déesse Cathubodua [21] nous donne la victoire lorsque nous aurons à combattre ! Dans quelques jours commence l'été, la saison de samon [22], propice à notre voyage : elle nous procurera vivres et chaleur tout au long du chemin. Compagnons, faisons ensemble serment de mener notre peuple à bon port avant que giamon vienne à nouveau geler les champs et blanchir les cimes.

Debout, encerclant Artébax le druide, les chefs helvètes prêtent serment, le bras droit levé à l'oblique formant comme l'ébauche d'un toit au-dessus du prêtre. Puis, vient le temps des prières : le druide, dont l'émotion fait, pour une fois, légèrement trembler la voix, prononce les incantations que les répons rauques des guerriers accompagnent jusqu'aux cieux.

Pratique, Ségorix ajoute.

— D'ici demain matin à l'aube, que chacun de vous regagne le quartier qui lui a été attribué. Passez aux vôtres les consignes de calme et d'ordre sur lesquelles les Helvètes se sont engagés vis-à-vis des peuples traversés. Faites paqueter les bagages, préparer les chariots, seller les chevaux et tenez-vous prêts à faire mouvement dès que les cornes auront sonné le départ.

Le lendemain, l'aube est transpercée du son rauque, puissant, monotone de la corne de mouflon. Comme un signe d'invite, une seule corne a commencé puis, le temps de reprendre souffle, a été relayée par une deuxième à la tonalité légèrement plus aiguë, puis une troisième, différente encore. Les tons se mêlent, discordants, se chevauchent, enflent tantôt, tantôt faiblissent, repris bientôt, dans tous les points cardinaux, par des dizaines de cornes et de trompes taillés dans la corne d'animal. Pas d'écho sur cette terre plate, mais la puissance de ces souffles par centaines, hurlant l'excitation d'un départ éternel, va se ficher directement dans l'oreille des dieux.

La longue colonne s'ébranle. En tête, les porte-enseigne ont sorti, pour le départ, les fanions, oriflammes et marques distinctives des quatre tribus helvètes. Les peuples voisins ont joint leurs drapeaux. Pour manifester l'union des tribus, des clans et des familles dans cette expédition de grande envergure, le conseil des chefs a décidé de consacrer le convoi à un seul animal qui symbolisera ainsi le peuple d'Helvétie tout entier. Après une chaude discussion où le loup, animal de Ségorix, le chamois, et l'aigle ont eu, tour à tour leur chance, le choix s'est finalement porté sur l'ours, animal montagnard par excellence, en qui on a discerné à la fois la ténacité du loup, l'agilité du chamois et le coup d'œil de l'aigle.

Sous les auspices du dieu-ours, la transhumance helvète commence.

L'esprit peine à se représenter, dans l'espace et dans le temps, une migration de ce calibre, le déplacement d'un peuple de trois cent cinquante mille personnes de tous âges et de toutes conditions. Sur un terrain plat et peu hostile, comme les premiers milles parcourus en tournant le dos à l'est, les hommes, les femmes et les enfants cheminent de front, par paquets informels, chaque groupe, plutôt compact, suivi de ses chariots, de ses attelages, de ses bêtes de toutes sortes. Les cavaliers ouvrent la voie, éclaireurs nécessaires chargés d'indiquer le meilleur chemin. Dans ce dispositif, et sans accident significatif du relief du sol, la colonne helvète s'étale sur une trentaine de kilomètres. Dès que la voie se resserre et qu'il s'agit de franchir un col, l'étirement devient alors considérable. Quant au cheminement, il ne s'effectue qu'au rythme extrêmement lent du plus lent des marcheurs, le bœuf. Lors de leurs voyages de regroupement, les tribus de l'est ont difficilement parcouru plus de dix kilomètres dans la journée. La multiplication du nombre ralentit encore la marche et c'est sur un rythme voisin de six kilomètres par jour que le peuple helvète se dirige vers son destin.

CHAPITRE III

L'ATTAQUE-SURPRISE

24 AVRIL -58

LE PIÈGE

En cette matinée du 24 avril, jour du départ des Helvètes, César a convié Procillus à déjeuner. Sur la table, galettes de froment, fruits, viandes, lait de brebis, vin. Autour, virevoltant sans cesse, un esclave nubien s'assure que son maître ne manque de rien. Un peu agacé par ce tourbillon, César le renvoie d'un revers de la main.

— Alors, ça y est, Général : les Helvètes bougent, commente Procillus.

— J'ai entendu !

— Hier soir, j'ai reçu la visite d'Artovindas. T'ai-je parlé de lui ?

— Oui. C'est cet Allobroge, déguisé en faux Harude, qui s'est assimilé aux Helvètes avec son frère, et qui travaille pour nous ! Par Jupiter, Procillus, comment fais-tu pour ne pas te perdre dans tes combines !

César sourit. De tous ceux qui vibrionnent autour de lui, Procillus est un cas à part. Tête à tête, ils sont comme père et fils. Bas le masque du généralissime, abolie l'obséquiosité que l'on croit devoir au chef. Il n'y a qu'avec son protégé que César dévoile un coin d'humour et, parfois, se laisse aller à rire. Dans les phases d'action délicates, ces périodes où le fil de l'esprit, comme celui de la lame, ne doit jamais perdre de son tranchant, ces instants de détente avec Procillus, lui sont bénéfiques et nécessaires : il s'y ressource, y aiguise la pensée.

— J'ai bonne mémoire ! Heureusement ! répond Procillus dans un éclat de rire.

— Alors, quelles nouvelles ?

— Ségorix a harangué ses chefs de clans : « Nous partons… sans retour… pas d'histoires en route… hauts les cœurs… etc. », enfin, le discours habituel dans ce genre de circonstances, je présume !

— Quel ordre de marche ?

— D'abord des cavaliers, puis le clan de Ségorix. Ensuite, Artovindas ne sait pas trop : chaque chef de tribu fait un peu comme il l'entend. S'il fallait résumer, je dirais qu'ils partent en ordre de pagaille !

— Dommage, dommage… murmure César, comme pour lui-même.

— Dommage qu'ils soient inorganisés ?! se méprend Procillus.

— Non ! Dommage que le col par lequel ils doivent passer ne se situe pas en Province ! répond César, qui poursuit déjà une nouvelle idée.

— Labiénus et Libérius ont dû rassembler les nouvelles légions, à l'heure qu'il est ! Ils sont en route, à coup sûr !

Procillus sait la hantise de tout stratège de crouler sous le nombre en cas d'attaque.

— Aujourd'hui, la question n'est pas là ! coupe César. Avec quelques cohortes bien entraînées, nous pourrions leur causer des dégâts considérables, dans la montagne. Non ! Ce n'est pas pour cela que j'ai refusé à mes généraux d'attaquer. Entre les Gaulois et nous, ce n'est pas une histoire d'amour ! L'équilibre précaire que représente la frontière de la Province peut être rompu à tout moment ! Les Gaulois n'arrêtent pas de se battre entre eux, ils adorent ça ! Un faux pas de notre part, et c'est l'union sacrée contre nous. Et avec quatre de nos légions recluses dans la montagne, difficiles à déployer, nous pourrions bien ne pas résister à une attaque massive.

— Pessimiste, Général ?

— Circonspect !... Circonspect et pensif !

César, l'espace d'un instant, s'évade. Les signes ne trompent pas : le langage devient encore plus laconique qu'à l'ordinaire, la voix fléchit comme pour ne pas déranger le processus de pensée, les yeux noirs se rapetissent un peu, la respiration ralentit. Ces moments, jamais très longs, ponctuent, le plus souvent, la phase finale d'une réflexion dont les morceaux, d'abord épars, convergent et s'assemblent peu à peu. Procillus a été, maintes fois, le témoin de ce phénomène. Il sait quoi faire : se taire et attendre que César entame une sorte de monologue à deux voix.

— Caïus, reprend doucement César, de tous les peuples de Gaule, quel est celui qui est le plus proche de nous, ou plutôt, qui nous est le moins défavorable ?

— Les Éduens, sans aucun doute possible. Nous avons, de longue date, signé des traités d'amitié avec eux. Et nous y avons un allié de poids, le druide Diviciac.

— C'est juste ! Alors écoute : la promenade helvète – le sarcasme fait volontiers partie de la panoplie de César ! – est supposée être pacifique, n'est-ce pas ?

— Oui !

— Les Séquanes et les Éduens ont donné leur autorisation de passage sous condition de calme et de bonne tenue, non ?

— Oui ! répète Procillus, qui commence à deviner l'idée de César.

— Que se passerait-il si la transhumance s'accompagnait de désordres et de violence dans les territoires traversés ?

— Les Séquanes ou les Éduens, ou même les deux compte tenu de la longueur de la colonne, réagiraient, à n'en pas douter.

— Oui ! Ils se battraient ! confirme César, les yeux légèrement perdus dans le vague. Alors, il y a gros à parier que les Éduens demanderaient de l'aide : ils savent qu'ils ne font probablement pas le poids devant des hordes montagnardes déchaînées qui n'ont rien à perdre, ayant brûlé leur passé. De plus, le titre d'amis de Rome que nous leur avons donné leur permet de faire appel à la force romaine s'ils sont menacés.

— J'ai compris ! s'enthousiasme Procillus, que le génie créatif de César fascine.

Le généralissime, se dit-il, veut attaquer les Helvètes, mais il attend, pour intervenir, d'être appelé à la rescousse par les Éduens. De la sorte, il n'apparaît pas comme un agresseur, ce qui flatte son image, à Rome comme en Gaule. Il se forge une réputation de défenseur des peuples opprimés. Et de plus, il renforce les liens pacifiques avec les Éduens, l'un des peuples les plus importants de Gaule. Bien joué !

Un léger sourire adoucit les traits du généralissime.

— Général, on peut attendre que le désordre intervienne de lui-même, au risque qu'il ne se produise insuffisamment, ou jamais… Mais on peut également aider le sort !

— Explique-toi ! À quoi penses-tu ?

— Nous avons deux hommes dans la colonne, insoupçonnables et complètement helvétisés : Artovindas et son frère Dubigabr. S'ils commencent à s'agiter un peu – un petit pillage par-ci, un petit massacre par-là –, très vite, les éléments les plus brutaux chez les Hélvètes – par Jupiter, il n'en manque pas ! – vont suivre l'exemple : les méfaits vont faire tâche d'huile et en peu de temps, le pays sera à feu et à sang.

—Encore tes combines ! ironise César dans un demi-sourire.

—Non, César ! De la stratégie, tout simplement ! réplique Procillus, non sans quelque hardiesse face à l'un des plus habiles stratèges de la plus puissante armée du monde.

DU 27 AVRIL AU 24 MAI -58

LE CONVOI DES HELVÈTES PROGRESSE

Dans le premier quart du cortège, protégé par une escouade de cavaliers et entouré d'une troupe de quelques dix mille hommes, Ségorix et ses lieutenants sont en passe de franchir le col de l'Écluse. Il y a trois jours qu'ils ont quitté le pays. Les formidables aplombs qui bordent l'étroit chemin caillouteux masquent le ciel. La menace du guet-apens est permanente. Des troupes de protection ont reçu mission de chevaucher le nez en l'air, l'œil aux aguets : tout mouvement est suspect : un envol d'aigle soudain peut trahir une présence humaine, de même qu'un saut de cabri ou un éboulis de cailloux.

Des centaines d'hommes ont été envoyés dans tous les azimuts. Pour l'instant, ils n'ont rien repéré d'anormal. Le doute subsiste cependant, pesant, poisseux. Les éclaireurs ont beau ratisser la zone de leur mieux, des groupes hostiles planqués dans les nombreuses anfractuosités peuvent surgir à tout moment et déverser sur la colonne des tonnes de rochers et des projectiles de toutes sortes. Ségorix en redoute déjà, par avance, les conséquences, dramatiques et peut-être fatales : d'abord écrabouiller des hommes en grand nombre, ensuite, et surtout, boucher le passage pour les suivants. Pire : pour autant que la manœuvre se répète à l'autre extrémité du défilé, le piège mortel, en forme de nasse, prendrait des allures de fosse commune.

L'ordre de ne pas traîner circule de groupe en groupe. La marche s'accélère.

Ségorix est passé. Rien ne s'est produit. Le voici chez les Séquanes.

Les jours se suivent et se ressemblent : pas l'ombre d'un romain dans les défilés.

Les premiers Helvètes atteignent déjà la Saône que les derniers, le clan des Tigurins, se présentent seulement au col de l'Écluse pour franchir le Jura. La Saône, à travers le pays des Éduens et des Séquanes, coule avec une telle lenteur que l'œil peine à juger la direction de son cours. Elle paresse ainsi jusqu'au Rhône. À perte de vue, nul pont, nul gué. Au loin, les sommets arrondis du Cemmène qu'il faudra laisser à main gauche.

Lors du choix de l'itinéraire, le druide Artébax s'était violemment opposé à la route projetée, qui contourne le massif Cemmène par le nord. Cette route, en effet, contraint la colonne à effectuer une partie du cercle maléfique, celui qui, sous tous les cieux, mène du nord au nord en passant d'abord par l'ouest. « Il n'est pas bon de contrarier les dieux ! » avait tonné le druide lorsqu'il lui était apparu certain que le contournement de la montagne par le sud, sens bénéfique, n'avait plus aucune chance de l'emporter. Fait rarissime, il avait alors quitté le conseil.

Ségorix s'était expliqué sans ambages devant ses généraux, inquiets de voir cette crise attirer sur eux le mauvais œil.

— Je tiens absolument à arriver avant l'hiver. Je proscris d'avance tout itinéraire qui nous détournerait de la route la plus directe, à moins qu'il en aille de la sécurité absolue du peuple ! Il n'est pas raisonnable de contourner le Cemmène par le sud en longeant la frontière de la Province. Cette route rallonge et, de plus, elle offre trop d'occasions inutiles de provoquer les Romains. Nous prendrons la route nord et, en compensation, nous redoublerons de sacrifices pour les dieux !

Les bords de la Saône, vaste chantier en effervescence, retentissent du roulement des troncs abattus dans les forêts proches, du martèlement saccadés des haches, des chocs sourds et répétés des masses sur les clous de bronze, des ordres aboyés en tous sens vers tous les corps de métiers. Des centaines de maîtres charpentiers supervisent la fabrication des ponts. D'un bord à l'autre du fleuve, à l'endroit où les deux rives sont opposées d'une soixantaine de mètres, cinquante plates-formes jointes ensemble par des troncs fendus en deux et amarrées à de grosses pierres jetées au fond du fleuve assurent la tenue d'un chemin de planches large d'une dizaine de mètres. Répété quatre fois à faible distance, ce dispositif permet de faire traverser près de quinze mille personnes par jour, avec armes et bagages. Parmi les ouvriers, Artovindas et son frère Dubigabr, se montrent les plus actifs.

—Déjà le fleuve ! Les dieux sont avec nous ! annonce Ségorix, dans un éclat de rire, en frottant l'une contre l'autre ses mains rêches et calleuses aux ongles ébréchés.

La satisfaction de Ségorix, communicative, réjouit les membres du conseil attablés sous la tente du roi. Marmilas, son conseiller particulier, lance un regard vers Artébax, le druide, le seul à n'être pas gagné par l'optimisme du chef.

— Bélénos me damne, nous n'avons pas commencé de tourner du pied gauche et déjà tu jubiles !

— Druide, mon bon druide ! Nous avions tout à craindre de la mobilisation du Léman et de l'attente avant le départ. Tout s'est bien passé. Nous avions tout à redouter du passage des redoutables défilés du Jura. Tout s'est bien passé. Voilà vingt jours que nous cheminons à travers le pays des Séquanes, dans l'ordre et le calme. Tout se passe bien ! Quelques bagarres seulement, insignifiantes ; pour ainsi dire, rien. Nous voici au bord de la Saône, prêts à traverser. L'ouvrage des charpentiers est bientôt terminé. Tout va bien. Alors, mon bon druide, je ne boude pas mon plaisir et je remercie les dieux.

— Remercie-les, Roi ! Remercie-les bien, et surtout, prie-les pour qu'ils ne nous délaissent pas et que leurs faveurs ne s'écartent pas de nous. Je persiste à détester notre itinéraire.

— Allons, Artébax, tu as su, jusqu'à présent, éloigner la colère des dieux. Aucun de nous ne doute que ton pouvoir ne continue d'attirer sur notre expédition la bienveillance de Belisama la très brillante et de Teutatès.

— Nous verrons bien, réplique le druide avec un brin de fatalisme.

Pour conjurer le sort, il tripote, comme par négligence, le cercle d'or barré d'une croix et martelé de signes qui pend à son cou par une longue chaîne aux maillons lourds et aplatis.

Les quatre ponts sur la Saône sont achevés à peu près au même moment. Sans transformer radicalement le paysage, cette couverture de bois, intermittente, sur une distance de quelques trois cents mètres, accentue l'allure domestiquée du fleuve. Depuis plusieurs jours, la curiosité pousse les habitants des villages d'en face à de périodiques excursions sur la rive droite du fleuve.

Les enfants, turbulents et excités par l'événement, se sont montrés les plus impatients à voir les chemins de planches soutenus par les barges gagner du terrain dans leur direction. Ils sautillent sur place en battant des mains lorsque les premiers Helvètes franchissent enfin les ponts, en cette fin de journée de mi-mai. L'adieu au pays de montagne remonte à près d'un mois.

Le passage du fleuve s'avère plus facile que ne l'avaient redouté certains des conseillers de Ségorix. La qualité des ouvrages et leur solidité rendent le cheminement aisé. Selon les calculs des bardes de Ségorix, il faut six jours pour qu'un clan entier – quatre-vingt à quatre-vingt-dix mille personnes – traverse. L'ordre de passage est calqué sur l'ordre de progression : en tête, une troupe d'éclaireurs, puis le clan de Ségorix. Les Tigurins [1], qui ferment la marche, sont encore distants de la Saône d'une cinquantaine de kilomètres lorsque les premiers Helvètes traversent le fleuve.

24 MAI -58

L'ACCUEIL DES ÉDUENS

Artovindas, l'un des deux espions à la solde de Rome, a réussi à se glisser parmi les éclaireurs, en tête du cortège. Son frère, Dubigabr, traîne dans le sillage de Ségorix, parmi les hommes du clan du roi. Ségorix, sa garde personnelle, Marmilas, les intendants, quelques prêtres, tout ce petit monde franchit la Saône deux jours après que les ponts aient été mis en service.

Voici le pays éduen.

Au nord, légèrement à l'écart du chemin naturel, sur une faible éminence, une tente que l'on devine carrée, sobrement décorée de festons de feuilles de chênes, a été plantée au cours de la nuit.

Un personnage à la dignité hiératique s'avance à la rencontre de Ségorix. Sous un casque flanqué de deux ailes de corbeau, un visage buriné, que l'arc d'une longue moustache rousse sépare en deux parties inégales, abrite l'intelligence d'un regard de belle noblesse. Grand, droit, le port trempé d'une fierté dénuée de toute arrogance, revêtu de ses atours guerriers, l'homme lève doucement la main droite ouverte.

— Salut, Roi des Helvètes ! Bienvenue sur la terre des Éduens ! Mon nom est Éborac. Je suis le conseiller particulier de notre roi, Lisc le Grand. Le roi m'envoie à ta rencontre et me charge de te transmettre son amitié. Puis-je t'inviter à me suivre ?

Ségorix met pied à terre, imité par les hommes de sa suite, rend à Éborac son salut, le remercie de ses paroles de bienvenue et se dirige en sa compagnie, et avec son groupe, vers le monticule.

Sur une table dressée au fond de la tente, des victuailles en grande quantité voisinent avec des outres et des pichets de toutes sortes. Un chaudron fume dans un coin de la pièce, servi par deux jeunes cuisiniers que leurs catogans font, de dos, ressembler à des femmes.

Ségorix, visiblement impressionné, prend la parole.

— Éborac, ton accueil est somptueux… et inattendu ! Il n'en a que plus de prix à nos yeux !

Il se tourne vers ses compagnons, qui approuvent.

— Notre roi tient à ce que ton séjour sur notre sol se passe au mieux. Il a fait entreposer du froment, de place en place tout au long de ton itinéraire, pour que ton peuple ne manque de rien. Nos paysans sont avertis de ton passage : ils sont disposés à te vendre viande et lait, légumes et fruits.

— Tu remercieras ton roi de sa sollicitude. Nous utiliserons les facilités qu'il met à notre disposition. Ce sera un grand honneur pour moi de le saluer en personne lorsque notre colonne passera à proximité de sa capitale.

— Il s'y attend, répond Éborac, comme il s'attend que les termes du contrat passé avec Camilas, ton émissaire, soient respectés.

— N'aie aucun doute, noble Éborac. Nous venons de traverser le pays des Séquanes dans le plus grand calme. Rien ne permet de penser qu'il en ira autrement chez les Éduens.

— Que les dieux t'entendent, Roi ! Pour l'heure, buvons et mangeons : je ne connais pas de meilleur moyen pour sceller une amitié toute neuve !

Pendant que les chefs se congratulent de la sorte, l'avant-garde de la colonne a déjà progressé d'une dizaine de kilomètres à l'intérieur du pays des Éduens. Les villages proches ont été passés sans encombre lorsque les premiers incidents surviennent. Des témoins ont raconté, par la suite, avoir vu un groupe d'Helvètes – « ils étaient au moins cinquante » – fondre sur une ferme, non loin du chemin. Des cris ont été perçus. On a vu des femmes violentées, des hommes massacrés et des granges brûler pendant que le bétail, affolé, rompait les enclos pour s'enfuir en direction de la forêt proche. Le groupe a rejoint sa place dans la colonne, remorquant, avec des rires de soudards, butin et femmes rescapées, toutes jeunes. La vantardise des pilleurs autant que leur soudaine opulence eut valeur d'exemple. Bientôt, deux, puis quatre, puis dix villages à la ronde sont attaqués, pillés, les champs piétinés, les habitants exterminés, les femmes violées, les réserves dévalisées. Les bandes des malfaisants, de plus en plus incontrôlables, enflent tous les jours. Artovindas en est. Son frère également.

Quelques jours plus tard, c'est derrière Ségorix, et dans son propre clan qu'ont jailli les étincelles de la désobéissance. À mesure que passent les heures et les jours, les massacres et les ravages s'intensifient. Parmi les meneurs, Dubigabr développe un acharnement si contagieux qu'il attire, dans ses méchantes actions, une masse d'Helvètes toujours plus considérable.

Le bruit se répand, dans la colonne, que la chasse au butin est ouverte. Certains chefs helvètes, rapidement débordés par les excès de leurs troupes, ne voient d'autre solution que de laisser faire en prélevant leur part sur les rapines. D'autres sévissent, parfois durement, mais finissent par reculer devant la menace pour leur vie. De proche en proche, la gangrène du pillage gagne tous les clans.

25 MAI -58

DES RENFORTS POUR CÉSAR

Après un trajet sans histoire à travers les Alpes, la légion Onze, rassemblée par Labiénus arrive en vue du camp de Genève. Des estafettes, dépêchées il y a une semaine par le lieutenant, avaient déjà rassuré César de la bonne exécution de la mission.

La jonction avec la légion gauloise levée par Capito s'est opérée quelques jours plus tôt.

En plus de leur numéro, attribué par ordre de création, les légions romaines se reconnaissent par l'animal qu'elles s'attribuent pour emblème.

— J'ai eu de la chance ! confie Capito à Labiénus.

— Ah, oui ?

— J'ai trouvé un type fantastique, un Ségusiave, ou un Vellave, je ne sais pas très bien ! Je me perds un peu dans toutes leurs peuplades !

— Un recruteur ?

— Oui, et de première force ! En un rien de temps, il a rassemblé cinq mille bonshommes et me les a apportés sur un plateau !

— C'est sa légion, alors, pas la tienne ! réplique Labiénus en éclatant de rire.

— Si tu veux ! Le plus drôle, c'est le nom !

— Quel nom ?

— Celui de la légion ! Il m'a dit : Général, ces hommes sont à toi, j'en réponds sur ma vie, mais je veux leur donner moi-même un nom ! J'ai répondu : d'accord, vas-y, un nom d'animal. Tu sais ce qu'il me répond ?... Alouette [2] ! Je lui dis : « Alouette » ?! Mais c'est ridicule ! Pourquoi pas « Poulet » pendant que tu y es ! Chez nous, on donne des noms sauvages, ours, lion, des trucs comme cela, tu vois ! Il ne voulait pas en démordre. Alors, j'ai fini par lui demander : mais, tonnerre, pourquoi « Alouette » ? Il m'a répondu : « une alouette, elle va où elle veut, et rien ne l'arrête ! » J'ai éclaté de rire. C'était bien vu ! Alors je lui ai dit : « D'accord ! Va pour "Alouette" ! » Quand je vais apprendre cela à César, il va me botter le cul !

En ces derniers jours de mai, la légion « Éléphants », plus couramment appelée la Onze, sous les ordres du général Lucius Octavus, et la légion « Alouette », la Douze, dirigée par Titus Cornélius Minor, un lieutenant de Capito, viennent joindre leurs vingt cohortes – neuf mille hommes en tout – aux forces que constituent les quatre légions dont le campement, au bord du lac, couvre une centaine d'hectares.

D'un côté, l'armée romaine de Gaule, forte désormais de six légions. De l'autre, les guerriers de Ségorix – environ quatre-vingt dix mille, a calculé Marmilas dans un rapport d'une grande précision porté à Procillus quelques jours plus tôt. Le rapport des forces s'équilibre.

Les légionnaires ne sont pas seuls à marcher avec César[3]. Aux vingt-neuf mille soldats des six légions se mêle une multitude de suiveurs non-combattants. On trouve les auxiliaires civils de l'armée : artisans de tous ordres – charretiers, vivandiers, muletiers, menuisiers, charrons, enfin tous ces corps de métiers qui assurent l'ordinaire d'une société. Font également partie du groupe les serviteurs des officiers, ainsi que les valets de toutes sortes, les calones : mitrons, palefreniers, porteurs. Comment empêcher par ailleurs les marchands et négociants de tout poil de rester éloignés de cette aubaine mercantile que représente une armée en campagne ? Enfin, dans ce microcosme, se retrouvent obligatoirement les éléments cachés de toute société : des bataillons de *moechae*, ces filles à soldats missionnées par leurs maquereaux pour prélever aux légionnaires la plus grande part des trente-cinq as hebdomadaires que leur rapporte leur engagement militaire[4] ! S'y mêlent également des aventuriers solitaires ou des bandes organisées de tire-laine, de voleurs et de maraudeurs de tous acabits, à la recherche du mauvais coup juteux.

25 MAI -58

L'APPEL À L'AIDE

Le sang appelle le sang. Le pillage appelle le pillage. En quelques jours, la situation devient catastrophique.

Dans sa maison de Bibracte, le roi Lisc réunit ses proches.

— Dumnorix, explique-toi !

— Je ne comprends pas ! J'ai reçu la ferme assurance de l'envoyé personnel du roi Ségorix, qu'il n'y aurait aucun trouble, répond Dumnorix, dont l'étoile pâlit singulièrement. Je suis persuadé que Ségorix va reprendre la situation en main.

— Les Helvètes sont trop nombreux. Si leurs chefs peinent à les contenir, comment réussirons-nous à leur place ? s'interroge Lisc, inquiet par les perspectives des jours à venir.

— Mobilisons nos tribus, armons nos villages, tente de plaider Dumnorix, tout en sachant l'inanité d'une telle proposition.

— Peine perdue face à l'irruption de ces sauvages ! confirme le roi.

Assis à la droite de Lisc, mais en léger retrait, comme par déférence, un personnage hiératique ne perd pas un mot de la discussion. Sur une ample toge plissée de lin clair, il a jeté un manteau de mouton dont les blanches frisures le protégent des courants d'air. Il ne quitte pas de la main droite une sorte de long bâton que surplombe un pommeau sculpté d'une tête de sanglier. Fidèle à la tradition, il a laissé pousser sa barbe, comme il sied aux druides. Diviciac avait, autrefois, conféré à son jeune frère Dumnorix l'autorité royale sur le peuple des Éduens. Il a récemment transféré cette autorité sur la tête du nouveau roi élu par les nobles. Par tradition, il gouverne aux côtés du roi, pouvoir spirituel épaulant le pouvoir temporel.

Diviciac, le druide, intervient.

—Les dieux se sont détournés de nous ! Nous n'avons pas les moyens de défendre efficacement nos villages contre l'envahisseur. Si nous n'agissons pas, nous courons le risque d'être mis en coupe réglée par un peuple venu d'ailleurs.

Il se tourne légèrement et fixe son frère en levant un sourcil :

—L'ironie de l'histoire, c'est que nous avons nous-même donné au renard les clés du poulailler !

—Nous étions à peu près tous d'accord…, se défend Dumnorix.

—Je ne vois qu'une seule solution ! tranche Diviciac.

—Parle ! coupe Lisc avec impatience.

—Demandons l'aide de Rome !

—Ah ça ! Jamais ! cingle Dumnorix, qui lance à son frère un regard frisant la haine.

—Pourquoi non ? s'interpose Lisc.

—Appelle les Romains : ils s'installeront et ne repartiront plus !

—Nos aïeux ont fait, naguère, la démarche que je recommande aujourd'hui. Sommes-nous colonisés ? observe doucement Diviciac.

— Autres temps, autres mœurs, réplique Dumnorix.

— Faut-il préférer la mise à sac du pays tout entier par ces Helvètes qui ne respectent pas leur parole et se conduisent comme des barbares ? interroge Diviciac. Dumnorix, pas plus que quiconque, n'a le pouvoir de faire cesser les troubles ! Roi Lisc, par tous les dieux, ne permets pas ce suicide : appelle Rome à l'aide ! César n'est pas loin : on le dit chez les Allobroges, à deux jours de cheval, à la tête de quelques légions.

Lisc hésite longtemps entre Dumnorix, qui argumente sur le thème « N'oublie pas qui t'a fait roi ! », et Diviciac, dont l'avis pèse son poids de sagesse.

Une fois encore, les deux frères s'opposent. Dumnorix, l'autonomiste farouche à l'ambition conquérante, ne supporte pas l'idée d'une incursion de Rome dans les pays de Gaule. Par principe, d'abord : les Éduens n'ont pas attendu les Romains pour devenir le plus puissant peuple de la région. Par tactique, ensuite : avec César dans les parages, la triple alliance avec les Séquanes et les Helvètes volerait en éclats et, avec elle, le rêve de domination qu'il nourrit depuis longtemps. Diviciac, lui, ne voit d'avenir que dans la paix et l'harmonie, même au prix d'une assistance étrangère : les tueries, aime-t-il à dire, sont une injure aux dieux.

Après un dernier exposé des arguments, Lisc tranche :

— Diviciac, va voir César ! Prends ma garde personnelle, elle te protègera des mauvaises rencontres. Évite la route des Helvètes, évidemment. Hâte-toi !

Le druide, sans prononcer un mot, ferme les yeux un instant. Dumnorix, hors de lui, tourne les talons et quitte la pièce à grandes enjambées.

27 MAI -58

L'ENTREVUE FONDAMENTALE

Depuis très longtemps, et certainement depuis l'arrivée des Romains en Gaule il y a plus de trois générations, les Éduens ont noué, avec Rome, des liens que ne suffisent à justifier entièrement ni la volonté de pouvoir de celle-ci, ni la faiblesse défensive de ceux-là. Parfois, à la nuit tombée, devant les villageois assis autour du grand feu qui fait virer à l'ocre les façades de torchis autant que les basses branches des chênes, les bardes psalmodient de ces chansons anciennes où le Romain et l'Éduen, « frères de même sang » chantent-ils, mènent ensemble de mêmes combats. La magie du soir aidant, il se dégage de ces contes un fort parfum d'admiration et de respect mutuel.

Si les Éduens sont connus de Rome, l'Éduen Diviciac, druide de son état, en est, pour ainsi dire, un familier. Trois ans auparavant, bravant l'interdit qui pesait sur son peuple vaincu, il avait fait le voyage de Rome – déjà ! – pour solliciter du Sénat l'aide que l'on doit aux amis. Il y avait rencontré Cicéron [5] ; leur discussion prolongée, et les écrits qui en étaient résultés, avaient surpris l'élite romaine : « Tiens ! Le Gaulois sait penser ! » s'étaient étonnés quelques bons esprits, patriciens togés et matrones embijoutées, pour qui tout ce qui vit au-delà de la frontière du Latium a du poil jusqu'aux yeux et s'exprime par borborygmes !

À la minute où l'Éduen se présente à la porte du camp, César sait que la manœuvre de Procillus a réussi. En moins de six semaines !

— Ave, César !

Diviciac incline légèrement le buste.

— Ave, Druide. Il m'est particulièrement agréable de recevoir l'envoyé le meilleur d'un grand peuple ami.

— Sois assuré que ce plaisir est partagé.

— Lors de mon dernier séjour à Rome, poursuit César, le consul-au-calame – c'est ainsi que j'appelle Marcus Tullius pour l'asticoter un peu – m'a chargé de te saluer si le destin faisait se croiser nos routes, car il te tient en haute estime. Voilà au moins une mission promptement exécutée.

La réunion est informelle, très loin du cérémonial glacial que César affectionne lorsqu'il s'agit d'impressionner des adversaires ou de négocier une position à son avantage. Les deux hommes font quelques pas sous la tente prétorienne, comme de vieux amis, – César tient Diviciac par le coude – puis s'installent confortablement autour d'une table ronde sur laquelle un serviteur vient de déposer une aiguière de vin coupée d'eau et des fruits de saison.

— La situation est préoccupante, Général ! attaque Diviciac.

— Allons, bon ! La rumeur raconte que le roi Lisc n'est pas toujours à la hauteur d'un grand peuple comme le tien !

— Tu es bien renseigné ! s'amuse Diviciac.

— Jupiter fasse que cette information ne nuise pas à ton peuple, Druide ! Que puis-je pour toi ?

— Je viens t'appeler à l'aide, César.

— Quoi ! Encore ?! feint de s'étonner le généralissime.

— S'il te plaît, n'ironise pas ! Notre situation est grave. Les Helvètes font des dégâts considérables après avoir traversé la Saône. Beaucoup de nos villages sont en cendres, nos femmes violées, nos hommes massacrés et nos réserves pillées.

— Je leur ai refusé le passage par la Province. Rome est un peu responsable du chaos dont tu me parles. Qu'attends-tu de moi, Druide ? répète César.

— Protection, César. Je te demande défense et protection pour mon peuple et ses biens. Il ne nous est pas possible de rassembler à bref délai une force capable de s'opposer efficacement à la multitude helvète. Si nous n'agissons pas très vite, nous allons être anéantis.

— Mes informateurs me rapportent que le désordre gagne également le pays des Ambarres. Sais-tu quelque chose ?

— Je te le confirme : le traitement qui leur est fait est identique au nôtre : nos voisins et amis souffrent également.

— Même les Allobroges des confins, ceux qui sont installés entre Rhône et Saône, ont eu la visite des pilleurs helvètes : j'en ai été informé ce matin même. Les Allobroges !… Tu imagines, Druide ! Ils sont pourtant sous notre administration directe ! Lorsque le Sénat saura cela, il ressentira ces attaques comme autant de gifles dans la figure de Rome !

César reste pensif, comme pour laisser à Diviciac le temps de s'imprégner de l'indignation et de la colère de son interlocuteur. Après un instant, il pousse son avantage.

— Aviez-vous passé un accord avec les Helvètes ?

— Oui ! Dumnorix leur a accordé le droit de passage à condition que la traversée s'effectue dans le calme et dans l'ordre. Il a fait valider cette position par le roi Lisc.

Le front haut et galbé de César se plisse, les lèvres blanchissent légèrement tandis que les muscles des maxillaires, soudain crispés, font onduler les joues parfaitement glabres du généralissime. Du grand art !

— Un peuple qui ne respecte pas sa parole ne doit pas s'attendre à être traité avec ménagement. Les Helvètes sont en route pour la Saintonge. Ils doivent traverser la Gaule entière. Il ne sera pas dit que le proconsul de Gaule aura permis à ces parjures de paver leur route des cadavres des amis de Rome.

Il se lève, comme pour donner davantage de poids à ses décisions.

— Je t'ai entendu, Druide ! Je donne des ordres immédiatement pour que mes légions montent dans ton pays. Je décide que les Helvètes ne sont pas dignes de foi, que leur marche doit être interrompue et qu'ils doivent regagner leurs montagnes dont ils n'auraient jamais dû sortir. Un courrier partira ce soir même pour Rome informer le Sénat de cette décision. Quant à toi, sage Diviciac, je te remercie de ta démarche : elle témoigne de la confiance que tu nous portes. Rentre à Bibracte ! Apaise ton roi ! Et assure-le du soutien loyal de Rome… à deux conditions cependant :

— Parle ! demande un Diviciac soudain méfiant.

— D'abord, lorsque nous aurons pénétré dans ton pays, il te reviendra d'assurer le ravitaillement de mon armée, hommes et bêtes, ainsi que de la multitude qui l'accompagne.

— J'en prends l'engagement au nom du roi Lisc !

— Ensuite, j'ai besoin d'une cavalerie de premier ordre : en ce domaine, les Gaulois ont toujours été très supérieurs aux Romains[6]. Ton pays a les moyens de fournir la plus grande partie de cet appui indispensable à mes légions. J'ai également besoin d'un officier pour diriger cette cavalerie : je préfère que le commandement soit assuré par un Éduen, plutôt que par un Romain. La transmission des ordres en sera facilitée, de même que seront rendues aussi efficaces que possible les performances des hommes. Veux-tu te charger de cet aspect également ?

— C'est une responsabilité bien lourde que de commander la cavalerie de César ! fait observer Diviciac avec un soupçon d'hésitation.

— Raison de plus pour exiger un homme de valeur. Trouve-moi quelqu'un, Druide, et fais-le moi connaître au plus vite. Je souhaite qu'il rejoigne mes rangs dans les quatre jours.

Diviciac salue César et se hâte de chevaucher vers Bibracte.

28 MAI -58

DUMNORIX L'ÉDUEN S'ENRÔLE CHEZ CÉSAR

Lisc a réuni autour de lui son Conseil pour écouter le rapport de Diviciac.

— Compagnons, rendons grâce aux dieux des bons rapports que notre peuple a établis depuis longtemps avec Rome. Nous en touchons aujourd'hui les bénéfices.

— As-tu pu sonder les réelles intentions de César ? demande Dumnorix.

— Elles sont limpides : les mésactions commises par les Helvètes, contraires à leurs engagements, sont insupportables à ses yeux car, en plus des dommages considérables qu'elles nous créent, elles illustrent un parjure. Rien n'est plus grave aux yeux de Rome que de renier sa parole. César veut leur barrer la route et les renvoyer chez eux. C'est tout !

— A-t-il dit quelque chose sur la suite de son action ? insiste Dumnorix.

— Rien. En revanche, il a posé deux conditions pour agir.

Chacun, Lisc en tête, se penche légèrement.

— D'abord, il attend des Éduens qu'ils fournissent le ravitaillement de l'armée tant qu'elle séjournera sur notre territoire. Je n'ai pas cru devoir refuser !

— Tu as bien fait, Druide ! approuve Lisc. Du reste, tu n'avais pas vraiment le choix !

— Ensuite, il nous demande de lui fournir un renfort de cavalerie. Il justifie sa demande par le fait que les cavaliers gaulois sont, de loin, les meilleurs qu'il puisse trouver à des journées à la ronde. Il en a déjà embauché un petit nombre, des Éduens en majorité, il y a quelques semaines, mais il en veut davantage. Et surtout, pour commander cette cavalerie, il compte sur nous et nous demande de lui donner un nom rapidement.

Tout ce que les Éduens comptent de chefs militaires est rassemblé dans cette pièce. Lisc sait qu'il va devoir désigner l'un des dix visages qui, à l'instant présent, surpris par la demande, ont les yeux rivés sur lui.

L'attente est de courte durée.

— Roi Lisc, je suis volontaire ! dit Dumnorix.

— Quoi ? Toi ! s'exclame Lisc, qui peine à cacher sa surprise.

— Oui, moi !

— Toi ! Dumnorix ! Toi qui grince des dents dès que l'on parle de César ! Tu es prêt à t'enrôler sous sa bannière ! argumente Lisc.

Silencieux et perplexe, Diviciac observe son frère.

— Que cherche César, en réalité ? plaide Dumnorix. Un Éduen certes, mais un homme dont la notoriété dépasse les frontières d'une seule tribu de manière à commander immédiatement à des milliers de cavaliers d'origines diverses. Un homme dont le rayonnement personnel, incontestable, entraînera l'adhésion des soldats. Un homme dont l'expérience constituera un appui pour le généralissime. Enfin, un homme investi de la confiance indiscutable du Conseil des Éduens, c'est-à-dire de nous, autour de cette table.

Dumnorix suspend son intervention une longue minute pour permettre à chacun de s'imprégner de l'évidence, puis il couvre la table d'un regard circulaire.

— Beaucoup d'entre nous présentent deux de ces caractéristiques. Certains peuvent s'en attribuer trois. Mais, Belisama m'est témoin, aucun, hormis moi, ne peut justifier des quatre à la fois. La raison en est simple : avant toi, Lisc, j'ai tenu la charge de vergobret.

— Il ne m'avait pas semblé que tu étais très favorable aux Romains, Dumnorix ! objecte doucement le druide, avec un sens aigu de la litote.

— C'est juste, mon frère ! Mais, c'était avant ton entrevue avec César. Tu rapportes, et tu nous fais partager, la conviction que César ne vient pas chez nous en colonisateur – c'est ce qui me souciait – mais par amitié et uniquement pour répondre à notre appel à l'aide. Je t'ai interrogé à cet égard il y a un instant et la clarté de tes réponses m'a convaincu ! Dans ces conditions, je n'ai aucune raison de me tenir à l'écart de la décision prise par notre chef à tous. Comme, de surcroît, déchargé de fonction officielle je me trouve disponible, je propose au Conseil de m'envoyer chez César avec rang de chef de la cavalerie.

Il faut faire vite ! Aujourd'hui même ! Lisc réfléchit à toute vitesse. Si son mentor articule une telle offre, c'est que sa décision est déjà prise. S'y opposer est dangereux. D'ailleurs, à moins d'une objection vraiment déterminante, nul n'a intérêt à refuser cette proposition. Sa mise en œuvre écartera Dumnorix de Bibracte pour quelques temps, ce qui pourrait bien s'avérer fort bénéfique pour l'exercice du pouvoir sur le peuple des Éduens. Les nobles ne verront pas d'un mauvais œil cet éloignement momentané, ce qui servira également les intérêts de Lisc. Enfin, au contact de César, Dumnorix pourrait revenir conquis par la sagesse des intentions et des actions du Romain. C'est, finalement, une bonne idée ! Inattendue sûrement, farfelue peut-être, mais à coup sûr elle vaut la peine d'être tentée !

— Que ceux qui ne sont pas favorables à la proposition d'envoyer Dumnorix chez César lèvent la main ! dit Lisc.

Pas un membre du conseil n'objecte.

— Le Conseil a décidé. Dumnorix, rejoins l'armée de César. Pars sur-le-champ ! Tu porteras au généralissime un message de ma part confirmant mon accord.

28 MAI -58

LA TACTIQUE ROMAINE

Le 28 mai au petit matin, l'armée romaine se met en marche. Dans la soirée précédente, une petite partie de la cavalerie et deux cohortes de la légion Dix avaient pris la route, en éclaireur.

Pour éviter de perdre, plus tard, un temps précieux, César a pensé, un moment, profiter de la nuit pour effectuer les opérations d'avitaillement de l'armée entière. Les rations individuelles ne sont pas encore épuisées, il s'en faut de quelques jours, mais on gagne parfois à prendre un peu d'avance : « ce qui est fait n'est plus à faire » aime-t-il à dire ! L'homme responsable de l'intendance occupe, avec rang de lieutenant, une position-clé dans l'armée romaine, qui en fait l'égal des stratèges. En effet, pas de nourriture, pas d'armée ! Lors de cette campagne, le généralissime a choisi, pour cette fonction, un lointain cousin doté à la fois d'une probité exemplaire, d'une énergie farouche et d'un nom qui le prédestine à la fonction : Caïus Iulius Mercator.

— Je ne vois pas pourquoi tu tiens à anticiper la distribution cette fois-ci, cousin !

— Nous nous mettons en route, mais bien malin celui qui peut dire pour combien de temps, répond César.

— Ce ne sera pas la première fois qu'on ravitaille en marche… ni la dernière ! Et en plus, franchement, cela m'ennuie de faire l'opération de nuit : on n'y voit pas grand chose et on multiplie les risques d'erreur. Je préfère de beaucoup laisser les choses en l'état !

— Bon ! Tu as sans doute raison ! N'y pensons plus !

— D'accord ! Nous ravitaillerons dans quatre jours, le 1er juin. Tout se passera bien ! Ne te fais pas de souci !

César, avec un sourire, donne à Mercator une tape amicale sur l'épaule et sort de la tente qui fait office d'entrepôt.

À cheval à l'arrière de la légion Dix qui ouvre la marche, César et Labiénus papotent.

Titus Labiénus, le bras droit de César, s'est illustré en Espagne, avec Pompée. Homme de grand courage, fin stratège, sa noblesse discrète et son humanité en ont fait, sur tous les champs de bataille, un chef suivi aveuglément. Sans l'avoir aucunement cherché, Labiénus a fini par faire un peu d'ombre au grand Pompée. Celui-ci, n'ayant jamais supporté que l'on effeuillât sa couronne de laurier, l'a éloigné en lui attribuant une promotion dans d'inutiles fonctions honorifiques, à Rome. C'est là que César l'a cueilli. Pompée s'est réjoui d'un tel arrangement susceptible, en les partageant sur deux têtes, de diminuer les mérites que l'on reconnaîtrait à César si la bonne fortune guidait ses pas sur les chemins de la gloire, en Gaule.

César, lui, à la différence de Pompée et de bien d'autres chefs, ne nourrit aucun état d'âme quant à la valeur de ses subordonnés. Il ne craint pas l'ombre. Il s'entoure des meilleurs. Toujours.

— Connais-tu la position exacte des Helvètes ? demande-t-il.

— Ils sont massés dans la région de Mâcon [7], à l'endroit d'où partent les principales voies vers le pays des Éduens. Ils ont construit un pont flottant, répond Labiénus.

Il dispose d'une compagnie d'informateurs en campagne permanente, qui ne rapportent qu'à lui.

— Que te disent tes « observateurs » ?

C'est ainsi que César nomme les soldats chargés du renseignement. Placés sous les ordres directs de son lieutenant, les espions constituent une pièce essentielle du dispositif stratégique de l'armée romaine.

— Le rapport le plus récent signale que la traversée de la Saône se déroule bien. Deux tribus sur quatre sont déjà de l'autre côté. La troisième aura fini de franchir le fleuve demain.

César ne dit rien. Cette information, Procillus la lui a fait passer il y a une heure : il la tenait de son homme chez les Helvètes, Marmilas, avec lequel, par divers systèmes de courriers, il maintient un contact permanent. Croiser les informations pour aboutir à des certitudes constitue une élémentaire prudence aux yeux de César.

— Que suggères-tu ? interroge le généralissime.

— Les dieux sont avec nous, Général. La manœuvre est simple, presque un cas d'école ! Nous attaquons la tribu retardataire sur la rive gauche du fleuve, celle sur laquelle nous sommes. À un contre un, l'affaire sera entendue en un rien de temps. De plus, les Helvètes ne pourront attendre aucun renfort des tribus qui ont déjà traversé. Mais, il faut se hâter ! Plus nous en surprenons de ce côté-ci du fleuve, meilleure est notre position pour la suite. Après, nous traversons à notre tour et nous taillons en pièce la colonne helvète, en commençant par l'arrière-garde et en remontant jusqu'à Ségorix. À mon avis, devant le carnage, la panique va les gagner et nous vaincrons sans avoir à trop combattre.

— Ton plan rejoint celui que j'avais en tête ! Je veux cependant que nos six légions soient mobilisées, même si la situation nous paraît particulièrement favorable. Je ne tolérerai aucun échec : Rome ne nous le pardonnerait pas ! Marche forcée jusqu'au but ! Va, Titus !

29 MAI -58

L'ATTAQUE

Le lendemain, peu après midi, l'armée romaine entre en contact avec les Helvètes.

Pas de finesse stratégique, pas de manœuvres hardies, pas d'astuces superflues : l'attaque est frontale, massive, brutale.

La tribu des Tigurins piétine à proximité de la rive depuis plusieurs jours déjà, attendant son tour pour franchir le fleuve. L'inaction jointe à l'ennui endort les défenses les mieux trempées. Les Tigurins sont les plus cruels des Helvètes, c'est entendu, mais encore faut-il qu'ils aient l'occasion de déployer leur sauvagerie. Là, dans ces champs secs, à la chaleur douce et lénifiante du printemps, le guerrier Tigurin tourne en rond : il aiguise ses armes pour le centième fois, chasse dans les bois avoisinants, sculpte quelque morceau de bois, joue aux osselets, lance des poignards sur une cible, organise des pugilats, bouscule un peu les femmes rencontrées au hasard des villages et des fermes, qu'il pille au passage. Il passe le temps, en somme…

Tout là-bas, à l'horizon, vers le sud, le long du fleuve, se lève un nuage de poussière.

C'est un enfant qui, le premier, donne l'alerte. Il voit le nuage s'étaler, pointe le doigt dans sa direction et ameute ses camarades. Au début, on n'entend rien. Le grondement lointain de milliers de sabots, d'abord sourd et feutré, s'intensifie peu à peu, à mesure de l'avancée, de l'irruption, jusqu'à devenir un martèlement uniforme, enveloppant, frénétique, violent, terrifiant. La terre en vibre ! Lorsque quatre mille cavaliers sont lancés au grand galop sur une proie immobile, c'est le bruit qui pétrifie d'abord la proie, pas la vision.

La cavalerie romaine déboule ! Un vent d'effroi balaye la tribu des Tigurins et se propage, fulgurant, désordonné. Trop tard pour réagir ! Trop tard pour s'organiser. Des cris fusent, aigus et gutturaux. Des sons de trompe trouent l'air, issus de partout. Des femmes hurlent, brassant leurs enfants, en pleurs, dans leurs jupes, dérisoires abris. Des gens de toutes conditions, en toutes tenues, courent en tous sens. Des animaux s'affolent. La panique, contagieuse plus que la pire des maladies, gagne de proche en proche sans aucun endiguement pour la réfréner. Dans ce tourbillon de clameurs, de fureur et de peur, des cavaliers sans monture croisent en courant des fantassins sans armes. Des chariots, debout ou renversés, obstruent les issues, gênent les mouvements, et les contenus jetés à terre élèvent autant de pièges pour les évolutions. Gagnés par cette terreur soudaine, des chevaux, comme fous, hennissent en pivotant sans fin, les pattes avant boxant l'air, jusqu'au moment où, redevenus quadrupèdes, ils détalent, droit devant, bousculant au passage tables, tentes, bagages, piétinant hommes et femmes. Les premiers engagements avec les Romains ne se sont pas encore produits que déjà on pleure des morts et on soigne des blessés chez les Helvètes. Mauvais signe !

Saanorix, le chef de la tribu des Tigurins, jaillit de sa tente aux premiers cris. Vêtu de cuir et armé de la longue épée qui ne le quitte jamais, il hurle des ordres à sa garde personnelle et à ses lieutenants, et enfourche d'un bond son cheval. Son casque, reconnaissable entre tous, a la forme d'une ogive pointue, peinte en noir, d'où s'échappent quatre cornes de taurillon, une pour chaque point cardinal. Pas d'autre décoration, ni sculpture, ni frise. D'ordinaire, la simple vue de cet attribut suffit à stimuler l'ardeur des guerriers tant la témérité du chef est contagieuse, et cruel son bras devant la lâcheté. Rien de tel aujourd'hui ! Ses hommes ne le voient même pas, ce qui décuple la fureur du chef ! Empêtrés par l'indescriptible désordre parti de l'arrière de la tribu et qui remonte rapidement vers l'avant-garde, Saanorix et ses lieutenants peinent à seulement rejoindre le front de l'attaque pour y organiser une défense de fortune. Ils se frayent un chemin à grands moulinets de l'épée, tout en hurlant : « Aux armes ! Avec moi ! ». Dans le tumulte, bien peu sont ceux qui entendent ou qui y prêtent attention.

Avant la sortie du camp, Labiénus avait rassemblé les chefs des bataillons de cavalerie, sous la direction d'un officier de la légion Sept, en attendant le gaulois promis par Diviciac. Comme à l'habitude, il leur avait exposé la stratégie qu'il entendait suivre pour l'attaque.

— L'ennemi forme comme un paquet allongé. Il attend son tour pour traverser la Saône. Vous, vous remonterez vers le nord, le long du fleuve, là où aucune forêt ne gêne votre progression. Lorsque les éclaireurs vous feront signe – et surtout pas avant –, vous passez en phase d'attaque. Alors, grand galop et javelot en position de tir. En même temps, vous vous étalez en éventail : les premiers cavaliers obliquent légèrement vers l'est pour atteindre l'ennemi sur l'arrière. Les suivants se répartissent en éventail. L'important est de couvrir toute la colonne ennemie à peu près au même moment.

— Ils sont nombreux ? interroge un grand gaillard au crâne rasé.

— À vue de nez, quatre-vingt mille, répond Labiénus.

— Sur quelle distance s'étalent-ils ?

— Environ trois à quatre kilomètres. Leur colonne est large de quelques trois cent mètres.

— Ils s'attendent à une attaque ?

— Non, selon mes informations !

— Promenade de santé ! grommelle un Parthe.

Sans relever la désinvolture du propos, Labiénus poursuit.

— Une fois à portée de javelot, vous tirez, comme d'habitude ! Puis vous rompez le combat, tournez à main droite, vous revenez à votre point de départ et vous vous regroupez le long du fleuve, hors de vue des Helvètes. En somme, vous aurez fait un cercle !

— Pas de corps-à-corps ? interroge, déçu, un amateur de trophée.

— Non, explique Labiénus, pas pour vous. Laissez ça aux fantassins ! Ils arriveront par l'est, presque en même temps que vous. Ce sont eux qui se chargeront de tailler dans ces barbares et de les mettre en fuite.

Sur le terrain, le plan se déroule comme Labiénus l'a imaginé. Du sud, les cavaliers romains fondent sur la tribu. Les premiers ont déjà infléchi leur course. Moins de quatre minutes après que l'enfant ait aperçu le nuage de poussière, une pluie de javelots s'abat sur les Tigurins. La façade entière de la colonne est touchée. Une deuxième salve suit, puis une troisième, tandis que l'infernal roulement des sabots en furie, au paroxysme, dégonfle les ardeurs des guerriers helvètes et terrorise les femmes.

L'attaque surprise des cavaliers romains n'a pas duré dix minutes.

En se retirant conformément au plan, la cavalerie croise, venant de l'est, l'armée des fantassins, mer de fer et de cuir, casquée, cuirassée, montant à l'assaut de l'ennemi. Ordre et discipline ! Hors de portée des javelots, elle a commencé, méthodiquement, consciencieusement, de hacher la colonne helvète. La résistance est sporadique, hasardeuse, maladroite. Saanorix, isolé, pas obéi car pas entendu, s'égosille : il ne peut rien pour sauver ce qui n'est pas déjà transpercé, fendu, mutilé, assommé, piétiné. Son casque et son enseigne émergent du magma, dérisoires.

Inexorable, le carnage se propage au rythme de l'avancée des légionnaires. Pas de quartier, ce sont les ordres ! Chez les Tigurins, la lucidité dresse son hideux voile défaitiste, même chez les plus braves. Sur la tranquille Saône, dérivent avec lenteur les milliers de cadavres de ceux qui, bousculés ou acculés, n'ont eu d'autre choix que de se précipiter dans le fleuve et s'y sont noyés. Beaucoup se dispersent en pagaille vers le nord. Abandonnant tout et tous, ils cherchent à se planquer dans les forêts alentour, peu accessibles aux légions romaines.

Une centurie de la légion Dix, guidée par les marques de Saanorix – elles étaient connues de César grâce au travail de l'espion Marmilas –, se porte en direction du chef des Tigurins. Bref combat, terribles moulinets de la lourde épée de bronze, vociférations, chute à terre : submergé par le nombre, sans assistance de sa garde éparpillée, Saanorix, maîtrisé, est enchaîné et renvoyé vers l'arrière.

En trois heures, l'armée de César a anéanti le quart du peuple helvète. Quelques milliers ont réussi à rejoindre la rive droite. Trente mille morts pourrissent dans la terre ou au fond du fleuve.

29 MAI AU SOIR

SOIR DE VICTOIRE

Maîtresse absolue du terrain, l'armée campe à proximité du champ de bataille.

Sous sa tente, César savoure la victoire. La nuit est tombée depuis plusieurs heures. Les lampes à huile distillent une lumière douce qui ricoche sur les murs de toile pour souligner de jaune orangé visages et mobilier. La fatigue se lit sur les traits. Entouré de Labiénus, des autres lieutenants de son état-major, et de Procillus, César écoute les rapports que lui font les généraux des six légions. Il congratule chacun pour la valeur dont ses hommes ont fait preuve au combat. Il prie instamment les généraux de transmettre au plus tôt les félicitations du généralissime aux centurions.

Soudain, le factionnaire soulève la porte de toile, pénètre d'un pas dans la tente :

— Général, un centurion demande à te voir.

— À cette heure ! Quelle légion ?

— La Dix, répond l'homme.

Le sourcil levé en signe d'interrogation, César se tourne vers Capito, le général commandant cette légion. Celui-ci, écarte les mains, hausse légèrement les épaules, tandis que les coins de sa bouche s'affaissent en une mimique signifiant clairement qu'il ne connaît pas l'objet de cette intrusion. Un léger sourire éclaire le visage de Procillus.

— Qu'il entre ! décide César que sa bonne humeur incite à l'indulgence : il déteste d'ordinaire être interrompu lorsqu'il est en conférence.

Le centurion pénètre dans la tente. Poussiéreux, sale, la tunique déchirée par endroit, des estafilades zébrant les bras, où perlent des gouttes de sang séché, il remorque derrière lui un helvète enchaîné.

— Ave, Général ! articule le centurion en rectifiant la position.

— Ave, Centurion ! Tout me fait penser que tu t'es battu fièrement lors de la bataille d'aujourd'hui. L'état de ta tenue démontre assez l'intensité de ton engagement. Je t'en félicite. Transmets également mon salut à tes hommes.

Le centurion rougit de plaisir.

— À tes ordres, Général !

— Qui est cet homme ? reprend César en allongeant le menton vers le prisonnier.

— Saanorix, le chef des Tigurins.

Instantanément, César est debout. Il tourne un regard interrogatif vers Procillus. Le sourire qui illumine désormais franchement le visage de son familier le dissuade de formuler la question. Sa mémoire lui restitue la conversation qu'ils avaient tenue tous les deux, tandis qu'ils chevauchaient sur la route des Alpes. Procillus avait réussi à lui extirper des confidences, qu'il avait exceptionnellement données, de bonne grâce. En récompense de ce moment de confiance, son protégé, son ami, avec la complicité de tous – il suffit de voir leurs faces amusées – a mis au point cette capture et imaginé cette mise en scène nocturne.

César s'approche de Saanorix qui le dépasse d'une tête.

— Helvète, je me réjouis, et Rome avec moi, de la victoire d'aujourd'hui. La défaite-éclair que tu as subie lave l'affront de l'humiliation que tes pères ont fait subir aux miens il y a quarante ans. Avilir une armée battue par des traitements déshonorants, c'est remplacer la valeur par l'abjection, la vertu par le vice, le courage par l'imbécillité. Les Tigurins se sont comportés alors de manière ignominieuse et barbare. Vous êtes, à mes yeux, interdits de tout marque d'honneur. Te voir ainsi enchaîné, ton armée battue, ton peuple dispersé, me procure une jouissance dont tu n'as pas idée. Pourtant, je n'userai pas de cruauté envers toi, quelle qu'en soit mon envie ! Je m'attache, en effet, à laisser la barbarie aux barbares. À compter de ce jour, tu es mon prisonnier. Nous nous reverrons à Rome, lors de mon triomphe !

Il tourne alors le dos à l'homme enchaîné, fait un pas vers le fond de sa tente et, d'un geste, exorcise l'humiliation de la bataille d'Agen [8].

— Centurion, enlève ça de ma vue !

De l'autre côté du fleuve, les échos de la défaite se sont propagés de bouche à oreille tout le long de la transhumance helvète comme un frisson parcourt un champ de blé. L'attaque agit comme une déclaration de guerre qui irradie le convoi helvète avec une furieuse rapidité. L'arrière-garde Tulinge, dernière tribu qui ait franchi le fleuve avant l'action romaine, a assisté au désastre depuis la rive droite. Lorsque le sort des malheureux Tigurins lui eût semblé réglé, le chef des Tulinges a dépêché un messager à Ségorix.

Dès l'aube du lendemain, réunion de crise dans la tente du roi des Helvètes.

— Ne vous avais-je pas annoncé la colère des dieux ! fulmine Artébax, le druide.

— Ça va, ça va, le druide ! l'interrompt Ségorix, avec humeur.

— Non, ça ne va pas ! riposte Artébax, furieux. La route est maléfique ! Je n'ai cessé de le clamer !

— Trop tard pour en changer ! observe Marmilas, qui s'interpose pour calmer le jeu.

Le druide se renfrogne.

Harilac, chef de la tribu des Sarunètes, toujours revêtu de sa sempiternelle pelisse de bouc, même en plein été, intervient.

— Les Tigurins ont été foutrement négligents : ils se sont fait surprendre comme des pucelles au coin du bois ! Plaise aux dieux que nous en tirions la leçon. Pour commencer, donnons à notre avant-garde ordre de rejoindre l'arrière immédiatement. Il faut faire tampon entre les Tulinges et les Romains.

— Il n'est pas dit que les Romains franchissent le fleuve, objecte le chef des Rauraques.

— Peut-être ! Mais es-tu prêt à parier ta vie qu'ils ne le feront pas ? réplique Harilac.

— Tu es sage, Harilac, conclut Ségorix. Nous ne pouvons pas jouer le sort de notre peuple sur un pari. Camilas, commande sur l'heure la volte-face des cavaliers. Qu'ils se portent au galop à l'arrière. Quant à vous autres, organisez vos tribus pour le combat : les chariots au milieu avec les femmes, les vieillards et les enfants, et les guerriers tout autour. Exécution. Revoyons-nous à la méridienne. Nous saurons alors les intentions des Romains.

La réunion est terminée. Marmilas rejoint sa tente, convoque discrètement un cavalier. Quelques instants plus tard, le bruit d'une cavalcade descend la colonne vers l'est, en direction de la Saône.

30 MAI -58

DANS LE CAMP ROMAIN

Le camp romain s'éveille en même temps que s'estompe la nuit sans lune. Les légionnaires de garde sont relevés. Les cohortes se préparent à effacer les dégâts de la courte bataille de la veille. Les artisans auxiliaires, forgerons, maréchaux-ferrants, tailleurs, armuriers, charpentiers, sont mis à contribution. Le principe imposé par César à ses légions, simple dans son énoncé, figure au menu de toutes les sessions d'entraînement des centurions : « Le combat n'est terminé que lorsque la légion est prête à repartir au combat ».

César, accompagné de Procillus, parcourt son camp ce matin. Il est familier de ce genre de sortie qui le rapproche des hommes de troupe tout en lui permettant une appréciation très personnelle de la situation. Il traverse à grandes enjambées des tentes de soldats, refusant d'un geste de la main les marques de déférence qu'il sent poindre ici ou là. On le voit en discussion avec un groupe de centurions, puis, à proximité des écuries où il s'assure du bon traitement des chevaux.

Devant les entrepôts, soigneusement gardés par un détachement spécial, il s'entretient avec Mercator et ses assistants du niveau des vivres.

— Les réserves s'épuisent, Caïus ! constate l'intendant.

— Les Éduens nous ont promis de regarnir nos magasins ! rappelle le généralissime.

— Peut-être, mais jusqu'à présent, nous n'avons rien rentré !

— Où en sommes-nous ?

— Ce n'est pas brillant ! Dans deux jours, c'est la distribution générale [9]. Après ?...

Il hausse les épaules en écartant les bras, paumes vers le haut : un évident signe d'impuissance.

— Envoie sans tarder un messager à Lisc, Mercator. Rappelle-lui nos conventions.

Sur le chemin du retour vers la tente prétorienne, Procillus communique à César les dernières informations qu'il tient de l'envoyé de Marmilas : les

Helvètes renforcent l'arrière-garde et se préparent à résister à l'attaque romaine. Cette nouvelle, sans constituer une surprise, conforte cependant le généralissime dans sa volonté de faire vite.

De retour dans sa tente, César convoque les lieutenants et les généraux.

— Compagnons [10], il n'est pas temps de se reposer ! Ne laissons l'ennemi ni se ressaisir, ni s'organiser ! Comme nous n'avons subi que très peu de dommages, nous nous mettrons en route dès aujourd'hui. Traversons la Saône, courons au train des Helvètes et forçons-les à rebrousser chemin. Toute heure perdue aujourd'hui se traduit en morts inutiles demain.

Les généraux s'attendaient à cette harangue : célérité, mobilité, réactivité, forment les trois fleurons de la science stratégique du généralissime. Ils quittent la tente pour donner immédiatement les ordres nécessaires à un départ proche.

Labiénus, de son côté, s'est fixé un objectif : l'armée doit traverser en trente heures, pas une de plus. Il appartient, par conséquent, aux équipes du génie de prendre leurs dispositions pour respecter cet objectif. Il s'agit de faire passer cinquante mille personnes : les vingt-neuf mille légionnaires, auxquels s'ajoute la masse des accompagnateurs de tous ordres faisant partie du convoi : esclaves personnels, valets, artisans, muletiers, marchands.

Sous les ordres de Balbus l'ingénieur, les légionnaires du génie s'emploient, depuis hier soir, à consolider les ponts sur la Saône. C'est un jeune centurion qui a eu l'idée d'utiliser des éléments de bois de la fortification du camp, non seulement pour doubler la capacité des ponts édifiés par les Helvètes, mais également pour construire de longues barges destinées à faire passer les chariots. Cette idée d'utiliser du préfabriqué, extrêmement simple et rapide à mettre en œuvre, permet de doubler la capacité de traversée. Ingénieux !

30 MAI -58 À MIDI

FLOTTEMENT CHEZ LES HELVÈTES

Il est très vite devenu évident aux Helvètes que les Romains s'apprêtaient à franchir le fleuve pour poursuivre leur carnage : cette agitation de l'autre côté du fleuve, ces bruits de marteau, ces ahanements en cadence ponctuant des tractions de choses lourdes, tous ces signes remontent la colonne, s'amplifiant, se gonflant, jusqu'aux oreilles du chef. Illustrant le rapport froid et sec du messager Tulinge, la *vox populi* véhicule à Ségorix et aux chefs de tribus des récits de la bataille de la rive gauche, déformés par la terreur : des vagues de cavaliers monstrueux, des noirs, des asiates, et même certains dotés d'une apparence de gaulois, plus sanguinaires que les plus cruels des barbares, ont fondu sur la paisible population désarmée, massacrant avec jouissance tout ce qui bougeait ! Des hordes de fantassins, bardés de fer et de cuir, inattaquables, indestructibles, les ont remplacés en vagues compactes, successives, sans cesse recommencées, pour achever au glaive ceux que les javelots avaient épargnés ! Humains, animaux, blessés, cadavres, forment un bourbier sanguinolent, puant à des lieux, que foulent au pas cadencé les cohortes aveugles de César !

Dans la tente de Ségorix, la réunion de midi, morose et pour la première fois teintée d'une ombre de peur, s'achève.

— Si nous ne sommes pas assurés de vaincre par les armes, alors mieux vaut tenter de négocier ! résume le chef des Rauraques.

— Nous avons déjà échoué une fois ! fait remarquer Vérucloet, qui garde de son entrevue avec César l'acre souvenir de s'être brisé sur une détermination inébranlable.

— Je doute que nous parvenions à un accord ! renchérit Nammée.

— Est-ce une raison pour ne rien tenter ? interroge Ségorix.

— On les attend et on leur rentre dedans ! Ceux que j'attrape, je les ouvre et je les étripe comme des truites de torrent ! explose Harilac.

— Tout doux, Harilac ! Pour l'instant, ce sont les Tigurins, nos frères, qui se sont fait étriller ! Si nous ne voulons pas y passer tous, nous avons intérêt à prendre la bonne décision. Artébax, que disent les dieux… hormis que la route est maléfique ! demande Ségorix.

— Les dieux ne me donnent pas d'autre message ! Ce voyage est maudit ! Faisons la paix avec le Romain.

— Nous négocierons donc, décide Ségorix, tandis qu'Harilac hausse les épaules.

— Il serait judicieux de ne pas envoyer les mêmes négociateurs que la dernière fois ! remarque Marmilas, le conseiller particulier du roi.

— Évidemment ! Le Romain est dur ! Il ne faut pas lui opposer qu'un diplomate ! observe le Rauraque.

— Je m'y colle, si vous voulez ! propose Harilac en massant ses poings.

— Halte là ! se récrie Ségorix. Ce qu'il nous faut, c'est un diplomate musclé, pas un cogneur !

Autour de la table, on s'esclaffe !… Sauf Harilac !

— Pourquoi pas Divicon ? reprend Ségorix, d'une voix soudain douce, le regard balayant ses compagnons.

Divicon avait eu son heure de gloire. Cinquante ans plus tôt, jeune chef militaire, brillant et intelligent, emboîtant le pas aux Cimbres, il conduisait ses troupes à travers la Province, provisoirement désarmée à la suite d'une défaite romaine contre les Barbares. C'est lui qui avait anéanti la faible légion de réserve que Rome lui avait opposée, tué son chef, Lucius Cassius Longinus, ainsi que son légat Lucius Calpurnius Pison, le parent de la femme de César, et fait passer les légionnaires sous le joug. De sang, c'était un Tigurin.

Aujourd'hui, son âge l'empêche d'être actif, mais son aura et son expérience militaire en font l'un des tacticiens préférés de Ségorix. C'est à cette fonction de membre de l'état-major, l'empêchant d'effectuer la transhumance avec sa tribu en queue de colonne, qu'il doit d'avoir échappé à la tuerie.

Un ambassadeur de soixante-quinze ans, courbé, chenu, mais l'esprit agile, l'œil vif et la répartie facile, voilà de quoi surprendre le Romain ! Ségorix, le malin, voit dans ce choix un atout majeur. Il s'arrange pour que sa conviction soit partagée par son Conseil militaire. Le choix est approuvé.

31 MAI -58

UNE AMBASSADE ORAGEUSE

La nuit, désertée par la lune, s'estompe doucement par le levant. Dans le camp de César, l'aurore salue la veille des calendes de Junon [11]. Un messager helvète se présente, tôt ce matin, face à la lourde porte de troncs liés. Accompagné de deux légionnaires de la cohorte qui contrôle l'accès au fleuve, il vient solliciter du généralissime, le très puissant Caïus Julius César, la faveur d'une entrevue pour le général Divicon, ambassadeur plénipotentiaire de Ségorix le Grand, roi des Helvètes. On convient du milieu de l'après-midi, lorsque le soleil aura commencé d'infléchir sa course.

César met à profit ce délai pour préparer l'entretien avec son Conseil rapproché. Autour de lui, nul ne connaît ce Divicon, ni même n'en a jamais entendu parler. Marmilas n'en a fait nulle mention dans ses rapports périodiques à Procillus. Est-ce une feinte ? César, sûr de lui, de sa force, de son armée, de son destin, n'en a cure ! Les Helvètes veulent causer ? Eh bien, causons !

La tente d'apparat brille de tous ses atours. Deux fois deux factionnaires, de chaque coté des mâts colorés qui soutiennent l'auvent bleu ourlé de rouge et festonné d'or, montent une garde rigide et immobile. De la porte du camp, le visiteur qui remonte l'allée prétorienne a l'illusion de voir, loin là bas, quatre statues dont les armes et les casques renvoient, presque à la verticale, les rayons du soleil. Procillus a donné des ordres à dessein pour que Divicon soit introduit dans le camp par la porte prétorienne, celle qui, traditionnellement, ouvre face à l'ennemi.

À l'intérieur de la tente, Procillus, aidé de Trogus, a veillé que chaque détail reflète convenablement la solennité de l'événement. L'ordonnancement rigoureux des sièges donne à César, dont le fauteuil trône sur une sorte d'estrade tapissée de rouge, une position proéminente obligeant son vis-à-vis à lever un peu la tête pour lui parler tandis que lui se contentera de baisser le regard. Par ailleurs, le trône et les sièges des généraux et conseillers romains tournent leur dossier aux ouvertures pratiquées dans la paroi de la tente et par lesquelles la lumière entre généreusement ; le contre-jour ainsi obtenu favorisera les Romains. De même, la table basse qui recevra, par politesse, gobelets et plateaux de fruits, légèrement décalée vers le généralissime, obligera le visiteur à se soulever pour prendre sa boisson, poser son gobelet ou se servir de fruits ! Au mieux, pour éviter ce qui pourrait passer pour une révérence, il se dispensera d'atteindre la table et passera l'entrevue sans se désaltérer ni se sustenter. Cette accumulation de détails, insignifiants pris un par un, peut contribuer au plus grand succès de l'entretien.

Bruit de pas et frôlement d'une étoffe qu'on bouge.

— Ave, Proconsul !

Divicon marque un léger temps d'arrêt lorsqu'il pénètre chez le Romain. La dernière fois qu'il est entré dans la tente d'un officier romain, c'était pour y rafler le butin de sa victoire ! Il était jeune, alors ! Par soulagement autant que par bravade, il avait invité ses hommes à compisser le mobilier du tribun ! Souvenir suave, mais peu approprié à la présente séance.

— Ave, Helvète !

Pas question, pour César, de donner à son interlocuteur un nom, un titre, une distinction, une mention quelconque faisant référence à une caractéristique autre que celle qui justifie l'entrevue d'aujourd'hui.

— Ségorix le Grand, notre roi, te présente ses salutations. Il te remet ces quelques présents destinés à te montrer notre volonté de paix. Il espère que tu les trouveras dignes de toi.

Divicon écarte sur ses épaules les pans de son manteau, et détache de sa ceinture un sac de peau que ferme un lacet de cuir orné, à chaque extrémité, de deux glands finement sculptés. S'approchant de César, il lui tend le sac. César tire sur le lacet, plonge la main dans l'outre et sort un lourd collier d'or aux mailles torsadées auquel est suspendu un pectoral circulaire orné de motifs gravés en creux. Deux bracelets têtes-de-bélier complètent l'ornement.

— C'est donc vrai ! On dit les Helvètes riches en or et gens paisibles [12]. Je témoigne que c'est la vérité… du moins en partie. Tu remercieras ton roi pour ce présent.

Sans quitter Divicon des yeux, César, remet les bijoux et le sac à Trogus, debout à sa droite, légèrement en retrait. Nul présent en échange, du côté romain ! La question, évoquée lors de la préparation de l'entrevue, avait été rapidement tranchée par un argument de Procillus : « L'enjeu de la négociation est considérable : la victoire définitive sur l'un des peuples les plus belliqueux de la Gaule, et ses conséquences bénéfiques pour César. Il faut se concentrer sur l'essentiel. N'ennuyons pas César avec ce genre de broutilles ! » Ce « *de minimis non curat propraetor !* » a fait mouche auprès des lieutenants de César. Il a permis de clore la discussion sur ce sujet et de s'en remettre, pour régler l'affaire, à la seule décision de Procillus, ordonnateur des détails de l'entrevue d'aujourd'hui.

— Que Nerthus, la Terre-Mère [13], veille à la bonne issue de nos entretiens ! répond Divicon.

— Assieds-toi ! commande César. De quoi souhaites-tu m'entretenir ?

— Les Helvètes ont entrepris un long voyage compliqué. Long par la distance et compliqué par le nombre. Nous avons l'intention de nous installer au bord de l'océan. Nous étions venus te demander le droit de traverser la Province. Rome ne l'a pas souhaité. Dommage !

César et ses généraux remarquent que Divicon, en accusant Rome, se garde d'une attaque personnelle. Se pourrait-il que les Helvètes soient si mal en point qu'ils en viennent à implorer César ?

— Comme tu le vois, nous poursuivons quand même notre objectif ! reprend Divicon.

— J'ai vu !

— Nous avons traversé le pays des Séquanes dans l'ordre et la discipline. Parvenues de l'autre côté de la Saône, certaines de nos familles ont commencé de manquer de vivres, malgré le rationnement que nous avions instauré dès le départ…

— Ce n'est pas une raison pour piller ceux qui vous ont accueillis pacifiquement, les Éduens, les Ambarres, les Allobroges de l'ouest, et mettre à sac leurs villages ! interrompt César.

— Des éléments incontrôlés ont…

— Helvète, si des éléments de ton peuple sont incontrôlés, c'est que les chefs en ont perdu le contrôle. Es-tu en train de me dire que vous êtes mal gouvernés ?

Divicon connaît la réputation d'homme de débat redoutable que César s'est forgée à Rome, dans de nombreux prétoires. Même le grand Cicéron a dû en convenir. L'Helvète choisit de rompre.

— Laissons le passé au passé.

— Un poisson pourrit par la tête ! insiste César, avec un léger sourire.

— Proconsul, veux-tu faire la paix avec les Helvètes ?

— Je ne suis pas en guerre !

La réplique de César est trempée dans la perfidie la plus achevée. Devant ses yeux défilent les trente mille Tigurins morts et la foule de ceux qui, dispersés sans armes un peu partout dans la région, vont crever par milliers dans les jours qui viennent. Non ! Il n'est pas en guerre ! Tout juste une opération de maintien de l'ordre ! Pas un trait de son visage ne bouge. Ses bras sont posés sur les accoudoirs sculptés de son fauteuil. De son corps, hormis les yeux vrillés dans ceux de Divicon, seule la main droite donne signe de vie, qui caresse avec une infinie douceur, d'un mouvement sans cesse recommencé, la tête dorée du lion qui termine la volute de l'accoudoir.

Un instant désarçonné, Divicon poursuit, laissant poindre son agacement.

— Pas en guerre ? ! Il y a deux jours, sur la rive gauche du fleuve, tu as exterminé les Tigurins, l'un des quatre clans d'Helvétie !

— Oui !… et alors ?

— Ce n'était pas une guerre, ça ? s'indigne l'Helvète.

— Ta peuplade avait mal agi. Je le lui ai fait savoir !

Divicon plisse les yeux sous cet affront qui lui fait bouillir le sang et serrer les poings ! En traitant les Tigurins de « peuplade », ce romain, prétentieux et pontifiant, cherche visiblement à nous amoindrir, nous avilir, nous blesser. Comme si nous, Gaulois d'Helvétie, n'étions encore que des sauvages ! Peuplade ! Suffit-il d'être puissant pour humilier les autres ? Cet homme est insultant ! Et puis, de quoi se mêle-t-il ? Nous ne sommes pas sur des terres contrôlées par Rome, que je sache ! À quel titre se permet-il d'intervenir ? « Je le lui ai fait savoir » dit-il ! Quel culot ! Allons, Divicon, calme-toi ! La discussion vient juste de commencer et déjà tu t'emportes !

— Voila une tâche que nous aurions pu assumer nous-mêmes avec succès, Proconsul. Nous n'avions nul besoin de l'intervention musclée de tes légions.

— Laissons le passé au passé, singe César.

La moquerie, maintenant, pense tout bas Divicon. Rester calme ! Surtout rester calme !

— Je te repose ma question, Proconsul. Veux-tu cesser d'attaquer notre peuple et nous laisser poursuivre pacifiquement notre chemin ?

— Qu'offres-tu en échange, Helvète, pour m'inciter à envisager de répondre favorablement à ta requête ?

— La paix ! Laisse-nous passer et ton armée n'encourra pas le risque de se faire attaquer par nos guerriers.

— C'est un risque que je peux encore prendre sans trop de risque ! ironise César.

Affront numéro deux ! Divicon traduit immédiatement le propos : « Tu plaisantes, Helvète, avec tes hommes presque nus, hurlants leurs attaques, armés comme il y a un siècle, tu n'as aucune chance ! Ta stratégie de combat est fruste et très éloignée de notre maîtrise de l'art militaire. À un contre quatre, nous allons encore à la bataille en sifflotant. En un mot, tu ne me fais pas peur, Helvète ! ». Ce romain bouffi d'orgueil est exaspérant de suffisance !

— Tu as attaqué lâchement la tribu qui fermait la marche en profitant de ce qu'elle ne pouvait attendre aucun secours de notre peuple qui avait déjà traversé le fleuve. Les légions romaines contre une tribu en ordre de paix. Ah ! Ah ! De quels succès te satisfais-tu, Romain ?

— Seule la victoire est belle, Helvète, et dans notre affaire, il faudrait avoir bien mauvaise grâce pour mettre en doute le camp que Victrix Minerva a favorisé !

— Tu as vaincu sans danger, Proconsul ! Quel triomphe ! Le glaive contre le bâton de marche ! Et, de surcroît, tu te vantes ! Si tu n'as que le quart de la sagesse que l'on te prête, Romain, alors tu t'abstiendras de déduire de cette boucherie que ton armée est valeureuse et ton ennemi méprisable ! siffle le vieux général, que l'indignation saisit au point de colorer de carmin ses joues parcheminées.

— J'ai exterminé l'une de tes tribus, Helvète ! Il ne me déplaît pas de poursuivre ! Mes légions savent se battre ! En douterais-tu, Gaulois ?

— La carapace de la tortue cède parfois sous les coups de l'ours, répond Divicon, qui s'attache à élever la formule au rang d'un des beaux-arts.

— Ah, oui ? Explique-toi ! pique César.

— Tu ne me connais pas, Romain. J'ai une génération de plus que toi. Lorsque j'en avais une de moins, j'ai été victorieux et mon peuple a chanté mes louanges. J'avais vingt-cinq ans. Que faisais-tu, à vingt-cinq ans, César ? Avais-tu déjà combattu ? T'étais-tu taillé cette flatteuse réputation que les autorités et le peuple réserve à scs héros ? La couronne de laurier ceignait-elle ton front ?

Divicon a planté cette banderille, l'air de ne pas y toucher. Elle s'est fichée profond dans la chair de César, et fait mal ! Sans être familier avec les affaires de Rome, Divicon a suffisamment d'informateurs un peu partout, pour connaître à la fois le parcours romain de César et sa déception de n'avoir pas encore, à quarante ans passés, marqué l'histoire de la République. On raconte que son ambition de suivre les traces d'Alexandre est si violente qu'il lui est arrivé de pleurer de rage de n'y être pas encore parvenu à l'âge où le macédonien plantait son emblème aux confins de l'univers. Ce garçon a, de lui-même, une estime si élevée, pense Divicon, qu'il est sûrement bénéfique de lui rappeler qu'il traîne un peu trop sur la route de la gloire. Si l'argument ne fait pas de bien au débat, au moins ne fait-il pas de mal à la cause helvète. Croit-il !

César encaisse. Tout au plus Divicon semble-t-il apercevoir les pupilles du Romain se rétrécir, comme sous l'effet d'un éclair intérieur. Oui, il est dévoré d'ambition ! Oui, ses capacités personnelles autant que son extraction patricienne lui permettent d'envisager de tenir les plus hautes dignités de la République. Oui, Alexandre le Macédonien a conquis un empire.

Mais moi, César, c'est moins sur Alexandre, cette légende, que je règle mes pas, que sur ceux de cet autre « Grand » – c'est le qualificatif que l'on accouple désormais à son nom que le peuple adule et que le Sénat vénère : Cneus Pompée. Pompée le Magnifique, son aîné de cinq ans, a sauvé Rome, et Sylla, de l'entreprise aventureuse de Lépide, a défait Sertorius insurgé en Espagne, a fini d'écraser les esclaves révoltés menés par Spartacus, a balayé les pirates de Méditerranée, a conquis l'Orient sur Mithridate. Je ferai oublier jusqu'au nom de Pompée, et ce n'est pas une bande de gaulois en transhumance vers le couchant qui me détournera.

César fait partie de ces hommes dont la maîtrise est proportionnelle à la colère. Touché à cœur par l'attaque sournoise de Divicon, il n'en semble que plus froid, impassible, presque détaché.

— Pour une victoire de circonstance, combien de défaites as-tu subi, Helvète ?

— Cette victoire de circonstance, comme tu dis, Rome en parle encore !

— Ils sont peu nombreux, les revers de l'armée romaine : les doigts d'une seule main suffisent à les compter ! Et tous, provisoires, de surcroît !

— Mon triomphe est l'un d'eux !

— Cette vantardise ne fait pas honneur à l'ambassade que tu conduis auprès de moi, Helvète.

Divicon se penche légèrement en avant. La satisfaction d'avoir écorné le contrôle absolu du généralissime fait monter au visage du vieux guerrier une onde de plaisir qui rosit son front. C'est à son tour de darder son regard dans celui de son interlocuteur.

— Tu n'étais pas né, César, que j'attachais les pas de ma tribu à ceux des Cimbres. Ensemble, nous avons écrabouillé l'armée du consul Marcus Silanus. Un peu plus tard, seul cette fois, j'ai exterminé les légions du consul Lucius Cassius aux environs d'Agen. J'ai tué de ma propre main Cassius et son lieutenant, un certain Pison. Alors, ton armée, Romain, l'invincible armée de Rome a courbé l'échine devant moi ! J'ai fait passer tes légionnaires, désarmés et dénudés, sous un joug de bœuf !

— Tu es un Tigurin ! constate simplement César d'une voix légèrement rauque.

— Ah ! Je vois avec satisfaction que tu as fait le rapprochement. Oui, je suis un Tigurin ! se rengorge le vieil ambassadeur. J'étais alors le jeune commandant de ces héroïques guerriers helvètes. Je les ai menés à la victoire !

— Rien de ce qui concerne l'histoire de l'armée romaine et de la gloire de Rome ne m'est inconnu, soldat. Tu bombes le torse pour avoir triomphé de cette baderne que Rome t'avait opposée. Cassius était un médiocre militaire. Un enfant aurait pris le dessus !

— Peut-être, César, peut-être ! Il n'empêche que les Helvètes ont goûté à la victoire contre Rome. Ils pourraient renouveler l'exploit. S'il advenait que leurs forces soient décuplées par la colère ou le désespoir, le doute ne serait même plus permis. Méfie-toi, Romain ! Méfie-toi de toi-même, de ton ambition, de ton assurance, de ton intransigeance. Combats-nous, César, et ce coin perdu de Gaule, coincé entre une rivière qui n'est pas un fleuve, et une éminence qui n'est pas une montagne, pourrait à tout jamais entrer dans la mémoire des hommes comme le lieu du désastre du peuple romain, de l'anéantissement de son armée et de la disparition de son généralissime ! En entendant parler de toi, César, même les femmes se moqueraient ! Et ton nom serait maudit pour l'éternité.

César fait silence. Le propos du vieux soldat ne manque pas de panache. Le bougre sait trousser un argument. Il ignore les liens qui l'unissent à Pison. C'est mieux ainsi !

Lorsqu'il prend la parole, c'est d'une voix douce, calme, monocorde, dénuée de la moindre passion. Dès les premiers mots, au ton de son interlocuteur, Divicon comprend que la partie est perdue.

— Helvète, je n'ignore pas un seul détail de la bataille d'Agen et des suites qu'elle a eues. Tu as commis, là, un outrage. Au-delà du combat, tu t'es livré à une humiliation que rien ne justifiait sinon ton plaisir bestial du moment. Ni l'armée romaine, ni le peuple romain, n'avaient mérité traitement d'une telle bassesse. Tu aurais pu, à la longue, t'en repentir, mettre ces méfaits sur le compte d'une ardeur de jeunesse, trompeuse et insolente. Au lieu de cela, au soir de ta vie, tu brandis cette lâcheté comme une gloire inégalable, comme ton trophée le plus illustre et tu répands cette pestilence jusque sous ma propre tente !

Divicon serre les mâchoires sous l'affront, attendant la suite.

— Moi, continue César, je ne veux prendre ni appui ni argument de faits vieux de cinquante ans. J'oublie l'ancien outrage. Une fois encore, selon tes propres termes, laissons le passé au passé. Mais je ne peux effacer le souvenir des torts récents : contre mon gré, vous avez tenté de forcer le passage du Rhône à Genève pour faire route à travers la Province. En dépit des accords que vous aviez vous-même signés avec les Éduens, vous avez mis à sac leurs villages. Pour compléter le tableau, vous avez également tourné votre violence imbécile et aveugle contre les Ambarres et les Allobroges ! Comment avez-vous pu penser qu'une victoire éphémère il y a un demi-siècle vous donnait tous les droits, sur tout le monde, impunément ? Quelle suffisance ! Quelle insolence ! Quel orgueil ! Quelle erreur ! Ignores-tu, Helvète, que les dieux couvrent souvent de lauriers ceux qu'ils choisissent de châtier plus tard pour leurs crimes ?

César se lève et descend de l'estrade. Sous la tente, nul ne bouge. Divicon, pris à son propre piège, paraît tétanisé. Procillus ne respire qu'à peine, captivé par la révélation de l'Helvète. Son maître fait face au bourreau de Pison, le parent de sa femme. Labiénus, qui admire l'homme autant que le chef, suit des yeux la silhouette qui se dirige vers la table. Les généraux commandant les légions retiennent leur souffle. César se verse un gobelet d'eau, repose doucement le récipient sur la nappe immaculée et revient s'asseoir sans un regard pour quiconque.

D'une voix claire, modulée, la tête haute, il parle à la cantonade :

— Vous tous qui êtes ici, sachez que je n'établirai pas le pouvoir de Rome en usant des voies de la barbarie ! Je ne construirai pas la grandeur de la Ville Éternelle par des procédés indignes ! Il n'est nullement question de faiblesse, ici. Je pourchasserais mes ennemis de l'autre côté du monde et je les exterminerais un par un si la plus grande gloire de Rome l'exigeait. C'est la vertu qui arme mon bras, et non le vice. Je ne commande pas cette armée, en Gaule, par vengeance !

Puis, après un instant de silence, il se tourne vers Divicon, légèrement recroquevillé sur son siège. Il le regarde un long moment, dans un silence absolu. Puis il lâche :

— Helvète, j'accepte la paix que tu me demandes !

Stupeur sous la tente ! Sans un bruit on se pousse du coude, on fronce les yeux, on ne comprend pas, a-t-on bien entendu ? !

Divicon a gagné. En exhalant un souffle long, il se redresse, se pavane.

— Tu choisis la voie de la raison, Proconsul. Mon ambassade est terminée.

— Pas tout à fait !

— Quoi, encore ?

— Sans la justice, la raison est sèche et stérile !

— Que signifie... ?

— Deux choses. Je veux que les Helvètes réparent les torts considérables qu'ils ont commis au détriment des Éduens, des Ambarres et des Allobroges. Reconstruisez leurs villages, ensemencez leurs champs, reconstituez leur cheptel, versez de l'argent pour chaque mort, chaque blessé, chaque femme violée, chaque enfant orphelin, chaque vache éventrée.

Divicon réalise l'ampleur de la tâche. Sans parler de son coût ! Après la vague d'optimisme qui vient de le submerger, le brutal contact avec la réalité lui met les nerfs à vif. Il réussit cependant à se dominer.

— Le temps va nous manquer cruellement, fait-il observer, mais nous pouvons nous arranger. Quelle est ta seconde condition ?

— Je veux des otages comme garants, non seulement de la promesse que vous avez faites à ces peuples de traverser leur pays en bon ordre, mais aussi de l'engagement de réparer que tu prendras ici-même et maintenant au nom de ton peuple tout entier. Ces otages, je les veux tous de noble extraction.

C'en est trop. Divicon réalise qu'il a été manœuvré. Il se lève, blême et mal assuré. Au bout d'un bras qui tremble légèrement de colère, un doigt se pointe vers César.

— Sache, Romain, que les Helvètes tiennent de leurs ancêtres l'habitude de recevoir des otages, pas d'en donner !

Rabattant sur lui les pans de son manteau, il fait demi-tour, et, sans plus parler, sans saluer, les yeux fixés droit devant, quitte la tente.

CHAPITRE IV

LE TEMPS DES TRAHISONS

1er JUIN -58

LES HELVÈTES S'ORGANISENT

DANS LA RÉGION qui s'étale à l'ouest de Mâcon, l'abondance des forêts et la présence de nombreux accidents de relief, joints à l'absolue nécessité pour les voyageurs de se ravitailler en eau, ne tracent, vers l'ouest, qu'une seule route possible pour un groupe important. Cette route rejoint la vallée de la Grosne, sous la forêt des Trois Monts.

Une fois encore, la tente de Ségorix sert de quartier général à l'état-major helvète.

—L'échec de l'ambassade de Divicon apporte au moins une certitude : les Romains veulent la guerre.

C'est par ce bref constat que Ségorix, fataliste mais lucide, résume la calamiteuse journée d'hier.

—Nous avons fait passer la cavalerie à l'arrière : ça devrait suffire à parer une attaque ! affirme le Rauraque.

—Tu rigoles ! explose Harilac. On ne va pas attendre bêtement l'arrivée des légions. Il faut faire tête-à-cul et leur rentrer dedans pendant qu'ils imaginent nous poursuivre. On les submerge, on les écrabouille, et on reprend notre route.

—On a perdu le quart de nos guerriers ! rappelle le Tulinge.

—Et alors ! On est toujours plus nombreux qu'eux. C'est leur jupette et le plumet rouge sur la tête des officiers qui t'impressionnent ? On ne va quand même pas se laisser dominer par des types déguisés en danseuses de lupanar, par Ésus !

—Harilac, tu es certainement le plus courageux d'entre nous, intervient Divicon, et les Sarunètes se portent bien d'avoir un chef tel que toi ! Mais, je te le dis tout net : pour le salut de l'ensemble du peuple helvète, et pour la bonne poursuite de notre voyage, je préfère un Harilac vivant par raison qu'un Harilac mort par bravade !

—Divicon parle d'or, Harilac ! approuve le chef. Organisons-nous pour éviter de tomber de nouveau dans un piège tel que celui qui a décimé les Tigurins, et préparons-nous à la bataille.

—Sur la route que nos éclaireurs nous ont indiquée, observe Camilas après un coup d'œil à Harilac, les Romains seront les chasseurs et nous, les chassés. Il suffit que nous fassions demi-tour, au moment le plus favorable bien sûr, pour inverser les rôles ! C'est une bonne chance à ne pas rejeter sans l'examiner sérieusement.

Ségorix interroge du regard ses compagnons. Le druide ne dit mot. Harilac, la face hirsute, tailladée, tannée par les incessants vents coulis des montagnes, et tout à coup fendue d'un large sourire, se contente d'un clin d'œil pour marquer son approbation. Le Rauraque et le Tulinge ne savent trop que dire. Marmilas, dont l'attitude légèrement détachée détone dans cette ambiance soucieuse et préoccupée, proche de l'inquiétude, n'a pas ouvert la bouche depuis le début de la réunion.

— Nous tirons des plans pour survivre, et Marmilas rêve… ! laisse tomber Ségorix.

— Pas du tout ! Euh… je… réfléchissais !

— À quoi donc ?

— Euh… à la meilleure manière de s'en sortir…

— Et, ta conclusion ?

— Il faut décamper immédiatement !

— C'est tout ? !

— Comment ça « c'est tout » ?

— Il n'y a pas la trace d'une idée nouvelle, là-dedans ! Qu'est-ce qu'on fait ? On attaque ? On n'attaque pas ? reproche le rix. Et si on n'attaque pas, on accélère ? On se sépare en trois ?

Délaissant un Marmilas penaud et déconfit, Ségorix commande.

— Je veux que l'ordre de marche soit modifié. On ne se range plus par tribu, comme avant. À compter d'aujourd'hui, on groupe les chariots, les bagages, les gens sans arme, quelle que soit la tribu d'appartenance : tout ça se resserre ! Je veux un paquet le plus compact possible, qui ne s'étale pas sur plus d'une vingtaine de kilomètres de long. En tête du convoi, des éclaireurs à cheval et une avant-garde à pied : cinq mille hommes en tout, pas davantage. Ensuite, tous les kilomètres, vous intercalerez, dans la colonne, un bataillon de mille guerriers : ils protègeront le convoi contre une attaque latérale de pilleurs, voire d'un détachement romain. Évidemment, je veux des cavaliers dans chacune de ces escouades, capables de venir m'informer au galop de tout ce qui se passe. Enfin, nous groupons à l'arrière l'essentiel de nos hommes, les cinquante mille qui ne sont pas utilisés ailleurs. Avec l'aide des cinq cents cavaliers disponibles, ils repousseront les assauts des Romains. Quant à moi et tout l'état-major, dès que nous serons en route, nous nous laisserons dépasser par la colonne pour prendre place vers l'arrière. Questions ?

— Puisque les tribus sont mélangées, remarque Harilac, qui va commander l'armée de l'arrière ?

— Toi, Harilac ! Mais attention ! Pas d'attaque en masse sans l'accord du Conseil ! Jure !

— Qu'Ésus me rôtisse, je le jure !

Quelques heures plus tard, la colonne helvète se met en marche. Chaque clan retient un millier de ses guerriers pour assurer la sécurité de proximité des gens sans arme. Les autres soldats, jusqu'à présent intercalés un peu partout dans le convoi, au gré des rassemblements de familles et de clans, quittent la colonne, laissent passer le flot des marcheurs et des chariots pour se regrouper à l'arrière, là où Harilac, monté sur un grand cheval noir et sanguin, organise attaque et défense à grands coups de gueule tonitruants.

1ER JUIN -58

STRATÉGIE ET RAVITAILLEMENT CHEZ LES ROMAINS

Le même jour, sur ordre de César, Titus Labiénus organise la poursuite. Devant le Conseil des généraux commandant les légions, et en présence de Dumnorix, il expose son plan.

— Grâce au travail des légionnaires du génie, l'armée tout entière a traversé le fleuve. Seuls quelques auxiliaires demeurent encore de l'autre côté. Ils nous rejoindront dans la journée.

— Les Helvètes ont pris la route directe transversale, informe Procillus.

Ses « aigles », que quiconque appellerait des espions, suivent les mouvements ennemis avec toute la prudence que requiert le danger : dans ces contrées, un espion capturé est un homme mort ! Les informations ramenées par les « aigles » sont recoupées avec celles que lui fait passer Marmilas avec une fréquence de plus en plus rapprochée.

— Une fois encore, la cavalerie formera le fer de lance de l'attaque ! expose Labiénus.

Tous les regards convergent vers l'Éduen, nouveau venu dans ces séances de préparation stratégique.

— Dumnorix, je salue ta présence parmi nous !

— Ave, Général ! Salut à tous, Généraux ! dit Dumnorix.

Il grave dans sa mémoire les visages qui lui font face, persuadé de les tenir un jour au bout de son épée. Pour l'heure, sa maîtrise absolue lui permet de jouer la comédie de la plus sincère coopération avec les Romains.

— Tu sais que les légions romaines sont réputées davantage pour leur infanterie que pour leur cavalerie. Du reste, Rome ne dispose que d'un nombre très restreint de chevaux et de cavaliers.

— Toute la Gaule est persuadé de la supériorité des cavaliers gaulois sur les cavaliers romains ! constate très simplement Dumnorix. Si ce n'était pas le cas, César ne nous ferait pas intervenir !

— C'est juste, Gaulois ! César est un stratège dont l'habilité manœuvrière repose, avant tout autre élément, sur la rapidité : « La vitesse et le mouvement, a-t-il coutume de dire, sont les clés de la victoire, devant la force ». Il se trouve que les Gaulois, quant à eux, sont réputés pour être de fameux cavaliers, vifs, rapides, habiles et d'une efficacité redoutable. C'est pour cela que César s'offre une cavalerie gauloise. Alors, bienvenue à toi, Dumnorix !

Les renforts que César a demandés à Diviciac il y a quelques jours sont arrivés au camp. La cavalerie se compose maintenant de quelque quatre mille chevaux et cavaliers, les trois quarts provenant du pays éduen.

Le choix de Dumnorix a rendu César perplexe. Une conversation avec Diviciac l'a finalement convaincu que l'homme avait reçu l'approbation du roi en son Conseil. Il s'en accommode.

Labiénus poursuit.

— Toute la cavalerie, sous les ordres de Dumnorix, se postera à l'avant-garde : comme d'habitude, elle asticotera l'ennemi, préparera des embuscades lorsque le terrain s'y prête, et sèmera le trouble. Mais en plus, lorsque l'ordre en sera donné – et surtout pas avant – elle portera l'attaque contre les guerriers helvètes de toute la puissance de ses armes de jet. Elle provoquera la panique dans les rangs ennemis. Immédiatement derrière, les légions interviendront. La manœuvre est classique. Vos hommes la connaissent bien. Son exécution sera parfaite, j'en suis persuadé.

Avant le départ de l'armée, Mercator a organisé le ravitaillement. Dans les deux camps jumeaux, sous les ordres du questeur, les intendants remplissent leur office : ils rassemblent les denrées de manière à constituer les rations de quinze jours dont sera doté chaque soldat. Dans un coin du camp, face aux entrepôts de chaque légion, une longue table sur tréteaux est dressée. Des valets y entassent, par type de victuailles, l'ordinaire du légionnaire : pain, galettes de blé, boules de froment aromatisées aux herbes, viande séchée, noix. Les auxiliaires d'intendance assurent la distribution, sous le regard d'un détachement de légionnaires policiers chargés de veiller que tout se déroule dans le calme et la discipline.

La distribution s'effectue dans cet ordre strict et immuable, qu'aucune fantaisie ne vient jamais troubler. Cet ordre militaire romain, c'est simplement l'ordre numérique qui affecte, de manière gigogne, un chiffre croissant à tous les regroupements hiérarchiques de la légion : décurie, centurie, manipule, cohorte, et légions elles-mêmes.

En fin de compte, c'est un sac d'une quinzaine de kilos de nourriture que le légionnaire ajoute à son paquetage au moment de se mettre en route par cette belle matinée de juin naissant.

Le lendemain de la distribution du ravitaillement,

l'armée de Rome se lance à la poursuite du peuple helvète.

Entouré de sa garde personnelle, Dumnorix caracole sur la route de l'ouest, au milieu d'une nuée de quatre mille cavaliers. Il conserve sa tenue gauloise, légère, pratique, et ses armes personnelles : son casque, œuvre d'art conique décorée de mille motifs géométriques, offre à des lieues à la ronde la vision de deux ailes de coq immenses et largement déployées. Seul un ruban rouge accroché à l'aile gauche du casque, indique son appartenance au camp romain. Sa cotte de maille, que resserre une ceinture équipée de la lourde épée et du poignard de combat rapproché, disparaît sous le long bouclier de bois. Dumnorix a pris l'habitude d'amarrer à sa selle cet appareil gênant pour les chevauchées.

La chaleur colle à la peau gorgée de sueur la poussière soulevée par les sabots.

Dumnorix jubile.

— Moi, l'Éduen, l'ancien vergobret du plus puissant des peuples de Gaule, l'arrangeur d'accords secrets avec les Séquanes et avec les Helvètes, l'homme qui a imaginé cette alliance à trois pour régner sur la Gaule entière, au nez et à la barbe des prétentieux Arvernes, moi que quelques noblaillons rustauds ont imaginé écarter en me forçant à ne pas briguer une nouvelle fois la royauté, moi que mon imbécile de druide de frère a tenté de disqualifier aux yeux du Conseil, moi qui ai réussi à tirer merveilleusement mon épingle du trouble jeu joué par Orgétorix puisque personne ne m'a alors inquiété, moi qui voue aux Romains en général, et à César en particulier, une animosité qui confine à la haine, me voici à la tête de la cavalerie de Rome ! Ils ont tout gobé, à Bibracte : volte-face, repentir et vertu toute neuve ! Par les dieux, comme les hommes sont crédules face à l'ombre du pouvoir. Comme ils le sont encore davantage face au pouvoir de l'ombre !

On chevauche depuis le matin, à travers les vallons, longeant d'épaisses forêts, croisant de minuscules cours d'eau. Là-bas, à l'horizon lointain, un nuage de poussière permanent indique aux Romains la route à suivre. Rapidement, la distance décroît. Dumnorix mène ses cavaliers au contact, suivant, en cela, les ordres de César relayés par Labiénus : escarmouches, oui ; attaque massive, non !

Avant la fin du jour, l'Éduen envoie aux avant-postes deux escouades d'une cinquantaine de cavaliers armés d'arcs et de flèches, munies d'instructions claires.

— Vous formez deux groupes égaux et vous allez jusqu'à l'ennemi. Une fois à portée de flèche, la première escouade envoie une salve, puis recharge pendant que la seconde tire, et ainsi de suite, alternativement, jusqu'à épuisement des carquois. Il faut une pluie ininterrompue ! Surtout vous n'approchez pas, vous ne vous colletez pas avec l'arrière-garde helvète. S'ils se retournent et foncent dans votre direction, vous rompez immédiatement et revenez ici. Le but n'est pas de combattre ! Simplement les titiller, les exciter, leur dire que nous sommes là ! C'est un petit bonsoir, en somme !

À la nuit, les escouades avaient eu le temps de délivrer leur message. Deux fois !

3 JUIN -58

LE PIÈGE D'HARILAC

Le lendemain matin, les deux formations, distantes de quelque dix kilomètres, traversent une zone de larges prairies que délimitent, de chaque côté, deux immenses forêts de chênes, touffues, opaques, noires. Les escarmouches romaines, ordonnées par Dumnorix et rôdées la veille avec succès, reprennent. On va, on tire et on revient !

Les cavaliers de Dumnorix, de front sur une centaine de mètres, absorbent, dans un galop furieux, l'espace qui sépare les légions romaines de la colonne helvète. Parvenus à bonne distance derrière l'arrière-garde ennemie, ils cabrent leurs chevaux dans un tourbillon de poussière, et décochent une giclée de flèches qu'une courbe gracieuse, presque ralentie, fait tomber en pluie sifflante sur les rangs serrés de l'armée helvète. À tour de rôle, les escouades tirent. Les boucliers helvètes se hérissent d'étranges fleurs rigides à pennes multicolores.

Soudain, deux meutes hurlantes de quelques deux cents chevaux chacune surgissent en vociférant des forêts de part et d'autre de la prairie. Les cavaliers, allongés sur les encolures, solidement crochetés aux flancs des montures par la tenaille de leurs cuisses et de leurs mollets, poussent des rugissements effrayants. Les deux meutes foncent à la rencontre l'une de l'autre, pour enfermer les hommes de Dumnorix en leur coupant toute retraite vers leurs lignes. Le piège !

En quelques secondes, la fureur de vaincre et la terreur d'être tué se mêlent et s'imbriquent au milieu de la prairie, dans les hurlements sauvages et les coups formidables des armes. À la tête des cavaliers helvètes, Harilac, déchaîné, assomme, transperce et décapite aussi vite que les moulinets de sa lourde épée le lui permettent. Ses hommes, assoiffés de mort, ne le cèdent en rien. Dix minutes d'une violence extrême, abrupte, bruyante et poussiéreuse. Aussi soudainement qu'il a commencé, le combat cesse, avec l'embrochage du dernier romain. Les plus réactifs des cavaliers de Dumnorix – une poignée – ont suivi leur chef dans une retraite immédiate dès l'irruption des Helvètes. Leur position, en arrière des escouades, a facilité leur repli. Le reste du détachement romain, bouillie informe et sanglante, faite de membres arrachés, de corps crevés d'hommes et de chevaux, de vêtements déchirés, d'organes épars violacés, piétinés par la furie au cours du combat-éclair, signe dans une odeur douceâtre et écœurante la victoire absolue de la cavalerie helvète.

Harilac, les yeux fous, un rictus grimaçant découvrant deux rangées de dents brunes comme celles d'un ours, parcourt le champ de bataille en tous sens, juché sur son grand cheval noir, brandissant de la main droite sa longue et lourde épée sanguinolente. Son poing gauche levé à la verticale est crocheté dans un paquet de tignasses blondes sous lesquelles deux têtes pendouillent en s'entrechoquant. Des glaires grisâtres et rosacées s'échappent des mâchoires qui s'ouvrent et se ferment avec des claquements hideux à la cadence des mouvements du cheval. Le sang qui s'échappe encore des jugulaires s'enroule en volutes gluantes autour du tronc qui sert d'avant-bras au géant. Harilac toise son champ de victoire, secoué d'un rire dément qui fait trembler les chênes et fuir les corbeaux.

Sa ruse mortelle, bien pensée, bien exécutée, laisse cent cadavres romains sur le terrain.

À quelques pas de là, les guerriers de l'arrière-garde helvète saluent le triomphe des cavaliers en poussant des rugissements et des acclamations, cependant qu'un courrier file porter la nouvelle à Ségorix.

3 JUIN -58

CONTRE-ATTAQUE

Depuis le combat, le soleil n'a tracé, dans le ciel, qu'un bout de chemin insignifiant lorsque les Helvètes, ivres de leur victoire, distinguent, au loin, vers l'est, les boursouflures croissantes d'un nuage de poussière. Aucun doute : la cavalerie romaine revient laver l'affront et venger les morts.

Harilac a instantanément compris. Il rameute d'un cri tous ses cavaliers, expédie au large ses répugnants trophées et pointe, de sa main libérée, la direction à suivre : les bois. Lui-même attend le temps nécessaire pour être certain d'être vu des Romains. Alors, labourant les flancs de son cheval de coups de talons, il galope à bride abattue à la suite de ses quatre cents cavaliers vers la forêt située au sud de la prairie.

Les Romains croient à une fuite, ou, du moins, à la volonté des Gaulois de détourner de la colonne la furie romaine. Sûrs de l'effet de surprise, ils se lancent à la poursuite d'Harilac à travers les bois denses et opaques. La frondaison touffue masque aux regards les lointains de la forêt, ainsi que la position du soleil. Seuls les bruits, répercutés en écho par les milliers de troncs de hêtres et de chênes, indiquent confusément la direction prise par les Helvètes. Dumnorix, au milieu de ses hommes – il a pris dix escouades de cent cavaliers chacune –, se laisse mener par les grondements de la cavalcade.

Le rusé Harilac avait appris de ses éclaireurs qu'une clairière trouait la forêt sud, non loin du champ où il a livré sa bataille. C'est là qu'il se dirige, avec le ferme dessein de recommencer le coup victorieux qui l'a fait rugir de fierté il y a une heure : *bis repetita placent*, auraient dit les Romains !

La moitié des cavaliers helvètes caracole dans la clairière, à découvert. À leur tête, Harilac. Son casque, reconnaissable entre mille, s'orne sur le front d'une corne de phacochère tandis que, de chaque côté, deux ailes de merle déploient leur écran noir et luisant. L'autre moitié de la cavalerie a traversé à vive allure l'espace vide et s'est planquée sous le couvert, à l'opposé de l'orée par laquelle débouchent les Romains, par petits groupes. La bataille s'engage aussitôt. Les Romains, peu nombreux à être sortis du bois, se font d'abord surprendre et massacrer vivement. Puis, le nombre aidant, ils parviennent à repousser les Helvètes au centre de l'espace découvert. Le combat s'équilibre : les valeurs, identiques car provenant des mêmes peuples, s'affrontent et laissent au sol des dizaines de morts des deux bords. Nul romain ne se risque à approcher Harilac dont l'allure, la tenue, les vociférations, les moulinets d'arme, effraient les plus braves. On essaie bien de s'attaquer à sa monture, mais on paie cher ces tentatives.

Dumnorix, quant à lui, protégé par sa garde personnelle, s'abstient de tout contact avec les guerriers helvètes autant qu'il est possible. Il observe les siens, maintenant supérieurs en nombre et mieux organisés, prendre peu à peu le dessus. Les pertes romaines, significatives, ne lui sont pas désagréables. Lorsqu'il voit Harilac soudainement piquer vers le sud, faire un signe de la main en direction de la forêt et revenir sur ses pas vers le combat accompagné d'une réserve fraîche et hurlante de cavaliers, il sait venue l'heure d'appliquer son plan. Pris soudain d'une feinte agitation, il désigne de la main les renforts helvètes et, simulant la peur, bat en retraite avec ostentation. Il pousse des cris, attire autant qu'il peut l'attention des siens et quitte les lieux, accompagné de sa garde. La défection est contagieuse. Quelques dizaines de cavaliers lui ont emboîté le pas. Bientôt, par groupes compacts, la cavalerie romaine tout entière, déstabilisée par le geste de son chef, rompt le combat. Les hommes, désordonnés, désunis, désabusés, cherchent dans une course effrénée à travers bois à sauver une peau dans laquelle les Helvètes taillent de plus belle. Ceux qui heurtent les arbres et tombent de cheval sont sauvagement achevés, s'ils ne sont pas mortellement piétinés. Ceux qui sont rattrapés sont percés comme des outres, fendus de l'épaule à la hanche comme des jambons, ou décapités dans des vociférations sauvages. La boucherie dure tant que bouge un romain.

Lorsque tout est terminé, un étrange silence succède, dans la clairière et la forêt, aux hurlements, au fracas des glaives et des épées et au martèlement des sabots des chevaux. Des centaines de morts jonchent le sol. Moins de quatre cents cavaliers de l'armée romaine sur mille réussissent à regagner le camp de César.

Tout à coup, pour la seconde fois de l'après midi, un cri rauque, guttural, assourdissant vibre dans l'air, repris tout aussitôt par des centaines de poitrines. Au loin, comme en écho, l'arrière-garde a compris et rugit à nouveau à la victoire d'Harilac.

3 JUIN -58

APRÈS LA PREMIÈRE DÉFAITE ROMAINE

Le soir tombe doucement sur les vallons et les bois éduens. César choisit, pour passer la nuit, un mamelon dépourvu d'arbres, descendant en pente douce vers un ruisseau. Les légions installent un campement léger, les tours de garde sont distribués. La proximité de l'ennemi oblige à doubler l'effectif de veille et de sécurité. Les tentes de César et de ses lieutenants sont dressées au milieu de l'ensemble. Au sommet du mamelon, une construction en bois, rapidement assemblée, sert de tour de guet. Au loin, les feux des tribus helvètes strient les espaces noirs d'un pointillé orange et tremblotant qui vient se fondre, à l'horizon, dans les arabesques rougies du couchant.

César est de méchante humeur. Devant ses généraux, ses lieutenants et son état-major, il apostrophe Dumnorix sur la première escarmouche.

— Perdre un seul homme sans profit en retour est une erreur ! Alors, cent ! Où est notre avantage, Dumnorix ?

— Nous sommes tombés dans un piège, Général ! plaide l'Éduen.

— Un piège ? Quel piège ? Se faire prendre dans une nasse comme un poisson d'eau douce ! Tu appelles ça un piège, Gaulois ?

Lorsque César prend de la distance d'avec un interlocuteur en cessant de l'appeler par son nom, ses familiers y voient d'ordinaire le début d'une méfiance dont la durée peut être sans limite.

— Nos informations étaient fausses, Général. Nous pensions que, comme hier soir, la cavalerie helvète était tout entière regroupée en fin de convoi !

— Procillus, c'est vrai, ça ?

— Général, les dernières informations de mes éclaireurs ont été corroborées par Marmilas, qui ne quitte pas l'état-major de Ségorix. Je les ai données à Dumnorix en l'état. Il a raison.

— Alors, comment ce désastre a-t-il pu se produire ?

— Certains ne sont pas à la hauteur, aucun doute ! intervient Drusus, le commandant de la légion Neuf, connu pour manquer singulièrement de confraternité.

— Je ne vois qu'une seule explication, Général ! intervient Labiénus. L'indiscipline helvète !

— Explique-toi !

— Si l'ordre d'attaquer notre cavalerie avait été pris en Conseil par Ségorix, notre agent nous aurait immédiatement prévenu. Or, nous n'avons eu aucune information. Je vois donc, dans cette attaque, le fruit d'une initiative individuelle, sans doute celle de l'homme qui commande la cavalerie. Au passage, de stratège à stratège, félicitations ! L'endroit était habilement choisi et l'affaire a été menée de main de maître ! Il faudra se souvenir que nous avons, en face de nous, un homme de bonne valeur !

— Soit ! intervient César. Tu dois avoir raison ! À cet égard, que les choses soient claires : nous laissons l'indiscipline aux sauvages ! Chez moi, il n'en est pas question un seul instant ! N'est-ce pas, Dumnorix ?

La menace est claire. L'Éduen baisse la tête. Ses asticotages n'ont pas plu à César. Il n'a pourtant enfreint aucun ordre. Mieux ! Il s'est conformé aux instructions du généralissime, relayées par le stratège Labiénus. Mais il apprend à ses dépens que dans une organisation aussi hiérarchisée que l'armée romaine, lorsqu'une opération tourne mal, ce n'est pas l'ordre donné par le chef qui est mauvais, c'est l'exécution qui est défaillante ! Amère leçon !

— Évidemment, Général ! répond Dumnorix qui préfère plaider partiellement coupable plutôt que de s'opposer à l'homme fort.

— Quant à ta seconde sortie, ton expédition punitive, elle s'est soldée par un fiasco lamentable et extrêmement coûteux en hommes. C'est inacceptable, Gaulois ! Qu'as-tu à dire ?

— C'était un coup monté. Lorsque je me suis aperçu que leurs forces étaient très supérieures aux nôtres, j'ai préféré sauver la moitié de mes hommes plutôt que les perdre tous. C'était agir avec sagesse, Général.

— Labiénus ?

— Le principe du talion justifie l'opération, encore que la vengeance immédiate, à chaud, réserve souvent de douloureuses leçons. Quant à la réalisation, les dieux se sont détournés de nous ! Nous tirerons, de cet accrochage des enseignements fructueux pour l'avenir.

— J'y compte bien ! Mais cela fait cher la leçon ! ne peut s'empêcher d'ironiser César en plantant son regard gris foncé dans celui de Dumnorix.

— Après cette affaire, comptes-tu modifier ta stratégie, Général ? interroge Procillus.

— Pas du tout ! réplique César. Elle ne change pas d'un pouce : interdiction absolue d'attaquer les Helvètes. J'interdis également les escarmouches, dorénavant. Plus aucun contact de notre fait jusqu'à nouvel ordre ! Est-ce clair ?

— Si nous sommes attaqués… ? demande Dumnorix.

— Alors, nous nous défendons, évidemment ! Avec rapport immédiat à Labiénus ! Rompez !

César garde auprès de lui Labiénus et Procillus.

— Pourquoi cette timidité soudaine, César ? interroge Procillus. Il y a quatre jours encore, tu nous exhortais à courir sus aux Helvètes pour leur faire rebrousser chemin, et aujourd'hui, tu nous ménages une promenade de santé ! Ce n'est pas uniquement parce que tu te méfies de Dumnorix, n'est-ce-pas ?

— Non, en effet, pas uniquement ! Mais, tu as raison, je me méfie de lui !

— Débarrasse-t'en, alors ! intervient Labiénus.

— À cause de nos rapports avec les Éduens, l'heure n'est pas encore venue, précise un César quelque peu mystérieux. Je préfère le mettre sous surveillance discrète désormais. Labiénus, arrange cela, veux-tu ?

— Alors, pourquoi cet ordre de ne pas attaquer ? insiste Procillus.

— Les vivres, Procillus ! Tant que nous ne sommes pas assurés d'un ravitaillement suffisant, je ne veux pas courir le risque d'une bataille longue avec les Helvètes, explique calmement César. Pour l'instant, contentons-nous de suivre leur convoi à bonne distance, de décourager toute opération hostile dirigée vers nos entrepôts et nos chariots de vivres, ou ce qu'il en reste, d'empêcher évidemment les pillages de fermes et de villages à chaque fois que nous pouvons intervenir sûrement et efficacement. Lorsque les temps nous seront plus favorables, nous aviserons.

La nuit est tombée sur le campement de César. Après le repas du soir, l'armée dort. Seuls les va-et-vient des sentinelles apportent une lancinante animation rythmée par le bruit des lances brutalement frappées au sol à chaque demi-tour.

Des lampes à huile éclairent les liasses d'inventaires que Mercator vient de déposer sur la table du généralissime. Après la prochaine distribution bimensuelle, celle qui doit intervenir le 15 juin, aux ides de Junon, les entrepôts seront pratiquement vides, montrent les documents.

—As-tu obtenu une réponse de Lisc ? interroge César.

—J'obtiens toujours des réponses de Lisc, cousin ! Voilà des jours et des jours que j'obtiens des réponses de Lisc !

—Que disent ces réponses ?

—Toujours la même chose : les Éduens s'emploient à rassembler les marchandises ! À cause du froid de cet hiver, les rares moissons déjà effectuées sont médiocres, presque inexistantes ; celles à venir n'ont pas mûri en raison des pluies de printemps ; de toutes les façons, elles seront peu abondantes également ; « le temps est détraqué, comprends-tu » passe-t-il son temps à me dire ; ils font venir du blé par bateau, sur la Saône, mais plus on poursuit les Helvètes vers l'ouest, et plus on s'éloigne de la zone de déchargement, donc plus le transport est long et incertain. Un jour, on me dit que le grain est chargé. Le lendemain, j'apprends que les chariots ne sont pas encore partis. J'ai l'impression qu'on se fiche de nous !

— Est-ce du sabotage ! interroge César.

— Si ç'en est pas, ça y ressemble, cousin !

— Quid de l'approvisionnement direct dans les villages ?

— Les fermiers coopèrent, mais à la mesure de leurs moyens. On ne peut quand même pas vider leurs granges comme des pillards ! Ce serait l'émeute ! On achète ce qu'ils peuvent nous vendre. C'est-à-dire, très peu de choses ! Pour la nourriture, ça va encore, mais c'est le fourrage pour les bêtes qui manque le plus aujourd'hui.

— Mercator, dès demain matin, tu convoques Lisc et Diviciac. Qu'ils viennent me voir au camp, dans deux jours au plus tard. Je veux tirer tout cela au clair. Il n'est pas dans les usages de ces deux-là de jouer double jeu ! Quelque chose m'échappe !

5 JUIN -58

SOUPÇONS CHEZ LES HELVÈTES

— Voilà deux jours qu'on n'a pas aperçu un romain ! constate Ségorix en arrachant de la carcasse fumante, avec sa dague, un morceau de cuissot grand comme la paume de sa main.

— César a donné l'ordre de ne plus nous chercher noises ! répond Camilas.

— Comment sais-tu cela ?

— Je paye des auxiliaires de l'armée romaine pour être informé !

— Es-tu sûr qu'ils ne te racontent pas d'histoires ?

— Je croise mes informations ! Et, bien sûr, chez les auxiliaires de César, personne ne sait qui travaille pour nous !

— Astucieux !

— Oui ! Mais réversible !

— Que veux-tu dire ?

— Tout simplement que si nous nous sommes mis en état de savoir les grandes lignes de ce qui se passe chez César, ce serait bien étrange que César n'ait pas fait pareil chez nous !

— Qu'Ésus me brûle, c'est vrai ! Tu soupçonnes quelqu'un ?

— Non ! Je n'ai qu'une seule certitude : si nous abritons des espions, ils ne sont pas dans l'entourage d'Harilac ! Sinon, les Romains ne seraient pas tombés tête baissée dans les deux pièges qu'il a imaginés !

Camilas part d'un grand éclat de rire, imité par Ségorix. L'évocation de la défaite romaine, délectable, produit toujours cet effet !

5 JUIN -58

L'AVEU

Le vergobret et le druide n'en mènent pas large. Il semble à Diviciac qu'ils se trouvent devant un tribunal tant la lourde atmosphère, qu'un silence pesant souligne, imprègne chaque recoin de la pièce, chaque pli de tenture, chaque mouvement de serviteurs. Le druide a tant mené de ces audiences où l'ambiance et le décorum jouent, pour les parties, un rôle tantôt favorable, tantôt adverse, qu'il sait reconnaître les prémices d'une mise en accusation.

Lisc a carré sa haute stature dans un siège en bois orné de perles de nacre. Sur un pantalon large et flottant de couleurs vives mélangées, il a revêtu une tunique verte serrée à la taille par une large ceinture de cuir. L'imposante boucle de bronze symbolise une tête de cheval, l'animal de son clan. Les lourds bijoux en or qu'il porte au cou – le torque festonné dont il ne se départ jamais –, aux deux poignets ainsi qu'aux chevilles contenteraient la plus regardante des femmes coquettes de sa tribu. Son visage glabre, encadré de lourdes mèches blondes torsadées et nouées sur la nuque, semble apeuré, agité qu'il est d'un tic qui lui tire le coin de la bouche vers l'oreille droite plusieurs fois par minute.

Par contraste, le druide, dans sa longue robe blanche et plissée qui ne laisse entrevoir que ses mains fines aux ongles ras et ses pieds protégés d'une semelle à lanière de cuir, présente aux Romains des traits impénétrables. Il fixe tranquillement César tandis qu'il sent, sur son front, le rayon convergent des regards de Mercator, Procillus et Labiénus. Les deux serviteurs se sont retirés derrière un rideau, à portée de voix, tout de même.

— Roi Lisc, tu ne tiens pas parole ! attaque César, sans s'embarrasser de préliminaires.

Le Gaulois blêmit sous l'accusation. Ses yeux roulent.

— Le peuple éduen est l'ami du peuple romain ! se défend Lisc.

— Alors prouve-le ! tonne César en abattant sa main sur l'accoudoir de son fauteuil.

— Par tous les dieux, pourquoi cette colère ?

César se reprend aussitôt. D'une voix blanche et sourde, il explique.

— Tu m'as appelé à l'aide parce que ton pays était dévasté par les Helvètes. J'ai immédiatement répondu en mobilisant six légions. J'ai refusé de pactiser avec tes ennemis lorsqu'ils sont venus implorer que je leur facilite la route. Labiénus a livré bataille : il a exterminé les Tigurins et nous avons perdu des hommes. L'armée a traversé la Saône. Elle est à la poursuite de tes ennemis pour leur faire rebrousser chemin. Nous nous sommes de nouveau battus. J'ai fait couler le sang de mes soldats pour toi, Lisc. J'ai tenu parole, moi. Tu sais tout cela, n'est-ce pas ?

— Je le sais, César. Mon peuple t'en est reconnaissant. Nous participons également : nous n'avons pas hésité à mettre notre cavalerie à ton service : trois mille hommes qui en valent dix mille tant leur vaillance…

— Suffit ! interrompt César. Laissons cela pour l'instant ! Je n'ai pas envie d'entendre chanter les louanges de la cavalerie éduenne ! Pas maintenant ! Contre l'intervention des légions romaines en faveur de ton peuple, tu as pris un engagement. Tu t'en souviens, Druide ?

Diviciac, interpellé, se contente d'opiner de la tête.

— Roi Lisc, tu as promis d'assurer le ravitaillement de mon armée. Le contestes-tu ?

— Non… non ! bégaye le vergobret.

— Mercator, à toi ! dit César en se laissant aller en arrière contre le dossier de son fauteuil, les bras croisés sur sa tunique.

Caïus Julius Mercator se redresse.

— Roi Lisc, je t'ai fait parvenir de nombreux messages depuis quelques temps !

— Je t'ai fait répondre !

Sans entrer dans l'argutie, Mercator poursuit.

— Roi Lisc, notre prochaine distribution de vivres aux légionnaires aura lieu dans dix jours. Qu'aurons-nous à distribuer ? Du froment pour la moitié d'une légion, pas davantage. Nous disposons de quelques jours de rations de pains et de galettes de légumes. Avec le lard fumé, nous tiendrons cinq ou six jours. Les graines à bouillie sont pratiquement épuisées. Nous n'avons plus de fruits. Côté boisson, ça va : il reste de la *posca* [1] pour une quinzaine de jours, mais après cela, les légionnaires seront à l'eau : ils n'aiment pas beaucoup ça ! Pour nous résumer, nous n'avons pas de quoi assurer la prochaine distribution intégralement ! Nos magasins permettent grosso modo de pourvoir à la subsistance de l'armée pour encore quatre à cinq jours après le ravitaillement. Cela nous met aux environs du 20 juin. Passé ce délai, c'est la disette !

Lisc s'agite sur son siège.

— Général, crois-moi, nous faisons notre possible…

— Faux ! interrompt César, terrible.

— Le temps n'a pas été clément, César ! Les moissons…

— Balivernes ! coupe à nouveau le généralissime d'un large geste du bras, tout en détournant les yeux. Labiénus, explique-lui !

— Roi Lisc, la situation est simple : il me faut huit jours pour faire rentrer les légions en Province. Sans vivres, une armée n'existe pas ! Elle ne peut ni se battre, ni se déplacer ! C'est aussi simple que ça ! Il nous reste quinze jours de vivres. Par conséquent, si nous n'obtenons pas de ravitaillement en quantité suffisante dans le délai d'une semaine, je suggèrerais au généralissime de prendre la décision de faire rentrer immédiatement l'armée à la maison.

— Tu imagines sans peine les conséquences ! intervient Procillus.

C'est à son tour de prendre le relais, selon le minutieux scénario mis au point avant la réunion : les Gaulois doivent sentir, physiquement, l'unanimité granitique des Romains, en même temps que leur détermination à obtenir la vérité.

— Lorsque nous rentrerons, explique Procillus, nous laisserons le champ libre aux pilleurs helvètes. Bon courage à toi et à tes guerriers ! Évidemment, il nous sera très difficile de répondre aux nouveaux appels au secours que toi ou ton successeur pourront nous envoyer. Quant à nous, une fois rentrés à Rome, nous expliquerons au Sénat que nous avons été lâchés par les Éduens, un peuple qui a déçu notre amitié, un peuple en qui on ne peut pas se fier, qui change d'avis comme une pucelle étourdie, une girouette ! Peut-être même expliquerons-nous aux sénateurs et aux consuls que les Éduens sont devenus un peuple de couards !

Procillus est un Gaulois, un Helvien. Il connaît la fierté gauloise. Il a vu des hommes sortir des coutelas et s'étriper pour d'infimes soupçons de lâcheté. C'est à dessein qu'il appuie sur cette chanterelle.

Un silence poignant suit l'anathème de Procillus. Lisc jette à Diviciac des regards éperdus. Ses mains le gênent au point qu'il ne sait qu'en faire : il croise les bras puis les décroise immédiatement pour frotter l'une contre l'autre des paumes moites et glacées. Ses yeux ne veulent pas croiser le regard de César ! Ni celui de Labiénus ! Ni celui de Procillus, ni de quiconque !

Pendant ce pathétique manège, qui n'échappe à personne, Diviciac, raide, pâle, immobile, tient les yeux fermés. Nul besoin d'observer le vol des oiseaux, d'interpréter des rêves, de lire des entrailles encore chaudes et palpitantes, pour savoir comment plaire aux dieux. La voie du mensonge et de la dissimulation est néfaste. Je suis prêtre ! Je parle aux dieux ! Je règne sur le comportement des hommes ! J'enseigne à longueur de temps les trois lois de vie : « Honore les dieux. Sois brave. Garde-toi de commettre le mal. ». Et là, aujourd'hui, dans cette tente, face à ce Romain qui m'a reçu avec tous les signes d'amitié et de respect, face au représentant de la puissante République de

Rome qui m'aide à restaurer l'intégrité de mon pays, face à l'amer reproche de parjure, moi, Diviciac, druide des Éduens, j'hésiterais plus longtemps à retrouver le chemin de la morale et de la dignité ? Honte ! Honte à moi, honte à Lisc, honte à mon peuple, si je me tais plus longtemps !

Alors ses paupières se lèvent doucement, il tourne lentement la tête à gauche vers Lisc, le vergobret des Éduens, le chef élu détenteur de toute autorité, le seul à pouvoir parler à César en cet instant. Leurs regards se croisent. Inclinant doucement la tête une seule fois, l'homme des dieux libère le chef des hommes.

Lisc, rasséréné, laisse alors échapper un flot de paroles !

— Général, je vais tout te dire ! Il y a, chez nous, des personnages dotés d'une influence considérable sur mon peuple, bien supérieure, en tous cas, à l'autorité des chefs et des druides. Ils tiennent leur pouvoir de l'argent grâce auquel ils achètent les consciences comme on fait son marché. Ils agissent contre la volonté des dieux, mais les dieux ont la tête ailleurs ! C'est par l'argent qu'ils cherchent à arriver à leurs fins. Et leurs fins, c'est le pouvoir, le pouvoir absolu, par-dessus nos institutions, par-dessus nos assemblées, notre clergé, par-dessus le chef que les Éduens se donnent librement toutes les douze lunes.

Plus Lisc s'exprime, plus s'efface la nervosité qui lui fouaillait les tripes depuis qu'il avait pénétré dans la tente de César. Il poursuit, debout, marchant de long en large devant les Romains attentifs et médusés.

— Ces personnages, ambitieux et calculateurs, vont de ville en ville, de village en village, porter leur message de sédition, de révolte. Ils disent : « Braves gens, les Romains sont entrés en pays éduen. Ils ont asservi la Gaule du sud pour en faire une province de leur république et rançonner nos frères. Les voici chez nous, maintenant. Nous ne voulons pas, vous ne voulez pas, devenir les esclaves de Rome. Quitte à être dominés, s'il faut l'être un jour, mieux vaut que ce soit par des Gaulois, voisins et amis, que par des Romains, lointains et ennemis. N'en doutez pas ! Si les Romains l'emportent sur les Helvètes, c'en est fini de votre liberté ! Voyez les Allobroges, les Tolosates, les Massiliens, tous sous la botte ! Voyez les Caturiges et les Helviens, les Rutènes et les Garites : ils sont romains avant que d'être gaulois ! Si vous refusez cet esclavage, il faut arrêter les légions : vous en avez le pouvoir, vous en avez les moyens. Il vous suffit d'en avoir la volonté. Affamez-les et ils partiront. N'apportez pas votre blé aux collecteurs de Lisc, ne vendez pas votre viande, planquez vos récoltes ! ». Voilà le discours que tiennent ces gens aux villageois et aux fermiers. Et, pour bien se faire comprendre, ils menacent !

Pendant près d'une minute, les yeux fixés au sol, le roi des Éduens déambule lentement. Puis, d'une voix soudain éteinte, il poursuit.

—Ils sont venus me voir, moi leur chef, moi le vergobret, moi l'élu de tout un peuple. Ils ont osé me proposer un marché indigne, ignoble : ma neutralité contre un plein chaudron de philippes d'or et un autre de potins d'argent, en même temps que longue vie pour mes femmes, mes enfants et mes serviteurs ! J'aurais dû tirer mon épée et les embrocher tout vif, accrocher leurs têtes encore saignantes au linteau de ma porte et jeter leurs charognes aux loups. J'aurais dû offrir des sacrifices à Ésus pour qu'il me donne le courage de résister. J'aurais dû savoir être digne de ma race, de mon sang ! Je n'ai rien fait de cela ! J'ai eu peur ! J'ai fait celui qui ne savait rien ! J'ai fermé les yeux !

Sa voix n'est plus qu'un murmure.

—Procillus, ne dis pas à Rome que les Éduens sont des couards sous prétexte que leur chef a failli et montré de la lâcheté en cet instant. Ce serait injuste pour mon peuple et tu ferais le jeu de nos ennemis !

Il se rassied.

César le politique, César qui a observé et souvent participé à bien des manœuvres pour la conquête du pouvoir à Rome, César qui sait jauger les hommes et peser les sentiments, pense avoir deviné le nom de celui qui se cache derrière la confession anonyme de Lisc. Il lui faut cependant en être sûr.

— Roi Lisc, nous sommes conscients du poids de tes révélations et impressionnés par ta droiture. Je n'avais pas de doute quant à la solidité de ton amitié. Je te remercie de tes propos et, je le dis sans fard, de ton aveu. Maintenant que nous savons que les choses vont changer, nous pouvons lever la séance !

César se met brusquement debout et se rend à la porte de la tente dont il soulève lui-même le pan de toile.

— Procillus, mène nos invités à leur tente !

À la file, sans échanger une parole, un peu interloqués par la soudaineté de cette conclusion, Romains et Gaulois sortent. Au moment où Lisc va franchir la porte, César lui pose la main sur l'épaule.

— Reste encore un instant, veux-tu ?

Les lieutenants et les généraux s'éloignent. Procillus hésite. Diviciac également. César, d'un signe, leur fait savoir qu'il désire s'entretenir seul à seul avec Lisc. Procillus prie amicalement le druide de le suivre cependant que les murs de toile se referment sur la silhouette des deux chefs rentrant côte à côte dans la tente prétorienne.

Sous le plafond d'une blancheur laiteuse, que soulignent les lampes à huile, l'atmosphère, sereine désormais, incite les deux hommes à se départir de la raideur qui avait guindé la réunion jusqu'alors. Le généralissime prend Lisc par le coude et l'invite à s'asseoir dans l'un des fauteuils rembourrés et moelleux qui entourent le guéridon bas au piétement de corne de buffle. Ils s'installent dans le coin le plus reculé de la pièce. L'eau mêlée de vin que César tire d'une aiguière est fraîche et parfumée. Il sert deux gobelets, en présente un à Lisc, puis s'assied à son tour, boit une gorgée et s'adresse à son invité. Sans détour comme à son habitude !

— C'est Dumnorix, n'est-ce pas ?

Lisc n'est pas surpris. Il y a quelques minutes encore, il aurait nié bruyamment en s'agitant en tous sens. Ces mensonges sont terminés, maintenant !

— Oui ! C'est lui ! répond-il le plus simplement du monde.

— Explique-moi !

— Tu connais Dumnorix, Général. Il est le commandant de ta cavalerie !

— Je l'ai vu à l'œuvre ! élude César.

— Il appartient à une famille noble influente de la région de Châlon[2]. Il est venu, très jeune, à Bibracte, sur les traces de son frère. Il a grimpé un à un tous les échelons de la vie politique : d'abord magistrat, puis il a siégé à l'assemblée, et enfin le rix a fait de lui un membre de son Conseil privé. En quelques années, il a étendu son influence de manière considérable. Il a été élu vergobret, il y a cinq ans et, depuis, il a été régulièrement réélu chaque année, jusqu'à ce qu'il décide, il y a quelques mois, de ne pas briguer un sixième mandat. Lors de sa dernière élection, on a estimé sa clientèle – famille, obligés et appuis de toutes sortes – à quelques vingt mille personnes !

— Comment a-t-il acquis cette influence ?

— D'abord, c'est un homme intelligent. Pendant des années, il a accompli un travail formidable : il a rédigé et fait voter par l'assemblée un très grand nombre de lois, la plupart excellentes. Il s'est bâti, là, une solide réputation de juriste qui l'a amené à être consulté fréquemment par les familles les plus nobles de tout le pays. Ensuite, il est séduisant : grand, beau parleur, habile. Lorsqu'il était plus jeune, les femmes étaient attirées par lui comme des phalènes par la chandelle. Il en jouait. Par leur intermédiaire, il s'est créé des entrées dans de très nombreuses familles. Avec les rides, son pouvoir de séduction n'a pas cessé : il a simplement changé de cible !

— Tu me dépeins l'homme idéal ! constate un César rêveur qui voit défiler devant la scène de sa mémoire les innombrables conquêtes de son propre passé de séducteur.

— Pas exactement, César, car malheureusement pour lui, et pour nous, il met ces traits au seul service d'une ambition individuelle démesurée. C'est elle qui l'a mené à sa trahison d'aujourd'hui. Pour servir cette ambition, il s'est acquis une petite fortune par des moyens peu avouables : en plus de ses charges publiques, il s'est fait attribuer pendant quelques années la fonction de percepteur des taxes, droits, péages et autres contributions du pays ! On a vu soudain sa fortune personnelle enfler ! Il s'est mis à dépenser sans compter, à prodiguer des largesses, à acheter des amitiés, des appuis, bref, il est devenu le personnage le plus en vue de la capitale, menant grand train, ami de tous.

— Pour quelle ambition ?

— La domination de la Gaule, tout simplement !

— Comment cela ?

— Etre rix des Éduens ne lui suffit pas ! Son projet, c'est une vaste coalition. Il vise à s'associer avec les Bituriges au couchant – on l'a beaucoup vu à Bourges [3] ces dernières années –, et avec les Séquanes au levant.

César réfléchit à toute allure. La carte de la Gaule, gravée dans sa mémoire, lui est aussi familière que le plan du Champ de Mars.

— Je vois ! Une fois maîtres de tout le milieu de la Gaule, les Éduens de Dumnorix n'auront aucun mal à dominer les Arvernes, coincés d'un côté par la Province et de l'autre par les nouveaux maîtres gaulois ! Et, pour achever le plan, il pactise avec les Helvètes. En effet, ceux-ci servent son projet dans n'importe quelle circonstance : s'ils restent dans leurs montagnes, la coalition s'appuie loin vers le levant. S'ils déménagent entre Loire et Garonne, l'entente barre le pays tout entier jusqu'à l'océan.

— Le plan est habile ! commente Lisc qui voit avec admiration fonctionner la machine cérébrale de César.

— Je comprends mieux l'accord donné aux Helvètes pour traverser le pays.

— Évidemment ! Et ce n'est pas tout ! Chez toi, à Rome, les alliances de familles, de tribus, de peuples, se font à coup de mariages. Eh bien, chez nous, c'est exactement pareil. Avec beaucoup de clairvoyance et de cynisme, Dumnorix a joué de cette corde et s'est fabriqué des alliances. À la mort de son père, il a fait épouser à sa mère l'un des nobles les plus puissants et les plus riches du pays des Bituriges : voilà pour l'ouest ! Il a marié sa tante à un Séquane : voilà pour l'est ! Et pour faire bonne mesure, il a lui-même épousé une Helvète !

César sourit devant l'astuce et le sens politique que manifeste l'ancien vergobret.

— Que penses-tu de son projet, toi, Roi Lisc ?

Lisc prend un moment pour donner réponse à une question qu'il s'est lui-même posée des milliers de fois.

— Il y a du bon dans ce que défend Dumnorix ! Son côté « La Gaule aux Gaulois » n'est pas plus dénué de sens que « Rome aux Romains » ou « Athènes aux Grecs ».

César ne cille pas.

— Seulement il s'y prend mal : au lieu de jouer franc-jeu et de viser l'union, il divise, complote, achète, renverse ! Veux-tu mon opinion réelle, César ?

— J'allais t'en prier !

— C'est Rome qui détient la clé du problème ! Le projet de Dumnorix sera jugé bon ou mauvais en fonction du comportement de Rome !

— Explique-toi !

— Si Rome écrase et conquiert, Dumnorix vaincra ! Si Rome aide et laisse vivre, Dumnorix perdra !

— À ton avis, peut-on s'entendre avec lui ?

— J'en doute fort ! Sous des airs conciliateurs, parfois patelins, il vomit tout ce qui freine son ambition ! Aujourd'hui, l'obstacle le plus pesant, c'est toi ! Dumnorix voue aux Romains en général, et à toi en particulier, une haine farouche, implacable !

— Comment l'expliques-tu ?

— Il avançait ses pions tranquillement, un par un ; il avait délaissé la charge de vergobret, qui lui était tout acquise, pour prendre du recul, rentrer un peu dans l'ombre et se faire oublier avant de frapper un grand coup. Il s'était acheté une cavalerie et une garde personnelle. Ses alliances étaient solidifiées. Bref, tout était prêt pour la grande opération. C'est à ce moment-là que tu déboules avec tes légions en donnant des grands coups de sabots dans la fourmilière !

— Dumnorix sait s'adapter ! Il ne se voit pas encore battu, sans doute !

— Pas sûr ! Parce qu'entre temps, c'est son frère qui prend le dessus !

— Son frère ?

— Oui, son frère ! Diviciac.

— Quoi ? Le druide ?

— Oui ! Tu l'ignorais ?

— Absolument !

Grâce aux espions de Procillus, César connaissait depuis longtemps les liens de parenté entre Dumnorix et Diviciac. Inutile, cependant, d'aller dévoiler ses petits secrets ! Même à Lisc ! Surtout à Lisc !

— Les bons rapports de Diviciac avec Rome sont connus de toute l'élite politique éduenne, explique le roi des Éduens. L'amitié qui lie nos deux peuples est réelle et approuvée par le plus grand nombre, au moins par ceux qui n'ont pas vendu leur opinion pour quelques statères d'or ! Avec l'affaire des Helvètes, qui fait grand bruit chez nous, Diviciac, longtemps éclipsé par le clinquant de Dumnorix, est revenu sur le devant de la scène. Désormais, non seulement il fait de l'ombre à son frère, mais, d'une certaine manière, il devient un obstacle au développement de son projet d'hégémonie. Si jamais sa coalition échoue, Dumnorix n'aura de cesse que de récupérer la couronne qui ceint mon front aujourd'hui. Or il s'est publiquement opposé à la décision de faire appel à Rome contre les Helvètes, alors que son frère, le druide, soutenait la position diamétralement opposée ! À voir comme tourne la situation et les dégâts causés aux villages et aux campagnes, des deux, celui qui a la faveur populaire aujourd'hui, c'est Diviciac. Ce n'est pas douteux !

César a compris la situation. Inutile d'en dire plus. Il se lève, remplit à nouveau le gobelet qu'il tend à Lisc. Ses yeux lancent des éclairs :

—Roi Lisc, ce que tu viens de m'apprendre m'indigne ! Je pourrais sacrifier Dumnorix de ma main, ici et maintenant, de sang froid, sans aucun scrupule, comme je l'ai fait, jadis, des pirates de Pharmacoussa [4]. Il trahit son peuple et s'oppose à Rome : le glaive qui le tuera deviendra un objet de culte sur les bords de l'Arroux comme sur les rives du Tibre. J'hésite cependant. Oh ! Pas par faiblesse ! Encore moins par crainte de je-ne-sais quelles représailles ! Non ! J'hésite en raison du druide. Avant de décider, il faut que je lui parle.

Tandis que les Éduens, retirés tous deux sous une tente dressée sur le forum, parlent longuement, Procillus et Labiénus ont rejoint César dans ses appartements. Pour ses compagnons, et comme pour mettre de l'ordre dans ses propres idées, le généralissime brosse un tableau rapide et concis de la situation. L'enjeu apparaît dans toute sa clarté.

—Ces Gaulois sont invraisemblables ! On croit les avoir circonscrits, et il se trouve toujours une partie en désaccord avec une autre, un groupe pour s'opposer, une faction pour batailler. Ah ! Le vieux Posidonios avait raison de dire que ces gens ont la manie de la guerre [5] ! Maintenant que nous connaissons un peu mieux le caractère de ce traître de Dumnorix, ainsi que son projet, je veux que vous m'apportiez toutes les informations que vous pourrez rassembler sur lui. Toi, Labiénus, va voir du côté de la cavalerie. Fais parler les soldats, mais pas les Éduens ! Je veux tout savoir sur les événements d'avant-hier. Dumnorix n'a que le mot piège à la bouche ! L'explication est un peu courte, à mon sens, pour la raclée qu'il a reçue ! Toi, Procillus, renseigne-toi immédiatement sur le vrai rôle joué par Dumnorix dans les tractations entre les Helvètes et les pays traversés. Je veux savoir l'objet réel des pactes entre les tribus : qui a promis quoi à qui. Tu vois ? Tu as un homme chez les Helvètes ?

— Oui, Général ! Il s'appelle Marmilas.

— Je me souviens. Fais-le venir, et tire de lui autant que tu peux.

NUIT DU 6 AU 7 JUIN -58

UN ÉTRANGE CAVALIER

L'exode helvète fait halte pour la nuit. Contrairement aux Romains, ici, on n'élève pas de palissade de pieux, on ne creuse pas de fossés, on ne construit pas de talus. Ni miradors, ni tours de guets, ni aucun de ces ouvrages défensifs derrière lesquels les légions de la puissante armée de Rome trouve un repos sous surveillance. Non ! Chez les Helvètes, on dort là où on s'arrête, tout simplement. En famille, on allume un feu au centre du cercle délimité par les chariots, on dételle les chevaux de traits et les bœufs, les femmes préparent le dîner – une sorte de brouet épais qu'on mange avec les doigts dans des écuelles de bois, accompagné de viande séchée et de galettes de blé –, et on s'endort à même le sol, la saie, cette sorte de cape de laine si pratique, en guise d'oreiller. Chaque famille organise sa propre sécurité. L'ensemble du campement est néanmoins placé sous la protection de guerriers qui assurent une veille en armes permanente, à pied et à cheval.

Le jour commence tout juste de poindre lorsque le veilleur Sarunète l'aperçoit. L'homme a pris son quart très peu de temps après que le croissant de lune a quitté son zénith. Depuis, à cheval, il parcourt dans les deux sens, au pas et en armes, le demi-kilomètre de prairie longeant le camp des soldats, qui lui a été affecté. Une luminescence diaphane veinée de rouge allume maintenant le levant tandis que la lune disparaît derrière les cimes de la forêt d'ormes qui protège l'armée d'Harilac contre une attaque inopinée, latérale et nocturne. Le veilleur Sarunète suit des yeux un cavalier qui trotte dans le sous-bois en direction de l'arrière. Une longue cape sombre, dont les pans se relèvent sans cesse, peine à dissimuler le bleu agressif de la tunique. Curieusement, les sabots de son cheval ne font aucun bruit sur le sol durci. Leurs regards se croisent soudain. Comme piqué par une guêpe, le cavalier donne à sa monture plusieurs violents coups de talon et, au galop, s'enfonce profondément dans la forêt. Le veilleur dispose d'ordres stricts : interdiction absolue de quitter son va-et-vient jusqu'à la relève. Le Sarunète s'y conforme.

7 JUIN -58

DES INFORMATIONS DE PREMIÈRE IMPORTANCE

Dans le camp romain encore endormi, un rai de lumière jaune dépose au sol sa trace triangulaire. Il provient de la tente de Procillus, dont la portière de toile, à demi relevée, évacue la fumée poisseuse des lampes à huile qui ont brûlé une partie de la nuit. Le visiteur de Procillus vient tout juste d'arriver. Un fruit, un gobelet d'eau, les salutations et politesses d'usage, et les deux hommes commencent à parler.

— Que pense-t-on de Dumnorix, au grand Conseil ? demande Procillus.

— Il est tenu en haute estime par Ségorix ! répond l'homme.

— Qu'est-ce que ça signifie, « haute estime », pour un Helvète ?

— Ça veut dire qu'on lui accorde le respect que l'on doit à un *alter ego*, et peut-être même davantage !

— Tu veux dire que Ségorix et lui sont sur le même pied ? Pourtant, Ségorix est roi, et Dumnorix n'est plus vergobret !

L'homme garde le silence une fraction de seconde, le temps de réajuster sa tunique bleu vif.

— À en croire Ségorix et ses compagnons, Dumnorix pourrait bien devenir roi de la Gaule tout entière, dans un proche avenir ! Écoute, Procillus ! Je t'ai déjà fait un rapport sur le voyage que Camilas, le plus proche lieutenant de Ségorix, a effectué auprès de Dumnorix, puis de Castix le Séquane.

— Oui, mais tu ne m'as parlé alors que de droit de passage sur les territoires. Ce n'est pas avec cela qu'on devient roi de toute la Gaule !

— Il y a deux jours, j'ai surpris une conversation au moment où j'arrivais dans la tente de Ségorix. Pendant le combat des cavaleries, un homme – un gaulois d'après sa tenue – a profité de la confusion pour remonter la colonne et demander à parler au roi. Il venait de la part de Dumnorix. Il expliquait au roi que « le coup des vivres fonctionnait à merveille » – ce sont les termes du gaulois – et qu'il faudrait s'en souvenir contre les Arvernes le moment venu. Je n'en sais pas plus. Quelqu'un est arrivé à ce moment-là. Ségorix a interrompu sa conversation. Il a juste dit « La roue de Taranis va tourner pour nous ! Nous allons accomplir de grandes choses ! Salue ton maître et transmets-lui mon respect ». L'homme est passé devant moi est il est reparti.

— Voilà une information de première grandeur, Marmilas. C'est exactement ce que César souhaite connaître. Il saura te récompenser, crois-moi ! Maintenant, il te faut être extrêmement prudent. Passe la journée ici : tu rejoindras ton camp à la nuit ! C'est plausible ?

— Oh oui ! Beaucoup quittent la colonne pendant des heures pour chasser ou acheter de la nourriture dans les villages voisins. Si Ségorix m'a cherché, je lui raconterai une histoire ! Il n'y verra rien !

7 JUIN -58

TRAHISON

L'armée romaine a replié le camp. Chaque légionnaire a repris son barda, ses provisions, ses armes, son pieu[6]. Les bagages ont été remontés dans les chariots. Les groupements s'opèrent mécaniquement, comme il sied à des ensembles bien rodés : décuries, centuries, manipules, cohortes. Au signal, on s'ébranle. Dans l'ordre et la discipline. Trois légions en tête, puis les bagages, puis trois légions en queue. La cavalerie se partage : deux mille cavaliers avec les légions de l'avant-garde, mille à l'arrière. Le reste de la cavalerie assure les liaisons de chaque côté de l'imposant convoi militaire.

Ce jour ressemble au précédent, qui ressemblait au précédent. Voilà six jours que les légions de César suivent la colonne helvète à bonne distance, une dizaine de kilomètres, pas plus, parfois un peu moins lorsque la cadence ralentit. Après la récente et peu brillante escarmouche de la cavalerie, l'instruction de César – éviter tout contact avec l'ennemi – est suivie à la lettre.

La journée s'écoule, monotone, habituelle. On a parcouru quatre kilomètres, on s'arrête pour la nuit. On dresse le camp. Attablés devant l'ordinaire du légionnaire – il ne veut pas d'autre cuisine que celle qui nourrit ses soldats – César confère avec Labiénus et Procillus.

— L'affaire est claire, Général ! commence Labiénus. Nous étions mille, ils étaient trois cents ! Nous étions armurés, ils étaient à moitié nus ! Nous étions disciplinés, ils étaient sauvages ! Nous écoutions les ordres, ils hurlaient comme des déments ! Aucun piège là-dedans ! Le terrain était difficile : nous dans la forêt, eux dans la clairière. Après quelques pertes initiales, inévitables, les nôtres ont commencé de prendre le dessus et de submerger les Helvètes. Nos cavaliers étaient sur la voie de la victoire. Ils s'apprêtaient à procéder à un carnage en règle lorsque Dumnorix a sonné la retraite, comme ça, tout d'un coup ! Dans la pagaille qui a suivi cet ordre incompréhensible à beaucoup, les Helvètes se sont repris et ont taillé dans les fuyards. Nous avons perdu cinq cents hommes. Je tiens ce récit de cavaliers parthes. J'ai croisé les informations avec des guerriers romains qui ont participé au combat. Tout concorde !

— Qu'en déduis-tu, Labiénus ?

— Dumnorix aurait voulu que la cavalerie se fasse tailler en pièces qu'il n'aurait pas agi autrement.

— C'est mon avis aussi !

César aime croiser ses intuitions avec l'opinion d'hommes de confiance. Il avait de forts soupçons sur la duplicité de Dumnorix, que l'avis de Labiénus lui permet de conforter. De plus, tout ceci concorde assez bien avec les révélations faites par Lisc deux jours auparavant.

— As-tu du nouveau, toi, Procillus ?

— Oui, Général ! J'ai vu Marmilas à l'aube. Dans l'entourage de Ségorix, on confirme en tous points ce que Lisc t'a dit : Dumnorix mène le jeu ! Il a négocié directement avec les Séquanes et les Helvètes. Ensemble, ils comptent régler leur compte aux Arvernes et s'emparer de la Gaule tout entière. Ségorix parait inféodé à Dumnorix.

— Il n'est plus permis d'hésiter ! conclut César. Il faut empêcher ce traître de nuire. Son projet contrecarre directement les visées de Rome sur la Gaule transalpine.

— Je peux le faire éliminer à la minute sur un ordre de toi ! propose Procillus.

— L'éliminer… bien sûr… Mais le remède serait plus dangereux que le mal !

— Tu veux éviter d'en faire un martyr, c'est ça, Général ? interroge Labiénus.

— Oui ! Mais pas uniquement !

— Explique-toi, Général ! demande Labiénus.

César, les mains dans le dos, fait quelques pas,

revient, puis repart, comme si cette démarche du lion en cage pouvait aider à sa réflexion et lever d'un coup l'hésitation qui le saisit parfois au moment des décisions importantes. Ses compagnons observent le manège en silence. Quelques aller-retour plus tard, César reprend.

— À Bibracte, chez les Éduens, l'actuel vergobret pèse peu : c'est un chef de circonstance, dit-on. Le jeu du pouvoir se joue, en réalité, entre les deux frères. Diviciac, le druide, est entièrement acquis à la cause de Rome. Dumnorix, l'ambitieux, y est farouchement opposé. Suffit-il de faire disparaître l'un pour satisfaire l'autre ? Au premier abord, oui ! À la réflexion, sans doute pas, et je suis enclin à dire sûrement pas ! Ils sont frères ! Voilà le problème. Diviciac est le plus droit des hommes, le plus fidèle des amis, le plus dévoué des alliés. Mais il est, par-dessus tout, un homme d'honneur. Chez les Gaulois, l'honneur familial prime tout, n'est-ce-pas Procillus ? Si je supprime Dumnorix, le risque de m'aliéner Diviciac est considérable ! Je pourrais toujours justifier mille fois mon geste en démontrant la traîtrise de l'un, l'autre, sans doute, m'en voudra à mort et, plus important, en tiendra Rome pour responsable. Nous perdrons alors un ami, nous perdrons sûrement un allié, nous perdrons peut-être la Gaule ! Peut-être…

Il reprend ses cercles, les mains dans le dos. Plus pour lui-même que pour ses lieutenants, César s'interroge.

— Comment savoir… ?

De longues minutes s'écoulent, silencieuses et pesantes.

— Demande-le lui ! suggère Labiénus, à mi-voix, conscient d'entrer sur la pointe des pieds dans un monologue intérieur qui ne lui appartient pas.

Comme piqué par cette évidence, César se redresse et fixe son lieutenant. Sa décision est prise.

— Lui demander… ? Mais oui ! Excellent ! Labiénus, je loue ta clairvoyance ! Nos deux amis, Lisc et le druide sont-ils toujours avec nous ?

— Oui Général ! répond Procillus. Comme nous nous dirigeons grosso modo vers Bibracte, ils ont tenu à faire route en notre compagnie.

— Parfait ! Procillus, demain matin, tu iras trouver le druide, et tu lui diras que je souhaite le voir. Ne me ramène pas Lisc, surtout ! Celui-là, je l'ai déjà confessé !

NUIT DU 7 AU 8 JUIN -58

UN ESPION DÉVOILÉ

Le soir tombe. Après un dernier salut à Procillus, Marmilas quitte le convoi de l'armée romaine pour rejoindre les Helvètes.

Une récompense de César ! C'est bien le moins

qu'il puisse faire ! Après la victoire, Procillus me donnera peut-être un ou deux prisonniers comme esclaves, de la part du général en personne ! Ou de l'or, beaucoup d'or !… Non ! C'est César lui-même qui me donnera une récompense !

Marmilas chevauche au petit trot, sa cape grise serrée autour de ses épaules.

Lorsque j'arriverai à la forêt, là-bas, je marcherai à l'abri du sous-bois, comme à l'aller. César lui-même ! Il sera vainqueur après une sacrée bataille. Je lui aurai fait passer beaucoup d'informations : la tactique de Ségorix, les ruses d'Harilac, la composition du convoi, l'emplacement des forces. Ah oui ! Attention ! Il y avait un veilleur, à l'aller ! Surtout ne pas me faire voir ! J'ai encore un peu de temps ! Il y aura tous les généraux romains, les lieutenants, peut-être même un ou deux sénateurs venus tout exprès de Rome ! César sera assis, en majesté, comme sur un trône. La forêt ! Allez, je m'enfonce un peu ! Alors, il me fera signe d'approcher ! Non ! Il m'appellera ! C'est ça : il m'appellera ! S'enfoncer, mais pas trop ! Je n'ai pas envie de perdre la bonne direction dans ce noir ! Par mon nom, devant tout le monde ! Procillus sera fier de moi ! Il a toujours cru en moi, Procillus. Il est familier avec César, lui ! Ah ! par Ésus ! On n'y voit rien ! Attention de ne pas prendre une branche dans l'œil. « Vaillant Marmilas, approche ! ». Ça aura de l'allure ! Le grand César m'appelle par mon nom. Sa voix : « Tu as rendu à

Rome un service inestimable ! » Je m'approche du trône ! Terriblement intimidé ! Mais la fierté me donnera la force nécessaire ! Derrière le généralissime, une rangée de légionnaires rend les honneurs ! Pour moi ! Et seulement pour moi ! De chaque côté, des sonneurs de buccin. Et là, devant moi, César en personne ! Un bruit de branche cassée sur ma droite ? Bah ! Les buccins ! Et les trompettes ! Tataratata ! Tataratata ! Ce sera mon triomphe ! Encore des branches cassées ! César se lève comme j'arrive ! Tu imagines, Procillus, il se lève pour moi ! Regarde, Procillus, je…

— Arrête, Cavalier !

L'ordre est impératif, la voix, grave ! Ils sont nombreux, trente ou quarante, je ne sais pas, surgis de nulle part ! Celui qui a parlé saisit la bride de mon cheval. Un autre, d'une bourrade, me jette à bas. C'est soudain comme un éclair ! Ce cercle autour de moi ! Je me suis fait mal à l'épaule droite en tombant. Ma tunique bleue se déchire contre une branche de buisson épineux. Comme ils sont hauts, juchés sur leurs montures !

— D'où viens-tu ?

La voix est rauque, et le ton, rude.

— De… la chasse !

— En manteau ?!! Où est le gibier ?

— Je n'ai rien pris !

— Où sont tes armes de chasse ?

— …

— Tu mens ! Qui es-tu ?

— Je suis Marmilas, le conseiller personnel du roi Ségorix le Grand.

Ils devraient être impressionnés, ces balourds ! Et me laisser partir…

— Parfait ! Harilac veut te voir !

— Mais… pourquoi ?

Volatilisés, César et les honneurs. Une angoisse drue, violente, soudaine s'empare de ses tripes et les tord. Ses muscles ne lui obéissent plus. Dans le même mouvement, un flot de bile submerge sa gorge cependant qu'il défèque dans ses braies. Calmement, sur un signe du questionneur, un cavalier met pied à terre. D'une seule main crochetée dans sa chevelure, il redresse Marmilas qui ne peut retenir un cri de douleur lorsque son épaule blessée heurte la formidable poitrine de l'homme. On lui arrache son manteau. Il frissonne. Une lanière de cuir lui enserre les deux poignets. Une odeur infecte : la sueur, la peur, les excréments ! On fixe à son avant-bras droit un lourd bracelet de bronze serti d'une chaîne dont l'extrémité, quatre mètres plus loin, est amarrée à la selle de son questionneur. On se met en route. Marmilas trottine pour garder la cadence de l'animal. Ce n'est sans doute pas à dessein que le cheval enjambe parfois de petits buissons de ronces, mais le cavalier ne fait rien pour les éviter. Déchirures, estafilades, entailles. Des trous dans la mousse le font chuter. Pour éviter d'être traîné, il se relève aussitôt et repart en titubant : le cheval n'attend pas ! Des basses branches lui labourent les tibias. Ne pas tomber ! La chaîne tracte son épaule meurtrie. Il n'a plus mal. La peur anesthésie la douleur. L'orée se profile. Derrière, c'est la plaine, et là-bas, tout là-bas, les feux de camp de l'arrière-garde, la cavalerie, Harilac !…

Le feu crépite. Le questionneur et ses hommes ont livré le prisonnier et prennent leur repas. En planque depuis midi, ils ont faim. Une carcasse grésille sur la broche. Les chevaux broutent sagement à distance. La colonne est arrêtée pour la nuit, à moins d'un mille vers le couchant. Marmilas est assis, comme les dîneurs, les mains toujours ligotées.

— Hier soir, c'était toi ? questionne Harilac, sans même regarder le prisonnier. Il mord debout dans une pièce de viande sanguinolente qu'il tient à pleines mains.

— Je ne comprends pas !

Une formidable gifle jaillit de la pelisse de bouc et couche Marmilas par terre. Il se redresse. Son arcade sourcilière, éclatée, laisse dégouliner un filet de sang sur sa joue.

— Hier soir, dans le sous-bois, un cavalier, à la nuit tombée, le veilleur t'a vu !

Harilac dévide ces évidences comme si la réponse lui importait peu.

Inutile de nier, se dit Marmilas !

— Je… partais chasser !

Une deuxième gifle part. De l'autre côté.

— Il se fout de moi, en plus !

Harilac, prenant ses compagnons à témoin, éclate d'un rire formidable, se penche vers le feu et saisit une broche. Marmilas, les yeux fous de terreur, la mâchoire en sang, s'agite en tentant de reculer. Un violent coup de pied dans les reins stoppe net son mouvement. Il n'avait pas vu les deux gardes, debout derrière lui ! Harilac s'approche. Doucement, presque affectueusement. Sans prononcer un mot, il pose la broche à la base du cou, un peu comme on adoube un chevalier. Un grésillement ! Un nuage de graisse vaporisée ! Le hurlement inhumain monte en vrille jusqu'aux étoiles en même temps qu'un remugle de chairs brûlées mêle ses âcretés au fumet du chevreuil rôti.

— Le prochain coup, c'est l'œil gauche ! prévient Harilac, d'une voix indifférente.

Un filet de bave serpente sur le menton de Marmilas, dégouline en stalactite et finit sa course sur la belle tunique bleue maculée de sueur et de sang. Marmilas pleure doucement, sans bruit, sans hoquet. La douleur, la honte et la vision de sa mort inéluctable lui arrachent de grosses larmes qui creusent de curieux sillons dans la poussière qui recouvre son visage.

— Où étais-tu, aujourd'hui ? interroge Harilac, décidément peu sensible aux états d'âme du conseiller particulier du roi.

— Ils… m'ont obligé… balbutie Marmilas.

— Qui ? tonne le géant en brandissant sa broche.

— Les… les romains…

Harilac en a terminé. Il se retourne, jette la broche dans les braises, demande à un aide d'apporter un cheval et d'y poser Marmilas en travers de la selle, poignets liés aux chevilles par en dessous du ventre de l'animal. Il enfourche son grand cheval noir. L'un tenant l'autre, les deux hommes s'enfoncent dans la nuit en direction de la tête de la colonne.

8 JUIN -58

DIVICIAC FACE À CÉSAR

Les trois hommes se sont isolés de l'armée en marche. À quelques pas, leurs chevaux sont gardés par le groupe de légionnaires qui assure leur sécurité. Le timon du chariot qui transporte la tente prétorienne et le mobilier du généralissime repose dans l'herbe. Au bord du ruisseau, maigrelet mais chantant, une table dressée supporte un plateau de galettes de blé et de fruits secs. D'un village voisin, l'ordonnance de César a ramené un tonnelet de cervoise.

— Druide, j'ai souhaité te parler en présence de Procillus. Comme toi, il est Gaulois. Comme toi, c'est un homme juste. J'ai en lui une confiance absolue. S'il m'arrive de m'exprimer un peu trop « à la romaine », il saura décoder à ton intention !

Il sourit à Diviciac. Ah, ce sourire, qui a fait fondre bien des cœurs du temps de sa jeunesse oisive et dorée, qui a trompé bien des maris pour asseoir sa position à Rome, qui a mobilisé et entraîné bien des hommes à sa suite ! Ici, point de séduction factice. Juste le besoin de mettre le druide à l'aise. Lui dire que la raison l'oblige à faire ce que le cœur refuse.

— Il y a trois semaines, tu es venu me demander aide et protection, Druide, et j'ai immédiatement amené mes légions. Les Éduens sont un grand peuple. Ils sont les amis de Rome et se sont toujours montrés loyaux. Voler au secours d'un ami est plus qu'un devoir, Druide, c'est également une joie dense, profonde. Les peuples, comme les hommes, peuvent être unis par d'autres liens que l'intérêt : ils peuvent partager un sentiment de fraternité. Ne le crois-tu pas ?

— Bien sûr, César ! Les liens d'intérêt sont éphémères et cessent dès qu'un seul juge qu'il n'y trouve plus son compte. Les liens d'amitié sont autrement plus durables, et parmi ceux-ci, les liens de fraternité sont les plus solides. Or, depuis très longtemps, Éduens et Romains sont « frères de même sang » [7].

— Malheureusement, tous les Éduens ne font pas preuve, à l'égard de Rome, de la loyauté et de la franchise qui doivent présider aux rapports entre nos deux peuples. Le roi Lisc nous en a fait l'aveu l'autre jour, en ta présence.

— Je n'ai pas oublié !

— Celui qui sabote notre amitié, qui s'oppose à Rome tout en trahissant son peuple, Diviciac, je l'ai identifié. C'est… ton frère… Dumnorix !

Pas un trait du visage du druide n'a bougé. Comme à son habitude dans les moments de grande tension, il ferme les yeux et cherche en lui la force divine qui lui permet d'encaisser les coups. Sa canne est posée en travers de ses genoux ; en un geste circulaire et sans cesse renouvelé, il en caresse le pommeau sculpté en forme de tête de sanglier, l'animal fétiche des druides. À la minute présente, le choc vient moins de la révélation – il se doutait bien que César avait des soupçons – que de l'attente de la décision du Romain. Il la pressent violente et définitive, à la mesure de la menace que représente son frère pour Rome.

— Toutes mes informations concordent ! insiste César. C'est Dumnorix qui a négocié les pactes d'entente avec les Helvètes et les Séquanes, par-dessus la tête des autorités de ton pays. Il a peut-être également signé avec les Bituriges. C'est Dumnorix qui a donné des ordres, et qui use de la menace envers les paysans, pour que la distribution de vivres à mon armée soit sabotée. C'est Dumnorix, le personnage ambitieux, calculateur et séditieux dont parlait Lisc l'autre jour. C'est Dumnorix qui a manœuvré pour que ma cavalerie se fasse étriller par les Helvètes dans un combat pourtant gagné d'avance. De tout ceci, je détiens les preuves formelles. En ce qui concerne le gouvernement de ton pays, Diviciac, je n'ai aucune certitude absolue encore, mais il y a gros à parier que c'est Dumnorix qui a mis Lisc au pouvoir. Il peut ainsi mener ses opérations sans apparaître au grand jour et sortir gagnant de toutes les occurrences ! Si son coup d'État avec les Helvètes et les Séquanes réussit, il prend la tête de la coalition, récupère son autorité sur les Éduens et gouverne la Gaule ! S'il échoue, il se débrouillera pour que l'échec soit imputé à l'autorité en place, c'est-à-dire Lisc et toi.

Le druide, figé, garde le silence. César poursuit.

— La mission que je m'impose aujourd'hui est de celles qui me coûtent le plus : j'attaque un homme face à son frère, je brise le sceau familial. J'en mesure la cruauté ! Mais je dois le faire, Druide ! J'ai le pouvoir de décider du sort de Dumnorix ! Cependant, par respect pour ta droiture et amitié pour ta personne, je ne déciderai rien avant d'avoir entendu ce que tu as à me dire.

Diviciac regarde César dans les yeux. Maître de son apparence, nul ne pourrait soupçonner le tourbillon intérieur qui l'agite.

— Merci de cette marque d'amitié, Général.

Un silence…

— Tu ne m'as rien appris que je ne sache déjà ! Malheureusement ! Mon jeune frère Dumnorix s'est élevé par mon intermédiaire puisque j'ai dû suppléer l'absence de nos parents, morts jeunes. J'étais déjà un prêtre respecté, conseiller du vergobret, lorsque Dumnorix est venu me rejoindre à Bibracte. Il est devenu familier des puissants que je fréquentais. Jeune, son ambition déjà perceptible, le conduisait à sortir parfois du droit chemin pour arriver à ses fins mieux et plus vite que les autres. Il utilisait à l'envie la fortune familiale pour satisfaire sa volonté. J'ai vu sa dérive, j'ai observé ses manœuvres.

— Tu n'as rien pu faire pour le dissuader ?

— Il ne m'écoutait pas ! Il me respectait, mais n'en suivait pas moins sa voie.

— Aujourd'hui, quelle est la situation ?

— J'ai promis à mon père mourant de veiller sur Dumnorix : je me dois de respecter ce serment. Seule la mort pourra m'en délier ! Ensuite, bien que je ne partage aucune de ses convictions, il est mon frère et, sans doute en raison des liens qui nous ont autrefois unis, je garde pour lui une grande affection. Enfin, aux yeux de tous, nos deux noms continuent d'être indissolublement liés. Frères nous sommes, frères nous restons ! C'est notre destin !

— César, intervient Procillus, Diviciac veut simplement dire que la punition que tu choisiras d'infliger à Dumnorix rejaillira forcément sur lui. N'est-ce-pas, Druide ?

— Je n'ai aucun doute à cet égard ! Aussi élevée que soit l'estime qu'ils pensent juste de me porter, les nobles de mon pays ne croiront pas un instant que la disparition de Dumnorix – si c'est la sanction que tu imagines, César – ait pu être organisée à mon insu et, pire, contre mon gré. Dans l'esprit de tous, je serai complice, donc fratricide ! C'est le plus grave des crimes, devant les dieux comme devant les hommes !

Le druide se tourne vers le généralissime. Il le regarde à nouveau droit dans les yeux.

— César, je ne souhaiterais pas être à ta place. Par estime pour ta personne et par respect pour ta fonction, je ne te fais aucune prière, je ne te conjure pas, ni ne t'implore, je ne tente pas d'infléchir ta décision dans un sens ou dans l'autre, vers la clémence ou la sévérité. Décide en conscience ce qui te paraît le plus apte à concilier l'inconciliable. Je te sais gré, infiniment, de m'avoir ouvert le chemin de ton for intérieur : quelle que soit ta décision, la noblesse de ton geste me restera jusqu'à ma mort.

8 JUIN -58

CHÂTIMENT

Au petit jour, Harilac parvient à la tente de Ségorix. Les deux hommes, aussi hirsutes l'un que l'autre, se bourrent amicalement les omoplates de coups de poing. Situés chacun à un bout du convoi qui s'étire sur vingt kilomètres, ils n'ont que peu d'occasions de se voir. D'ordinaire, ils communiquent par coursier.

— Salut, Roi ! Ça fait foutrement du bien de se trouver à l'avant, chez les planqués !

— Salut Harilac ! Tu ne peux pas quitter un peu ta maudite pelisse ! Tu empestes, par Belenos !

Il éclate d'un énorme rire.

— J'ai chevauché toute la nuit. Je sue comme un porc qu'on égorge ! Et, en plus, j'ai une faim de loup ! Et j'ai soif !

Sur un claquement de mains de Ségorix, un esclave couvre la table de viande froide et de vin. Harilac s'empare d'une cruche et, refusant le gobelet de terre cuite que lui tend l'esclave, boit à même le pot de longues rasades de vin piquant. Il saisit un morceau de viande et plante dedans une double rangée de canines et d'incisives à impressionner un fauve.

— Je t'ai amené une surprise ! dit Harilac distraitement en arrachant avec les dents le quart d'un gigot de biche.

— Fais voir !

— Rassemble les compagnons et je te montre ! propose Harilac.

Intrigué, Ségorix obéit. Quelques minutes plus tard, sous la tente du roi, arrivent Camilas le lieutenant, Crilax l'homme de main, Artébax le druide, et les nobles, membres du Conseil privé. Nammée, Vérucloet, et le vieux Divicon sont également de la partie. Harilac se penche vers un esclave, lui glisse un mot à l'oreille et lui donne, de la main droite, une bourrade affectueuse sur la croupe pour le faire sortir plus vite. Il retourne piocher à pleines mains dans les plats pendant que l'esclave quitte la tente en courant.

Pressé de questions, Harilac refuse obstinément de parler tant que le moment n'est pas venu. Lorsque enfin l'esclave reparaît et pousse la tenture qui sert de porte à la tente, le petit groupe fait soudain silence. L'homme entre dans la pièce, traînant au bout d'une corde une forme courbée, sale, maculée de sang séché, une longue marque brunâtre et boursouflée dans le cou, la tête penchée vers le sol, dissimulée par l'épais rideau d'une tignasse crasseuse. Il amène le prisonnier au centre du cercle et se retire. Harilac s'approche de l'homme, saisit ses cheveux et, brutalement, lui relève le visage. En pleine lumière, les traits tuméfiés et bleuis sont reconnaissables.

— Marmilas… ! souffle Ségorix. Mais… ?

— Laisse-moi te raconter ! coupe Harilac.

Et il raconte…

Quelques cornes de vin plus tard, l'affaire est entendue.

— Crilax, débarrasse-moi de ça, tu m'as compris ! laisse tomber Ségorix.

L'exécuteur des basses œuvres saisit la corde qui lie les poignets de Marmilas. Sans se presser, ils sortent. On dirait deux vieux amis.

Ségorix profite de ce Conseil impromptu. Sept jours de marche consécutifs ont suffisamment désorganisé le convoi pour qu'il éprouve la nécessité de remettre de l'ordre dans sa colonne. Ses éclaireurs lui communiquent chaque jour la position des romains. L'armée de César le suit comme son ombre, à une dizaine de kilomètres. Hormis l'accrochage de l'autre jour, il ne s'est rien passé. Il ne se passe rien.

— Comment expliques-tu cela, Camilas ? interroge Ségorix.

— Difficile à dire ! répond le conseiller. Ils peuvent attendre du renfort…

— Non ! Ils n'ont pas hésité à nous rentrer dedans, sur la Saône. On y a laissé des plumes ! Ce n'est pas maintenant que nous sommes moins nombreux que les Romains vont se préoccuper de chercher du monde supplémentaire pour grossir leur armée !

— Ils peuvent choisir de ne pas nous attaquer. Les Éduens de Lisc les ont appelés à l'aide parce que les nôtres pillaient leurs villages. Peut-être se contentent-ils de nous menacer, tu sais, un message disant : « On est sur vos talons ! À la moindre bêtise, on vous tombe dessus ! ».

— Mouais ! Six légions pour cela ? À propos, où en est-on des fauteurs de troubles ?

— C'est réglé, dit Camilas. J'ai fait mon enquête : tes instructions étaient claires et pourtant, il y a eu pillage. En remontant la filière, je suis arrivé jusqu'aux meneurs : deux types un peu cinglés, des Germains qui avaient demandé le droit d'asile aux Latobriges. Là où ils sont, maintenant, ils ne nous gêneront plus !

— Bon ! Je ne m'explique toujours pas pourquoi les Romains n'attaquent pas ! reprend Ségorix.

— Ils n'ont pas fait donner la cavalerie uniquement pour nous chanter des odes ! intervient Harilac. S'ils craignaient de nous attaquer, ils seraient restés chez eux ! Seulement, on leur a mis une fameuse raclée, il y a quelques jours ! Ils peuvent être un peu échaudés maintenant ! Alors, ils se contentent de nous coller aux chausses !

— Avec ce que coûte de déplacer une armée, reprend Ségorix, je doute que Rome ait de l'argent à dépenser de cette manière ! Et, jusqu'où vont-ils aller ? Jusqu'au bout ? Coûteuse escorte !

— César attend peut-être des ordres de Rome ? hasarde le Tulinge.

— En Gaule, César est Rome ! explique Artébax, le druide.

— Alors, résume Camilas, il ne reste plus, comme explication, que le sabotage de l'opération de ravitaillement monté par Dumnorix. Il marcherait, et forcerait les Romains à la prudence !

— Peut-être… peut-être ! s'interroge Ségorix.

— La stratégie passe aussi par l'écuelle ! rappelle le vieux Divicon.

— Tu as peut-être raison, Général !…

Eu égard à son âge et à son glorieux passé, Ségorix s'attache à donner des marques de respect à Divicon.

— Quoi qu'il en soit, je n'aime pas sentir le souffle des naseaux romains sur mes omoplates. Je ne suis pas tranquille ! La malédiction de notre druide me hante : le cercle maléfique… la route nord… contrarier les dieux… ! Dans mes rêves, je vois des tourbillons, et des corbeaux qui s'en échappent, volant en tous sens… et des chênes géants dont les racines ressemblent à du feuillage… J'ai vu un aigle, immense, immobile : son aile gauche me cachait la lumière du soleil. Son ombre formait un croissant : on aurait dit la lame d'une faucille !

Le druide, attentif, se tait. Il fixe Ségorix d'un regard brûlant. Pas le moindre sentiment de triomphe, devant cet aveu public du chef ! Artébax ignore tout de la béate satisfaction d'avoir eu raison contre tout le monde ! Il montre aux hommes le chemin de la divinité ! Le druide n'est pas un homme de pouvoir terrestre, c'est un messager, le messager des dieux ! Ce n'est pas lorsque l'aveuglement des hommes s'efface qu'il triomphe, c'est lorsque leurs actions sont enfin conformes à la volonté des dieux.

Le monologue intérieur de Ségorix est terminé. En redressant la tête, il reprend.

— Je sens, dans mes tripes, que la bagarre ne va pas tarder ! Il nous faut absolument mettre de l'ordre dans notre convoi ! Resserrer les rangs, préparer le combat, protéger davantage nos chariots de vivres et de bagages ! Lorsque les Romains attaqueront, nous devons être prêts à les repousser et à les tailler en pièces. Que Taranis me tue si nous nous faisons surprendre sans être prêts !

— Difficile de mettre de l'ordre en marchant ! observe judicieusement Camilas.

— Alors arrêtons-nous ! Nous sommes au bord d'une rivière ; l'endroit est plat et commode. Cette montagne, à notre droite, nous protège d'une attaque en force des Romains par ce côté-ci. Compagnons, ne perdez pas de temps, regagnez vos tribus, organisez vos défenses pour être invulnérables ! Toi, Harilac, maintiens le gros de l'armée en arrière-garde face aux

Romains et assure-nous une défense infranchissable. Mais attention ! Notre halte doit durer juste le temps nécessaire. Pas plus de la journée de demain. Et pour rattraper le temps perdu, nous repartirons après-demain à l'aurore, dès le lever du soleil.

8 JUIN -58

CLÉMENCE

Une ordonnance a été priée d'aller chercher Dumnorix et le ramener immédiatement : le généralissime veut s'entretenir avec lui.

Perdus dans leurs pensées respectives, César et Diviciac tuent le temps en échangeant des propos anodins.

Stature fière et allure décidée, le commandant de la cavalerie se dirige au trot vers les deux hommes. La mèche en bataille barre partiellement un front droit et régulier, tanné par le soleil. Dumnorix est bel homme ! Il saute à bas de son cheval dont il confie les rênes à un légionnaire sur lequel il ne daigne même pas poser le regard, et s'approche d'un bon pas, le menton haut.

— Ave, Général ! Ave, mon frère !

S'il est surpris de voir Diviciac en conversation avec César, il n'en laisse rien paraître.

— Ave, Dumnorix ! dit César sans inviter le cavalier à s'asseoir sur le siège laissé libre par Procillus qui n'assiste pas à cette entrevue. Il est, en effet, préférable de ne laver le linge sale qu'en famille. Dumnorix se garde bien de la familiarité déplacée qui lui susurre de prendre place : il sait que l'injonction de rester debout serait cinglante.

Comme à son habitude, César ne s'embarrasse pas de fioritures. De plus, la posture de Dumnorix, frisant la morgue, lui tape sur les nerfs.

— De plusieurs sources, j'ai confirmation que tu envisages de te rendre maître de la Gaule. À cette fin, tu as pactisé avec les Helvètes et les Séquanes. Tu espères, au pire, la neutralité des Bituriges, et au mieux leur soutien actif. Dès que tu es prêt, tu dégringoles sur les Arvernes, et le tour est joué.

— Mais…

— Par ma présence, je te gêne ! Alors tu t'es arrangé pour que mon armée manque de vivres…

— Mais…

— … et, pour diminuer mes forces, tu as saboté un combat de cavalerie et fait mourir six cents bons et loyaux soldats.

César dévide ce discours du ton le plus neutre que peut revêtir l'exposé d'évidences non discutables : pas d'emportement, pas d'effets de manche, pas de rhétorique. Dumnorix, en homme intelligent, ne s'y trompe pas. Il cesse d'objecter. César reprend.

— Je ne permettrai pas que tu entraînes les Éduens sur les chemins de l'aventure : c'est un mauvais coup porté à ce grand peuple ! Je ne tolérerai pas que tu ourdisses contre l'armée de Rome : c'est une injure à la République ! Je n'admettrai pas que tu sacrifies des soldats pour ton intérêt égoïste : c'est une offense à l'homme !

L'Éduen se tient raide. Il reçoit la rafale sans broncher. Tout au plus, un long filet de sueur glacée dégouline entre ses omoplates et se perd dans les froncements de sa tunique à festons d'or. Il attend la sentence. Diviciac également, qui ne sait rien, à cet instant, des intentions de César. Comme, tout à coup, les deux frères se ressemblent ! Même profil, même interrogation dans le regard, même bouche à demi-ouverte, mêmes vagues de rides ondulant sur le front !

— Je porte une grande estime à ton peuple, à son chef, à son druide. Frère du druide, tu as ta place parmi les autorités du pays, mais pour exalter la grandeur des Éduens, pas pour satisfaire ton ambition personnelle. Prends conscience, Dumnorix, que ce peuple ami de Rome a tout à perdre dans des opérations de sédition. Pour l'heure, en raison des liens qui m'unissent au druide, je te conserve ton poste, mais je te retire ma confiance. Tu poursuis donc ta mission au sein de l'armée romaine, tu continues de diriger ma cavalerie, mais je te place sous la surveillance permanente de deux de mes lieutenants qui ont ordre de me rapporter quotidiennement tes moindres faits et gestes.

L'un d'eux, un jeune homme plein de talent, se trouve être Marcus Licinius, le fils de mon ami Crassus avec qui j'ai dirigé Rome en compagnie de Pompée. C'est te dire s'il m'est redevable et s'acquittera de sa tâche avec conscience ! Tu ne sortiras pas du camp, ni ne quitteras le convoi, sans ma permission formelle ! Quant aux opérations militaires, tu prendras tes ordres directement de Titus Labiénus et n'en dévieras pas d'un pouce ! Enfin, tu as interdiction absolue d'entrer en contact avec quiconque dont la fonction n'est pas directement liée à ta responsabilité de commandant de la cavalerie ! Et même en ce cas, l'un des deux lieutenants attachés à tes pas assistera à tes discussions. Me suis-je bien fait comprendre ?

— Très clairement, Général !

— Si tu contreviens à ces ordres, tu es mort !

César fixe Dumnorix, sans un regard pour le druide.

— Par ailleurs, je te donne deux heures pour demander à tes comparses de lever les obstacles qui gênent le ravitaillement de mon armée. Je veux un changement radical de la situation à ce sujet ! Mercator m'en rendra compte dès ce soir. Tu m'entends : dès ce soir ! Si j'apprends que tu n'as pas levé tes instructions de blocus ou que, les ayant levées, tu n'es que tièdement obéi, je me sentirais dégagé de tout sentiment de mansuétude à ton égard. Avant même que tu aies le temps de réaliser toutes les conséquences de ta duplicité, tu te retrouveras enchaîné, dépouillé de tes biens et envoyé à Rome où tu attendras dans les cachots du Tullianum que sonne l'heure de mon triomphe. Ce n'est qu'alors que tu reverras la lumière du jour pour finir honteusement, accroché à une croix, parce que je l'aurai décidé ainsi ! Dumnorix, ton sort t'appartient. Je ne te retiens pas ! Tu peux disposer !

Raide, sans un mot, sans un regard pour son frère, l'Éduen pivote. Les cheveux en tresse entourent désormais un visage blême au teint soudainement cireux. L'homme apparaît nettement moins avenant qu'à son arrivée !

Une prison sans cage, un animal en laisse ! Ces images de fausse captivité, de celle dont on ne peut se plaindre – suprême habilité – voûtent ses épaules et alourdit son pas. Décapé de cette morgue qui, il y a quelques instants encore, lui donnait une prestance propre à forcer le respect, Dumnorix se dirige vers son cheval, l'enfourche et quitte la prairie au pas.

Une fois le cavalier hors de vue, Diviciac se tourne lentement vers son hôte.

— César, ta clémence fait honneur à l'homme que tu es autant qu'à l'imperator que tu souhaites devenir. Les Éduens, et notamment tous ceux qui, de bonne foi, ont cru dans le grand dessein de fierté gauloise imaginé par mon frère, te sauront infiniment gré de ce geste. Tu les respectes en les protégeant ! Les dieux également regarderont tes entreprises futures avec faveur ! Notre panthéon est comparable à celui de Rome, sais-tu ? J'offrirai des sacrifices particuliers à Teutatès, notre divinité totale, et à Ésus, le dieu meurtrier qui décide du sort des batailles. Quant à mon sentiment personnel à cet instant, César, il est fait à la fois de soulagement, je le confesse, d'admiration devant la justice administrée avec tant d'humanité et d'une profonde joie qui puise sa plénitude aux sources de la création familiale.

Diviciac se lève, prend entre les siennes les mains de César et, avec une infinie douceur, se penche vers lui et dit :

— Merci à jamais,… mon ami !

César l'attire alors à lui et là, dans cette prairie gauloise, au bord du ruisseau murmurant, le druide gaulois et le généralissime romain se donnent une longue accolade.

Le lendemain, les premières balles de froment sont acheminées vers les entrepôts de Mercator. Signe encourageant, mais très largement insuffisant pour rétablir le stock au niveau acceptable pour une armée en campagne.

CHAPITRE V

LA GUERRE

8 ET 9 JUIN -58

ATTAQUE IMMINENTE

UNE FOIS DE PLUS, l'armée romaine pose le sac et dresse le camp fortifié ! Les tentes de peau sont descendues des chariots et montées selon le plan réglementaire. On donne à manger aux bêtes de somme, parquées dans un coin du camp, à l'intérieur des défenses – la perte de ces moyens de transport serait catastrophique ! On déballe les chariots-outillage, ainsi que ceux qui transportent les ouvrages de défense. Le magasin des vivres jouit d'une attention particulière, gardé en permanence par une escouade d'incorruptibles qui ne répondent qu'à l'officier en charge de l'approvisionnement. Même César n'a pas d'autorité directe sur ces hommes ! Au centre du camp, les tentes de l'état-major jouxtent l'autel dressé en l'honneur des dieux ; les commandants de légions se montrent très attentifs à obtenir de Mars, Jupiter, Junon ou Minerve la garantie de leur protection et l'assurance de la victoire, contre un sacrifice quotidien accompagné des prières adéquates. Les prêtres de l'armée, choyés par les états-majors, ont droit, de la part des légionnaires, au respect dû aux chefs. César, quant à lui, a beau être détenteur de la haute fonction de *Pontifex maximus*, chef suprême des prêtres, la chose religieuse le laisse superbement indifférent[1].

Dès le lendemain matin de l'entrevue avec Dumnorix, César et son Conseil militaire tiennent conférence dans la tente prétorienne.

— Grâce soit rendue aux dieux, les événements de ces dernières heures nous sont favorables ! commente le généralissime, avec une évidente satisfaction. Les menées séditieuses de Dumnorix une fois démasquées, nous n'avons plus à craindre d'incertitude : si des coups partent encore, nous saurons d'où et de qui ! Les chefs éduens nous aideront à identifier ceux des nobles, comparses de Dumnorix, qui n'auraient pas encore compris que la fête est finie ! Quant au ravitaillement, il cesse d'être un problème. N'en parlons plus ! Procillus, que savons-nous des helvètes, aujourd'hui ?

— Le convoi helvète est arrêté à une douzaine de kilomètres vers le couchant. Il s'étale le long d'une rivière que les gens d'ici appelle la Bourbince. Il occupe un espace découvert, long d'environ six kilomètres sur une largeur moyenne d'un demi-kilomètre. Par rapport aux haltes précédentes, leur campement donne l'impression d'être resserré. Mes observateurs ne signalent pas ces menées individuelles qu'ils avaient coutume de voir jusqu'à maintenant : personne ne part à la chasse, pas un homme pour aller traquer la pucelle ! On a l'impression que la discipline est de retour chez nos amis. Encore un effort et leur affaire ressemblera à un camp de l'armée romaine !

Même César rit de bon cœur. Procillus est sans doute le seul des proches du généralissime à se permettre un brin d'humour de temps en temps.

— Titus, que dis-tu de la situation au plan militaire ?

En bon stratège, Labiénus avait demandé à ses « explorateurs » un relevé précis de la situation de l'ennemi.

— L'installation des Helvètes n'est pas habituelle ! Leur campement est établi le long d'une rivière, ce qui est normal. Mais ce qui l'est moins, c'est la colline élevée située à proximité de la rivière.

— En quoi cette colline te semble-t-elle bizarre ? intervient Aulius Capito, le général commandant la légion Dix.

— Ce n'est pas la colline, qui est bizarre, ce sont les Helvètes ! Cette montagnette est située à deux kilomètres de la rivière. Ségorix a étalé son convoi le long de la rivière sur une faible profondeur, ménageant ainsi une sorte de couloir entre son convoi et la colline. À sa place, j'aurais demandé à mes gens d'occuper tout l'espace, y compris la colline. De la sorte, j'aurais empêché l'ennemi de prendre position sur cette hauteur ! Il est toujours plus profitable d'attaquer en descendant qu'en montant !

— Autre avantage, le sommet de la colline aurait pu leur servir de poste d'observation pour détecter nos mouvements ! observe Drusus, le commandant de la légion Neuf.

— Que sais-tu de cette montagne ? demande César à Labiénus.

— J'y ai envoyé mes « explorateurs » : ils sont revenus il y a juste une heure. Je suis en mesure de confirmer qu'au moment où ils étaient sur place pour observer, aucun Helvète n'y avait pris position.

— À quoi ressemble-t-elle ?

— Les escarpements se situent plutôt du côté opposé au campement helvète, et encore, sur une faible surface. Le versant qui donne sur la rivière est raisonnablement pentu et peu boisé.

— Parfait ! dit César en se frottant les mains. Nous allons passer à l'action ! Enfin !

Le soulagement, perceptible chez tous les membres de l'état-major, met fin à quinze jours de retenue. Cette marche sans combat, au ralenti, ces arrêts tous les soirs avec édification du camp fortifié, ces instructions permanentes de refuser le contact avec l'ennemi, ces punitions publiques pour avoir enfreint les ordres, cette inaction en un mot commence de peser sur le moral et sur l'ardeur des légions. Les hommes renaudent ! Avons-nous été rassemblés dans l'urgence, avons-nous quitté nos quartiers d'hiver somme toute confortables, sommes-nous venus en Gaule pour servir d'escorte lointaine à un peuple de pillards sans même aiguiser nos glaives sur leurs omoplates ? Que font nos généraux ? Que fait César ? Et si notre généralissime n'était pas à la hauteur ? Dans les chambrées, les rumeurs commençaient de sourdre, puis, alimentées par la désastreuse habitude de certains de « faire l'important », d'en savoir davantage que l'autre, d'en remontrer, elles enflaient jusqu'à la caricature : César est une tapette qui préfère enjamber Nicomède qu'affronter un Helvète [2] ! dit l'un. Mon père a entendu Sylla dire que César était une femmelette [3] ! dit l'autre. Il ne pense qu'à l'argent pour redevenir Consul, et certainement il vole et pille : la chose militaire l'ennuie ! dit un troisième. Évidemment, ces rumeurs parviennent à l'oreille des généraux. Pour le moral des troupes, rien de pire qu'une rumeur, pensent-ils, unanimes ! Elle crétinise l'esprit en amollissant la réflexion ! Les chefs savent que le légionnaire représente un terrain de culture particulièrement favorable. Ils craignent cet ennemi sournois par-dessus tout !

— Mon plan, annonce César, c'est la tenaille classique : deux légions sur la montagne et quatre le long de la rivière, en arrière de la colonne ennemie. À mon signal, chaque groupe se met en marche de manière à arriver ensemble au campement helvète : les deux légions de la montagne visent la tête du convoi et, naturellement, le gros de l'armée attaque l'arrière-garde. L'attaque est simultanée. La victoire réside dans la parfaite coordination entre les deux groupes. Pour me permettre de combiner les opérations, il me faut un cavalier d'une fiabilité absolue, un légionnaire qui me préviendra que les légions de la colline sont prêtes et qui leur relaiera l'ordre de foncer. Labiénus ?

Labiénus interroge du regard les commandants de légions.

— Je pense avoir l'homme qu'il te faut, César ! dit Quintus Aurélius, le chef de la Légion Sept.

— Qui est-ce ? demande le généralissime en se tournant vers lui.

— Il s'appelle Publius Concidius. C'est un légionnaire chevronné et un habile cavalier. Il a servi sous Sylla contre Mithridate et sous Crassus contre Spartacus. C'est assez dire s'il est fidèle à son chef ! Il a l'étoffe d'un centurion ! Confie-lui cette mission, César, et, à son retour, mission accomplie, je lui donne une centurie !

Du regard, César fait le tour de ses généraux.

— Pas d'objection, vous autres ?... Alors, va pour ce Publius Concidius ! tranche-t-il. Labiénus, vois ce légionnaire et fais-toi une opinion. Puis, organise l'attaque en fonction du plan et viens me rendre compte. Compagnons, je vous remercie ! Vous pouvez vous retirer !

La réunion restreinte des généraux, sous la direction du stratège Labiénus, permet de mettre au point le détail des opérations. Elle se déroule sous la tente de Labiénus, voisine de celle de César.

Les légions Huit et Dix, commandées respectivement par Caïus Horatius Naso et Aulius Tullius Capito quitteront le camp juste après minuit, au changement de sentinelles pour la troisième veille [4]. Leur mission : investir la montagne sans se faire repérer. Trajet compris, elles disposent de cinq heures pour mener à bien l'opération, ce qui est largement suffisant. Elles seront précisément guidées par les éclaireurs de Labiénus : ils ont déjà reconnu le parcours et connaissent l'environnement. L'enseigne de la légion Huit – on a tiré au dés ! – plantée au sommet sera le signal que cette partie de l'opération a réussi. Une fois en place, les deux légions attendront que Concidius vienne leur transmettre l'ordre d'attaquer.

Les légions Sept, Neuf, Onze et Douze, en armes et prêtes à faire route, se mettront à la disposition du généralissime, qui commandera lui-même l'attaque. Le campement helvète se situe à douze kilomètres dans l'ouest. Il faudra deux heures et demi pour l'atteindre. Le départ du camp est prévu pour trois heures du matin. Après deux heures de marche, l'armée sera parvenue à proximité des helvètes – à environ deux kilomètres –, mais assez loin quand même pour ne pas risquer d'être repérée par un guetteur. Il sera cinq heures. Le jour sera sur le point de se lever. À partir de ce moment, les légions s'arrêtent ! L'attaque intervient au signal de César, lorsque le généralissime sera assuré que l'action des deux groupes de légions se produira en parfaite synchronisation.

L'éclaireur Concidius et son escouade de cinq légionnaires partiront en même temps que les quatre légions, mais en direction de la colline. Dès qu'il apercevra l'enseigne au sommet, il reviendra au galop informer César. Puis, sur instruction de César, il repartira sur la montagne transmettre l'ordre d'attaquer.

L'attaque proprement dite, simultanée, aura lieu peu après cinq heures du matin : c'est généralement l'heure de moindre vigilance.

9 JUIN -58

LE CAMPEMENT HELVÈTE

La journée entière, consacrée à la remise du convoi des Helvètes en bon ordre, rompt la monotonie des marches qui, depuis un mois et demi, rythment la vie des émigrants. C'est la première fois depuis le départ que l'arrêt résulte d'une décision et non de la nécessité ou de la contrainte.

Les chariots sont vidés de leur contenu. Tout ce qui est abîmé, moisi, cassé, inutilisable, vient alimenter un grand feu que chaque famille a allumé à proximité de son lieu d'arrêt. Les artisans profitent de la halte pour effectuer les réparations nécessaires. Ils mettent également l'arrêt à profit pour fabriquer à l'avance des produits périssables nécessaires à la vie du groupe. Les fours à pain marchent à plein régime. Aux mains des tailleurs, l'alène et l'aiguille piquent et cousent le cuir et le textile à cadence accélérée. Les métiers vomissent des lés de tissu beige qu'une plongée dans des chaudrons de teinture colore vivement. Lorsque les fils de laine ou de lin ont eux-mêmes déjà subi l'immersion, les tisserands laissent leur imagination fabriquer des bariolages de toutes formes aux couleurs vives.

Les esclaves des familles sont chargés de la lessive. La noria des grands paniers d'osier, chargés à dos d'homme de linge sale et sec à l'aller et propre et mouillé au retour, traverse le campement de manière incessante, du lever du jour au coucher du soleil. Le séchage au soleil fait disparaître le vert des près derrière un tapis d'étoffes multicolores.

Dans la plupart des familles, les femmes dirigent les opérations du grand rangement, donnent les instructions nécessaires aux enfants ou aux hommes, contrôlent que le chargement des chariots s'effectue en bon ordre et prêtent main forte aux voisines lorsque leur tâche est terminée. Elles veillent également que leurs guerriers de fils, de frère, ou d'époux, profitent de la halte pour passer en revue leur armement. Il a beau être peu sophistiqué, mieux vaut le voir en état de fonctionner correctement : on vérifie les poignées des boucliers, on rectifie les épées tordues, on aiguise les lames, on arrange les casques de fer cabossés, on recoud les oreillettes des bonnets de cuir bien plus nombreux que les casques, on change des hampes de lances.

Un peu partout, les druides installent dans de petits enclos hâtivement tracés et vite sacralisés qu'ils appellent des nemetons [5], des autels en bois. Les sacrifices qu'ils y offrent à une myriade de dieux attirent sur le peuple et son expédition l'attention bienveillante des êtres de l'éther.

Et ainsi, famille par famille, clan par clan, tribu par tribu, le convoi helvète se refait une beauté.

Les intendants et magasiniers, accompagnés de dizaines d'esclaves, conduisent dans toutes les directions avoisinantes leurs lourdes plates-formes à quatre roues, à la recherche de vivres et de tous autres produits nécessaires à la vie du peuple et à sa bonne progression. Contrairement aux Romains, ici, le ravitaillement n'est pas centralisé entre les mains d'un responsable unique. Le traditionnel esprit de famille et de clan pousse les Gaulois à un individualisme social que renforce encore Ségorix, peu désireux d'accentuer sur ses épaules le poids d'une responsabilité collective déjà considérable. Le travail souterrain mené par les hommes de Dumnorix depuis des semaines porte ses fruits : les helvètes sont partout bien accueillis. Les paysans éduens partagent volontiers leurs réserves avec ces voyageurs d'exception, des amis, presque des frères, leur a-t-on dit. Le succès de leur difficile expédition rejaillira sur le développement des pays traversés et leurs habitants. Dans l'immédiat, les éduens font de bonnes affaires : des sacs d'or changent de main, remplis de ces pièces que chaque peuple, parfois chaque clan, frappe à l'effigie la plus parlante ou estimée la plus favorable : un dieu, un animal, un signe emblématique, jamais un portrait ! En faisant leurs courses, les Helvètes créent également un gigantesque marché de troc où s'échangent toutes sortes de produits et de denrées.

Tandis que les gens sans armes s'affairent, les cavaliers soignent leurs montures : ils vérifient les harnachements pendant que des esclaves brossent et étrillent les robes. Les chefs de guerre profitent de l'occasion pour rassembler leurs lieutenants et leur répéter les consignes d'organisation données il y a dix jours déjà, lorsque le convoi a quitté les bords de la Saône. On avait alors abandonné l'ancien ordre de marche par tribus complètes, au profit d'une organisation plus groupée, plus ramassée : Ségorix a voulu que tous les guerriers, quelle que soit leur tribu d'appartenance, joignent leurs forces pour protéger l'ensemble du peuple en marche.

10 JUIN -58

CÉSAR PLACE SES PIONS

À la tombée du jour et chacun dans sa partie de camp, Naso et Capito ont réuni leurs centurions. Dans l'armée de César, les centurions forment l'ossature de la légion, l'échelon qui donne sa valeur, sa puissance, sa résistance à l'ensemble, sa colonne vertébrale. L'armée de métier, créée par le consul Marius une quarantaine d'années auparavant, repose, pour l'essentiel, sur la solidité de ce sous-officier sorti du rang. De son talent à diriger, de sa capacité à mobiliser l'énergie de ses hommes, de son courage valant exemple, dépend souvent l'issue d'un combat.

Peut-être est-ce parce que Capito possède d'instinct ce subtil mélange d'autorité et de familiarité, de savoir-faire et de modestie, de courage et de souci de l'homme, qu'il est, pour César, le meilleur de ses généraux-commandants de légion. Ses centurions se feraient tuer en souriant sur l'un de ses ordres, et les hommes de troupe suivraient n'importe où son enseigne, un lion rugissant dressé sur les pattes arrière. Capito s'adresse à ses hommes.

— Centurions, voilà l'instant ! Depuis des semaines, nous crapahutons de collines en clairières et de prairies en montagnes. Nous défaisons le matin ce que nous avons édifié la veille. Avec trente kilos de bagages sur l'épaule, tout ce que nous faisons, c'est muscler nos mollets ! À défaut de séduire les filles, ça peut toujours servir à botter le cul d'un légionnaire indiscipliné !

Capito laisse décroître la vague de rires, et poursuit.

— Certains d'entre nous ont participé à l'attaque des Tigurins sur la Saône. Promenade de santé où, il faut bien le reconnaître, c'est la cavalerie qui a eu la part du lion, pas les fantassins ! Aujourd'hui, c'est notre tour ! Le plan est simple.

Sur une planche, il dessine le théâtre des opérations au moyen d'un charbon de bois.

— Les Helvètes barbotent le long de la rivière (rires) ! Le gros de leur force, cavaliers et fantassins, est à l'arrière : c'est là qu'ils s'attendent à une attaque. Comme on les suit, c'est logique (rires) ! Les flancs de la colonne sont gardés par des hommes en armes et quelques cavaliers qui font la liaison avec leur commandement, à l'avant et à l'arrière.

En même temps qu'il parle, il ajoute à son dessin le convoi des civils, les cavaliers, le gros de l'armée, la position de Ségorix.

— Nous, avec les gars de la Huit, nous allons occuper cette colline, là !

Il jette une giclée de petites croix sur la planche, à l'endroit où il a stylisé la montagne.

— Les Helvètes l'ont négligée ! Il faut croire que la vue d'une montagne leur donne la nausée ! Après tout, c'est peut-être pour cela qu'ils déménagent (rires) ! Le succès de la manœuvre réside dans l'effet de surprise ! L'opération doit donc se dérouler dans le silence le plus absolu : pas un mot, pas un cliquetis d'arme, pas un faux pas, pas un éboulis de cailloux ! Rien ! La plus petite entorse à cette consigne sera durement réprimée ! Faites passer le mot à tous vos hommes !

Toujours armé du tison froid, il trace une flèche en courbe entre la montagne et le bout de l'ovale représentant le convoi helvète.

— À l'ordre du généralissime, nous dévalons la colline. C'est l'heure de l'attaque, au petit jour. Objectif : la tête du convoi ! Et là, nous taillons de l'Helvète jusqu'à l'indigestion ! Dans le même temps, les quatre autres légions s'occupent de l'arrière !

Il complète son dessin d'une double flèche longeant la rivière, qui vient se ficher dans l'arrière des Helvètes.

— Voilà, c'est tout ! Des questions ?

— Et le butin ? demande un centurion chenu, l'un de ceux qui ont accompagné Capito partout où il a servi.

— Comme d'habitude, Lucius ! On rafle, on ramène, on met en commun et je dirige la répartition !

L'une des raisons pour lesquelles Capito est apprécié de ses hommes tient certainement à son art du partage du butin. Avec lui, pas de favoritisme déplacé, pas de munificence pour les uns et d'indigence pour les autres ! Le soldat brave peut récolter une part aussi copieuse que celle du centurion et, au sommet, le général ne s'attribue qu'une portion raisonnable, jamais plus de deux fois supérieure à celle de la moyenne des centurions !

— On a une prime ? questionne un bon gros, dont le sourire jovial éclaire toute la face.

Dans toute préparation de bataille, il se trouve toujours un soldat pour poser cette question.

— Tu n'en as pas besoin, Marcus, tu es déjà plus riche que Crassus ! rétorque Capito avec un large clin d'œil à l'assemblée.

Le centurion est en effet connu pour une certaine pingrerie qui lui fait sauter systématiquement son tour lorsqu'il est question de mettre la main à la bourse pour payer sa part des réjouissances périodiques que s'offrent les centurions. Au milieu des éclats de rire, on distingue le tintement de piécettes que ses camarades, par dérision, font cliqueter au fond d'un casque.

— Plus de question ?... Alors, portez la bonne parole à vos hommes ! Rompez !

La lune, à son zénith, blanchit de son croissant laiteux les casques et les armes, les fanions et les enseignes, les chevaux et les hommes des deux légions prêtes au départ. César, en uniforme, discute avec Capito et Naso. Il compte sur eux. En retour, ils l'assurent de leur fidélité.

Pour le départ, pas de sonnerie de trompette, pas d'ordres hurlés par l'ordonnance du général et répercutés d'un bout à l'autre de la légion par les échelons hiérarchiques. Capito lève un bras, le tient immobile quelques instants pour qu'il soit vu du plus grand nombre, puis lentement l'abaisse en direction du chemin à suivre. Naso, à la tête de la Huit, fait de même. Leurs lieutenants respectifs répercutent l'ordre de la même manière pour qu'il atteigne la plus lointaine cohorte.

Minuit est passé depuis un petit quart d'heure lorsque les deux légions quittent le camp romain en direction de la montagne. Même les chevaux, dont les sabots sont emmaillotés de chiffons, obéissent à la consigne de silence : ils ne hennissent pas !

11 JUIN -58

LES HELVÈTES DORMENT

La journée, particulièrement affairée, a laissé la place au crépuscule. Un peu partout, des feux de camp s'allument pendant que rougissent puis sombrent dans le néant les brasiers qui ont englouti les inutilités du peuple helvète. Il n'y a plus de lavandiers au bord de la rivière, plus de soigneurs de bovins et de chevaux dans les prés, plus de forges en marche, plus de rouets en action. Le peuple dort.

Et, avec lui, une bonne partie de l'armée rassemblée en fin de convoi. Harilac met ses guerriers au repos. Il pressent que l'inertie romaine ne va pas durer éternellement. Il flaire que l'engagement interviendra sur terre éduenne. En tous cas, pense-t-il, s'il était César, il attaquerait avant d'entrer chez les Bituriges. Ou alors, il renoncerait ! Mais ce serait étonnant, irréaliste même ! Tout ce chemin pour si peu ! Quoi que décide César, mieux vaut une armée reposée qu'une troupe harassée pour faire front aux légions romaines.

La garde veille, bien sûr. Les cavaliers continuent inlassablement de monter et descendre de chaque côté du convoi, à raison d'un demi-mille par cavalier. À l'avant, un détachement spécial de fantassins assure la garde de Ségorix et de son état-major. À l'arrière, le quart est assuré par cinq escouades prélevées sur le gros de la troupe qui, lui, en tenue de combat, dort à même le sol.

La relève de minuit s'est effectuée dans la plus parfaite indifférence des deux cent quatre-vingt mille helvètes assoupis. Ils forment, malgré l'élimination prématurée des Tigurins, l'un des exodes les plus massifs de l'histoire de cette partie du monde.

Exceptionnellement, le lever se fera tôt pour respecter la consigne de Ségorix

12 JUIN -58 (AU PETIT JOUR)

SUR LA MONTAGNE

Publius Concidius et ses cinq compagnons enfourchent leurs chevaux un peu avant trois heures du matin. Ils défilent au pas devant les légions Sept, Neuf, Onze et Douze, rangées en ordre de marche, et qui n'attendent qu'un mot de César pour démarrer. Ils sortent du camp : direction, la colline que Capito et Naso ont mission d'investir.

Une vibration ! Un grondement sourd et continu ! En se retournant après quelques pas en dehors du camp, ils sentent plus qu'ils ne les voient les légions se mettre en marche immédiatement derrière eux.

La distance – une quinzaine de kilomètres – est avalée en peu de temps. Les cavaliers ne sont pas armés, hormis un poignard de ceinture : leur rôle d'éclaireur et d'observateur les éloigne du combat pour l'instant.

La montagne des légions découpe sa silhouette douce sur le noir du ciel d'ouest. La lune, généreuse cette nuit, jette une teinte d'opaline sur les bosquets et les prairies pentues. À peine franchis les premiers champs à flanc de colline, Concidius et son escouade mettent pied à terre, nouent large la bride des chevaux au tronc d'un arbre et continuent à pied pour éviter tout risque d'être vus ou entendus.

— Vous deux, prenez par la gauche ! Vous deux, par la droite ! Moi, je grimpe tout droit. Dès que vous reconnaissez l'enseigne de la Huit, demi-tour ! On se retrouve ici, à notre point de départ. Au plus tard quand la lune aura disparu derrière ce sommet, là-bas. Toi, Paulus, tu gardes les chevaux !

La marche de Concidius est plus difficile qu'il ne l'imaginait : quelques escarpements le ralentissent un moment, puis ce cours d'eau à traverser ! La végétation, d'abord amicale, se transforme vite en épineux qu'il faut contourner. Les bosquets l'empêchent de voir autant que d'être vu.

C'est au détour de l'un de ces buissons de mûres sauvages qu'il tombe sur le premier groupe d'occupants de la montagne, dans un large champ en pente douce. Cent, peut-être cent cinquante personnes. Difficile à dire ! On n'y voit pas grand chose. Des silhouettes que la lune éclaire en biseau. Tapi dans l'herbe, Concidius observe. Quelque chose le chagrine, mais il ne sait pas dire quoi. Il reste là, allongé près de son mûrier à observer, de longues minutes. Ça y est ! J'ai trouvé ! Les casques ! Je ne vois aucun casque sur les têtes qui, à une dizaine de mètres, immobiles, semblent figées pour l'éternité. À bien y regarder, je ne distingue pas non plus d'armures, mais des espèces de plastrons foncés ! Peut-être du cuir. Je n'en sais rien ! Je ne peux pas savoir ! Trop loin ! Trop sombre ! La lune, cependant, fait son possible pour me faciliter le travail ! En tous cas, rien, dans tout ça, ne ressemble à un uniforme de soldat ! Une légion romaine en opération sans uniforme ? ! Impossible ! Il se concentre sur un fanion, planté là-bas, à gauche et légèrement devant les hommes. Le carré d'étoffe se détache sur le ciel foncé. Il présente alternativement sa face et son profil, au gré du souffle qui serpente sur la colline et l'agite en cadence.

— Par Jupiter ! Ce sont les Helvètes… !

Sur le fanion, il distingue l'ours, l'emblème absolu du peuple helvète. Il connaît bien l'image de l'animal : ils ont ramassé des dizaines de fanions identiques lorsqu'ils ont anéanti les Tigurins, sur la Saône. Aucun doute : ce sont des Helvètes ! Être sûr ! Les armes ! Voir les armes ! Il perce l'obscurité ! Il ne voit rien : aucune arme ! Ce sont forcément des Helvètes ! Par tous les dieux, les éclaireurs se sont trompés ! Les Helvètes ont pris position sur la montagne sans être repérés. Où sont la Huit et la Dix ? Ils ont dû faire la même constatation ! Ils doivent contourner la montagne pour leur arriver dessus par surprise. Qu'importe ! La peur s'insinue dans son crâne ! Rien ne se déroule comme prévu ! Deux fronts au lieu d'un ! La rivière et la colline ! Et moi, désarmé, ici ! Si je me fait prendre par ces sauvages, ils me découpent en rondelles ! Filons ! Au rapport, mon vieux Publius ! Au rapport ! Et au galop !

Et Concidus de ramper en marche arrière jusqu'à ce que le champ occupé disparaisse entièrement derrière plusieurs épaisseurs de buissons. Il se retourne alors et, aussi vite que le supportent ses jambes de vétéran de la légion, il dévale la pente en direction des chevaux. Ses quatre compagnons sont déjà là. Le cinquième tient, par la bride, deux chevaux dont le sien. Presque sans s'arrêter, il saute sur son cheval, fait signe aux autres de le suivre et galope à bride abattue en direction de l'armée romaine.

12 JUIN -58 (AU PETIT JOUR)

LA STRATÉGIE ROMAINE CONTRARIÉE

À la tête de ses quatre légions, César est parvenu au point d'arrêt fixé par Labiénus, environ deux kilomètres en arrière du campement helvète. Il est cinq heures. En se retournant, il distingue, à l'horizon, la pâleur de l'aurore.

— Il devrait déjà être de retour ! observe Procillus, comme pour meubler l'attente.

La banalité du propos agace César. Il supporte mal la platitude. Pour éviter de répondre par une méchanceté, il tourne le dos et reprend les cent pas qu'il venait juste d'interrompre pour interroger du regard l'horizon nord. Labiénus se tait. De même que Libérius et Crassus, deux des lieutenants de son état-major particulier. Les minutes s'écoulent, longues, interminables. À l'est, le ciel blanchit.

Un nuage de poussière ! Le grondement d'une cavalcade ! Voilà Concidius ! Enfin !

L'éclaireur cabre son cheval à quelques pas de César et saute à bas de sa monture. Hors d'haleine, tunique de travers, en sueur, il se précipite en avant, oubliant le salut et toutes les règles élémentaires de l'étiquette militaire. Dans une succession de souffles rauques, il lâche :

— Ce sont… les Helvètes,… Général !

— Explique-toi, soldat ! répond César, que l'entorse à la politesse ne préoccupe nullement en cet instant.

— Je les ai vus ! J'ai rampé en silence jusqu'au premier groupe. Nos chevaux étaient restés en bas. J'ai reconnu les Helvètes ! Il y avait un ours sur les fanions ! Ils n'avaient pas d'armes, pas de casque, pas d'armures, rien ! Des Gaulois ! C'étaient des Gaulois, pas des Romains ! Avant d'être repéré, je suis redescendu t'avertir au plus vite.

Dans le silence de glace qui suit le récit, seul le souffle haletant de Concidius indique que les six hommes qui forment un cercle sont vivants !

— Tu es certain de ce que tu avances ? insiste Labiénus.

— Oui, Général !

Pour Concidius, tout supérieur au-dessus du grade de centurion est forcément général !

— Et tes compagnons ?

— Je n'ai pas pris le temps de leur raconter : je suis venu immédiatement !

— Ont-ils vu quelque chose ?

— On s'est séparés en trois groupes. Je suis le seul à être tombé sur les soldats helvètes : les autres n'ont rien vu. On s'était donné rendez-vous à une heure précise. C'étaient les ordres ! Ils ont dû faire demi-tour avant d'entrer en contact avec les Helvètes.

— Merci, légionnaire ! Tu peux disposer !

À peine Concidius a-t-il tourné les talons qu'un soldat se présente au factionnaire qui monte la garde à proximité de l'état-major. Procillus reconnaît l'un de ses « aigles », quitte le cercle et s'approche de l'homme.

— Conseiller Procillus, les Helvètes décampent !

— Quoi ? ! Déjà ! À cette heure ?

— Ce n'est pas dans leurs habitudes jusqu'à maintenant ! confirme l'espion. C'est pourquoi il nous a semblé important de t'informer immédiatement.

— Tu as bien fait, Lucius ! Merci !

César se met en mouvement : mains derrière le dos, tête baissée, cent pas… Quelques minutes, pas davantage.

— Je suspends l'attaque ! Le plan ne tient plus ! La tenaille n'est plus possible ! Nous ignorons ce que sont devenues la Huit et la Dix. Avec quatre légions seulement, je ne veux pas prendre le risque d'attaquer l'arrière de la colonne helvète. Puisqu'ils ont pris la montagne, ce sont eux, au contraire, qui peuvent nous surprendre, foncer sur nous depuis les hauteurs et nous coincer en tenaille. Pas question !

— Je partage ta prudence ! confirme Labiénus.

— Procillus, demande aux commandants des légions de nous rejoindre.

Deux heures ont passé. Le soleil a commencé sa course dans un ciel pur et sans nuage. La nature sent bon.

Le conseil est au complet, abstraction faite de Capito et de Naso. César ouvre la session, sans ambages comme toujours.

— Compagnons, notre tentative d'aujourd'hui est suspendue ! S'entêter serait ridicule ! Nous n'aurions pas bénéficié de l'effet de surprise puisque les Helvètes ont levé le camp bien plus tôt qu'à leur habitude.

— Mes hommes vont prendre très mal cette reculade, Général ! prévient Quintus Aurélius, le commandant de la légion Sept. Ils sont mobilisés depuis plus de cinq heures ! Ils sont nerveux et ne demandent qu'à se battre !

— Il ne s'agit pas d'une reculade ! siffle César. Dis-le leur ! Vous tous, dites à vos centurions que nous attendons le moment propice, le moment où la victoire ne pourra pas nous tourner le dos ! Dites-leur que leur généralissime refuse de jouer leur vie sur un coup de tête, un coup de hasard. Je leur promets la victoire, mais je veux qu'ils soient là pour en profiter. Gagner sur un charnier n'est pas tout à fait gagner ! Dites-le leur !

— Des bruits courent,... des rumeurs... intervient Lucius Octavus, de la Onze.

— Je sais ! coupe César. Laisse courir les rumeurs ! Y répondre équivaut à les valider. Mais ne laissez filer ni la discipline, ni le respect dû aux chefs, par tous les dieux ! En aucun cas ! Parlez à vos centurions. Ne perdez jamais de vue que les seuls vrais officiers de profession, à part vous, ce sont eux ! Si vous doutez de certains, changez-les ! Dans les moments de flottement, comme aujourd'hui, vous devez redoubler de présence auprès de vos hommes. Ne les laissez pas se disperser : organisez des travaux, inventez des tâches, et surtout, ne tolérez aucune entorse à la discipline militaire ! Sévissez dur le cas échéant !

César n'a pas terminé son exhortation qu'une tornade déboule dans le cercle, entourée d'un épais nuage de poussière. On distingue à peine deux chevaux qui se cabrent en hennissant. Deux cavaliers sautent à terre.

—Mais qu'est-ce que vous foutez, au nom de Jupiter? tonne la mâle voix de Capito. Voilà quatre heures qu'on poireaute dans les ronces et attendant le signal de l'attaque. On avait bien dit « au lever du jour », non? Qui est derrière ce coup fourré? Qu'est-ce que c'est que ce lupanar?!!

—Capito! Enfin! dit simplement César, dont la silhouette émerge seulement du bouchon de poussière.

—Oh! Tu étais là, Général? J'avais reconnu mes collègues, je ne te pensais pas parmi eux. Pardonne mon langage, César, il ne t'était pas destiné!

—Ça va, Capito! Dis-nous plutôt ce qui s'est passé!

—Il s'est passé que nous sommes partis comme prévu, nous avons investi la montagne comme prévu, nous nous sommes planqués comme prévu, et, comme prévu, nous avons attendu que le légionnaire nous porte ton ordre d'attaquer. C'est bien comme cela que devait se dérouler le plan, non?

Il se tourne vers le stratège.

—Exactement! confirme Labiénus.

—Nous n'avons jamais reçu d'ordre d'attaquer! Alors, où est l'erreur?

Capito pose tout haut la question qui agite chacun. César réfléchit. Son front se plisse et se yeux se rapetissent.

— Le légionnaire est venu nous dire que la montagne était occupée par les Helvètes ! explique Labiénus.

— Quoi ?! Mais c'est ridicule ! explose Capito. On n'a pas vu un seul Helvète de toute la nuit. Et à dix mille soldats, on ne laissait pas beaucoup de place pour que d'autres puissent se planquer, là-haut !

— Tu avais mis l'enseigne ? interroge Labiénus.

— Bien sûr ! Il y en avait partout. Comme à cette heure, on n'y voit guère, j'avais fait donner à chaque cohorte, même les miennes, un fanion de la légion de Naso puisque c'est celui qui avait été choisi. En plus, et comme prévu, je l'ai planté au sommet de la montagne, là où je me tenais.

— Que représente ce fanion ? demande doucement César.

— Ben… un ours ! répond Naso. Ça a toujours été l'emblème de la Huit…

— Par Jupiter, je comprends ! s'écrie César. C'est le même animal que celui des Helvètes. Ton enseigne et celle des Helvètes sont identiques : un ours ! Concidius aura confondu !

Silence pesant.

Quelques secondes de stupeur plus tard.

— Oui… mais la tenue des hommes ? intervient Labiénus. Concidius aurait dû reconnaître les uniformes romains, les casques, les armures, les armes.

Pas de confusion possible, là ! Il nous a dit n'avoir rien vu !

Capito, soudain, s'agite, frappe son front du plat de la main.

— Mais non ! Il ne pouvait pas les reconnaître ! dit-il d'une voix soudain assourdie.

— Pourquoi ?

— Oh ! J'avais demandé aux hommes de retirer leur casque et leur armure et d'emballer le tout dans leur sac de marche. Pour éviter d'être trahis par un reflet de lune sur le métal ou la chute d'un objet bruyant. Dès le signal de l'attaque, on devait se rhabiller et foncer.

— Rien ne ressemble plus à un homme en tunique qu'un autre homme en tunique, surtout en pleine nuit ! constate Labiénus avec logique. Le fanion d'abord, la tenue ensuite ! Pas étonnant que Concidius se soit trompé !

— Ce qui est fait est fait ! résume César, dont le fatalisme grinçant et inhabituel surprend son entourage. On ne peut accabler ni toi, Capito – tu as agi finement – ni le légionnaire.

— Les dieux n'étaient pas avec nous aujourd'hui ! conclut Naso.

— À moins qu'au contraire, ils nous aient été particulièrement favorables ! réplique César. En ignorant que les Helvètes allaient se lever tôt, nous avons peut-être évité une bataille plus rude et plus meurtrière que nécessaire. Bah ! Ne regardons pas en arrière. Nous préparerons la prochaine attaque avec d'autant plus de précision. En attendant, nous reprenons le régime normal : nous suivons la colonne helvète et camperons désormais un peu plus près, disons cinq kilomètres environ.

12 JUIN -58

LA PART DES DIEUX

Admirable paysage éduen, tendre et fier, doux en même temps que puissant. Ce matin, au lever du jour, le chant des oiseaux raccompagne la nuit, qui tire sa révérence dans un éblouissement pâle et subtil. Les marbrures rosées du levant promettent au soleil, encore caché, une route sans encombre à travers la voûte céleste, tout au long du jour qui commence de colorer la colonne helvète.

À l'arrière, le pragmatisme domine. Pour Harilac et ses lieutenants, l'intérêt de la lumière qui monte du levant ne réside pas dans la qualité de sa couleur, encore moins dans la poésie de ses tons chatoyants, mais seulement dans la possibilité qu'elle leur offre de s'assurer du bon ordre de marche de l'armée des cinquante mille fantassins regroupés en queue du convoi. Des chariots réquisitionnés pour la circonstance transportent les bagages de cette armée en marche. Harilac n'a pas souhaité voir ses hommes encombrés en cas d'assaut : il les préfère libres, mobiles et réactifs.

Six heures. La tête de la colonne marche depuis une heure, aux ordres de Ségorix, qui chevauche en compagnie d'Artébax.

— Dis-moi, Druide, nos espions surveillent les légions romaines : hier soir, elles campaient sagement à une dizaine de kilomètres de notre arrière, comme tous les soirs. Je n'ai pas encore de nouvelles des éclaireurs de la nuit. Hormis l'escarmouche des cavaleries, il y a plusieurs jours, rien ! Pas la plus petite attaque ! Ils se contentent de nous suivre. C'est étrange ! Qu'en penses-tu ?

— Tu sais, roi, que ce voyage ne me plaît pas ! La route que nous suivons ne me plaît pas ! Le pacte avec les Éduens ne me plaît pas !

— Même le pacte ?! C'est nouveau, cela !

— Dumnorix ne me plaît pas !

— Peu de choses te plaisent, ce matin ! observe Ségorix avec un sourire.

— Nous aurions pu traiter avec le vergobret Lisc : c'est le roi élu, c'est lui qui détient le pouvoir chez les Éduens. À la place, nous avons pactisé avec son prédécesseur, qui a toutes les caractéristiques d'un intrigant ! Sont-ils d'accord, tous les deux ? L'attitude de Dumnorix a changé ces derniers jours ! Nous n'obtenons plus d'informations sur ce qui se passe chez le

Romain. Qu'est-ce que cela signifie ? Aurait-il changé de camp ? Fait-il le jeu de César, à présent, pour mieux servir son ambition ?

Ségorix, que la simple observation des faits avait conduit à la même interrogation qu'Artébax, ne veut pas faire partager ses doutes. Ni au druide, ni à son Conseil. Que l'un de ses lieutenants bavarde sur l'attitude supposée de Dumnorix, et c'est la foi granitique dans le succès de l'opération qui serait mise à mal. Pas question de laisser la gangrène du doute s'insinuer dans la colonne.

— Impossible, Druide ! Pas Dumnorix !

— Peut-être ! élude, songeur, Artébax avec cet air absent qu'il prend volontiers pour signifier qu'il en sait beaucoup plus qu'il ne veut en dire.

— Ton avis sur l'attitude des Romains, Artébax ?

— Les dieux n'ont pas de patrie, Ségorix ! En tournant dans le sens maléfique, nous fâchons nos dieux ! Je te l'ai dit et répété, et je le maintiens, malgré le calme de notre marche jusqu'à présent. Maintenant, pourquoi les dieux des Romains ne seraient-ils pas fâchés aussi, exactement comme les nôtres ? Et pour les mêmes raisons !

— Et alors ?

— Alors ? Alors, cela signifie que les Romains agissent aussi peut-être contre l'avis de leurs dieux !

— Si les événements devaient être mauvais pour nous, est-ce qu'ils ne seraient pas nécessairement bons pour nos ennemis ? interroge Ségorix.

— La pensée des dieux ne conduit pas au marchandage ! gronde Artébax. De toute la pratique de mon sacerdoce, je n'ai jamais observé que les dieux agissent en fonction des décisions des hommes ! Hérésie ! Hérésie !

— Pourquoi les Romains n'attaquent-ils pas ? se hâte de reprendre Ségorix, très peu désireux d'engager un débat théologique avec le druide.

— Si leurs dieux ne sont pas favorables à leur projet, et si, comme nous, ils refusent d'y renoncer par orgueil ou entêtement, ils doivent alors redoubler d'attention ! César est grand prêtre ! Il sait qu'ils devra affronter deux ennemis : les armes et le sort !

— Veux-tu dire qu'ils ont peur, Druide ?

— Je veux dire ce que j'ai dit, Roi !

Sans rompre la chevauchée en commun, Artébax écarte cependant très légèrement son cheval de sa trajectoire pour bien signifier à Ségorix qu'après cet échange, seul le silence est convenable, qui permet de communiquer avec le divin.

Au même moment, à l'arrière, Harilac et son armée s'ébranlent.

13 JUIN -58

LA LANCINANTE QUESTION DU RAVITAILLEMENT

4H

Le lendemain matin, au petit jour, dans un camp encore endormi, César convoque Mercator. La question du ravitaillement le tarabuste.

— C'est après-demain, la distribution, non ?

— Oui, cousin.

— Où en sommes-nous, Caïus ?

— Pas fameux ! maugrée Mercator. J'ai envoyé mes intendants ratisser la région. Le blocus est levé, mais c'est la marchandise qui manque. Devant nous, l'immense convoi helvète parcourt le pays à la recherche de sa nourriture et de son fourrage, lui aussi ! Ça fait beaucoup de monde supplémentaire à nourrir pour le pays éduen ! Le froment arrive par petites quantités : depuis ta discussion avec Dumnorix, j'ai rentré huit mille boisseaux de blé [6], peut-être neuf mille, mais certainement pas plus.

— Combien en faut-il pour une distribution complète ?

— Entre soixante-dix et quatre-vingt mille.

— Par Minerve !... Et les fruits ?

— Très peu de choses ! Les Gaulois n'en font pratiquement pas pousser, par ici. Nous avons acheté les fractions encore disponibles de la production de pommes de l'hiver. Les paysans nous disent tous que la plus grande partie de la récolte est partie à Bibracte. C'est là que se trouve le grand marché alimentaire de la région.

— La viande ?

— On ne fait pas de grosses réserves de viande : ça pourrit vite en cette saison. Notre garde-manger sur pattes se maintient : deux à trois cent bœufs et autant de cochons. Quatre ou cinq chariots de volailles. Même du temps de l'embargo, il était difficile aux paysans de planquer leur bétail. L'approvisionnement est tout juste suffisant, mais ça va pour l'instant !

— La boisson ne pose pas de problème particulier, je présume : la région regorge de rivières et de cours d'eau.

— En effet ! Mais pour la *posca*, c'est tout juste !

— Le fourrage pour les animaux ?

— Là, c'est préoccupant, cousin ! On commence sérieusement à manquer. Sans fourrage, les bêtes n'avancent pas : elles recherchent l'herbe et s'arrêtent pour brouter. Ça ne fait pas l'affaire de Labiénus : il ne veut aucun retard dans la progression de l'armée.

— Ce sont mes ordres ! confirme César. Bon !... Résume la situation, s'il te plaît.

— La prochaine distribution de vivres intervient le 15, dans deux jours. Elle sera assurée à moitié sans trop de difficulté. Après cela, boisson, pas trop de problème ! Encore que je me vois mal priver les soldats de vin ! Viande, on s'arrangera, mais il ne devrait pas y avoir de grosses difficultés ! En revanche, froment pour les hommes et fourrage pour les bêtes, l'approvisionnement est nettement insuffisant.

— Que proposes-tu ?

— Je ne suis pas favorable à une action un peu musclée auprès des paysans : ça ne donnerait pas grand-chose, et ils nous maudiraient ! Il reste des cachottiers, bien sûr, mais ce n'est pas avec le contenu de leurs planques qu'on nourrira l'armée ! La seule solution, de mon point de vue d'intendant, c'est d'aller faire notre marché là où les magasins sont pleins : à Bibracte ! Mais ça, mon cousin, c'est une décision qui ne m'appartient pas !

— Merci Caïus ! Tu es très clair, comme d'habitude.

— Très clair peut-être, mais très optimiste, sûrement pas !

— J'ai vu !...

En même temps qu'il raccompagne son cousin à la porte de sa tente, il fait venir son ordonnance.

— Réunion de l'état-major, ici-même, avant le départ, dans une heure.

Le Conseil, cette fois au grand complet, écoute Mercator exposer, à l'invite de César, la délicate situation des vivres.

— Les termes de la décision que nous avons à prendre sont très clairs ! résume César. Continuer la poursuite avec le risque de manquer de vivres ou aller chercher des vivres avec le risque de lâcher les Helvètes. Compagnons, vos avis ?

Le généralissime se carre contre le dossier de sa chaise et attend la première réaction.

Titus Cornélius Minor, le général commandant la légion Douze, rompt, le premier, le silence qui suit la sollicitation du chef.

— Au point où nous en sommes, je suis d'avis de forcer l'attaque. Nous étions prêts au combat hier matin. S'il faut en découdre avec les Helvètes, alors prenons l'initiative, vite. Plus tôt nous agissons, plus grandes sont nos chances d'en avoir terminé avant de manquer de vivres !

— Tout doux, Cornélius ! réplique Capito. Je n'ai pas fait tout ce chemin pour faire bouffer des racines de choux à mes hommes, si d'aventure on est au régime sec d'ici quelques jours !

— On risque peu, Capito ! réplique Minor. Si on préparait un siège en règle, alors là, oui on prendrait un gros risque ! Personne n'est capable de prédire la durée d'un siège ! Mais là, pas de ville forte à assiéger, pas de fortifications à faire tomber : on n'a aucune raison de s'éterniser au combat !

— On ne va quand même pas les regarder passer sans rien faire ! appuie Servilius, le lieutenant de l'état-major particulier de César.

— Il a raison ! intervient Quintus Aurélius, de la légion Sept. Il ne faut pas les laisser nous refaire le coup des Teutons !

Depuis le funeste épisode des barbares défilant pendant six jours entiers devant le consul Marius claquemuré dans son camp, le cauchemar de tout général romain consiste à regarder parader devant son nez, et impuissant, un ennemi ricanant et plein de morgue.

— Nous ne sommes pas en ordre de bataille, mais en ordre de marche, ce qui est assez différent ! observe Labiénus le stratège. Les occasions d'attaquer ne sont pas si nombreuses que nous puissions nous permettre de les gâcher. Il me semble judicieux d'assurer notre ravitaillement avant d'entreprendre une opération militaire. Après tout, Bibracte n'est qu'à vingt-cinq kilomètres d'ici.

— Il a bien parlé ! approuve Capito. Si, maintenant, nous craignons de perdre un convoi de trois cent mille personnes, c'est que nos espions sont borgnes et nos éclaireurs aveugles !

Son rire, communicatif, déride un instant l'assemblée des conseillers.

— Un point me soucie, Général, intervient Probus, autre lieutenant de l'état-major particulier. Au rythme de leur marche, les Gaulois auront quitté le pays éduen dans une semaine. Ici, on bénéficie du soutien de nos amis. Après, vers le couchant, chez les Bituriges, c'est l'inconnu ! On a tout intérêt à en finir avant.

Le généralissime approuve la pertinence de cette remarque. La discussion se poursuit. Les points de vue s'équilibrent : le Conseil comporte autant de faucons que de colombes ! Plus rien de constructif ne peut résulter de l'échange des positions, et donc de la poursuite de la réunion ! César, qui ne peut se permettre le moindre faux-pas, ni *a fortiori*, le moindre revers, tranche.

— Compagnons, nous allons à Bibracte ! D'abord, en faisant le plein de vivres, nous éliminons un problème vital qui, s'il restait sans solution, ne manquerait pas de peser gravement sur le moral de l'armée. Ensuite, en cessant momentanément la poursuite, nous intriguerons les Helvètes. Ils vont vraisemblablement baisser la garde : à nous d'en profiter au plus tôt, dès la fin des opérations de ravitaillement. Enfin, rien ne dit que les Helvètes continueront leur chemin comme si de rien n'était ! L'envie peut leur prendre de nous suivre, même de nous attaquer ! Le risque de perdre leur colonne est finalement minime ! La remarque de Capito est juste ! Procillus, c'est le moment de faire envoler tes « aigles », et toi, Labiénus, tes « explorateurs » !

La réunion est levée. Chaque général regagne sa légion.

Très peu de temps après le lever du soleil – il n'est pas encore six heures du matin –, l'armée se met en marche, infléchissant sa route vers le nord. Direction Bibracte.

13 JUIN -58

À LA POURSUITE DE CÉSAR

6H

Chez les Helvètes, le service de renseignement, moins sophistiqué que l'association des « aigles » de Procillus et des « explorateurs » de Labiénus, repose sur l'habileté et le sens de la fraternité des gaulois enrôlés dans l'armée de César, et surtout leur gourmandise à récupérer quelques pièces d'or pour des informations de bon aloi : c'est un service payant ! Les plus prolixes des informateurs sont des cavaliers : non seulement, ils accomplissent leur œuvre dans des délais bien plus rapides qu'un fantassin, mais, de plus, ils bénéficient de la complicité, désormais passive, de Dumnorix, surveillé jour et nuit, mais toujours prêt à orchestrer une action en faveur des Gaulois. Les occasions, pour un cavalier, de quitter le rang et disparaître ne manquent pas : les deux moments les plus favorables se situent lors du flottement qui accompagne le départ matinal, et au moment des repas.

C'est précisément à l'occasion du départ, ce matin, qu'un cavalier gaulois, peu après six heures, se laisse distancer par sa cohorte, se planque dans un sous-bois, attend par prudence que défile l'arrière de sa légion et, tournant bride, se met à caracoler vers la colonne helvète. Parvenu devant Harilac, il lui dévide tout ce qu'il sait : il explique que l'armée romaine a failli attaquer le convoi au petit jour hier matin, qu'elle avait complètement investi la montagne, à droite du campement helvète, qu'elle a finalement renoncé au combat sans que l'on sache bien pourquoi, que les chefs se sont longuement réunis ce matin et que, finalement, l'armée se détourne de la poursuite et se dirige vers le nord. Pourquoi ? Il n'en sait rien ! L'information est trop fraîche pour avoir pu être expliquée. Est-il sûr de ce qu'il avance ? Aucun doute : il appartient à la décurie de Lucius Emilius, officier peu favorable à César, qui n'a de cesse que de fournir des renseignements aux Helvètes, et c'est Emilius en personne qui lui a passé l'information.

Le transfuge attrape au vol une petite bourse où tintent quelques pièces d'argent et s'en retourne au galop. Harilac se précipite chez Ségorix.

6H30

Une demi-heure plus tard, le chef des Helvètes tourne en rond, les mains dans le dos, au milieu de ses généraux, conseillers et chefs de clans.

— Je ne comprends pas la manœuvre !

— Ils ont peur ! Ha ! Ha ! affirme Harilac avec une grande claque sur sa cuisse.

— Peur ? César ? Tu plaisantes, Harilac ! Ce n'est pas crédible ! objecte Camilas.

— Si César avait peur, il aurait rebroussé chemin au lieu de se contenter de seulement infléchir sa route ! observe judicieusement Ségorix.

— On se fiche de la raison ! Tout ce que je vois, c'est que César rompt le combat !

— Il ne rompt rien du tout, Harilac ! Le combat n'a pas commencé.

— Oh ! Toi, Camilas ! Tu joues sur les mots ! Aurais-tu la trouille de te battre contre César ?

Sous l'affront, Camilas, la main au côté, vers la poignée de sa dague, fait un pas en direction d'Harilac. Ses yeux transpercent l'homme à la pelisse.

— Tout doux ! Tout doux ! Ségorix s'interpose entre les deux hommes qu'il sépare de ses deux bras ouverts. Nous sommes tous un petit peu nerveux, ces temps-ci ! Cette marche, et cette poursuite qui ne se conclut pas, et cette incertitude aujourd'hui… Ce n'est vraiment pas le moment de se battre entre nous sous prétexte qu'on ne peut pas se battre contre les Romains !

L'évidence du propos déclenche quelques gloussements d'approbation. L'atmosphère se détend tout d'un coup. Harilac alors, éclate de son grand rire sonore et donne à Camilas une bourrade amicale qui envoie le conseiller du roi de l'autre côté du cercle. Il fait amende honorable.

— D'accord ! D'accord ! Camilas n'a pas peur. Et les Romains non plus ! Mais ça ne change rien : ces porcs ne sont plus derrière nous : c'est le moment de nous en débarrasser !

— Je partage l'avis d'Harilac, intervient Divicon. Il y a bientôt cinquante ans, avec les Cimbres, contre Silanus, nous avons fait volte-face, nous avons attaqué alors que le Romain ne s'y attendait pas, et nous les avons écrasés. Une bonne surprise vaut deux légions !

— Bravo, Général ! approuve Harilac. Faisons une surprise à César : le coup du chasseur chassé. On le suit, on l'attaque, on l'écrabouille et on reprend la route !

Il s'y voit, Harilac. L'escarmouche de la cavalerie s'estompe dans le passé. Depuis des semaines, pas un combat, pas une bataille. Même pas la plus petite provocation ! Que Taranis me damne, un guerrier, c'est fait pour guerroyer, pas pour regarder défiler le paysage !

— Qu'en penses-tu, Camilas ?

— César semble prendre la direction du nord ! Et au nord, il y a Bibracte ! C'est la plus grande cité commerciale des éduens. Il n'a qu'une seule raison pour aller là !

— Laquelle ? demande Harilac.

— Acheter ! répond Camilas sans hésiter. Et tout ce que César a à acheter, c'est le ravitaillement !

Teutatès m'est témoin, je vous parie que César va faire son marché ! Tiens ! Tiens ! Intéressant, ça ! Ça veut dire qu'il manque de provisions ! Et s'il manque de provisions, son armée est sans doute affaiblie…

— … et si son armée est affaiblie, c'est le moment de lui rentrer dedans ! achève Harilac.

— Pas bête ! lâche Ségorix. Qu'en penses-tu, Artébax ?

— Infléchir notre route par la droite, c'est plaire aux dieux ! répond le druide en tripotant le lourd cercle d'or traversé d'une croix et couverts de signes qui pend à son cou au bout d'une longue chaîne.

Le roi n'a plus vraiment le choix. Une douzaine de paires d'yeux fixent son visage.

— Bien ! C'est décidé ! tranche Ségorix. Nous poursuivons les Romains, nous les chassons de la région et nous reprenons notre route vers le grand Océan.

Un cri de soulagement et de satisfaction s'échappe des poitrines pendant que le martèlement des poings droits dans la paume gauche, sorte d'applaudissement sourd et feutré, emplit l'espace.

— Alors, il faut arrêter la colonne et que les soldats fassent demi-tour sur place ! observe Camilas. Ainsi, le gros de l'armée et la cavalerie, qui protégeaient notre arrière, se retrouveront en avant-garde, prêts à engager le combat.

— Que fait-on des bagages, des chariots, des vivres ? demande Harilac.

Chez les Gaulois comme chez les Romains, la perte des bagages, vivres, ateliers, matières premières, affaires personnelles des hommes en marche représente un risque majeur qu'aucun roi, aucun généralissime, n'est prêt à courir. Une telle perte, si elle survient, signifie errance et vagabondage, incertitude et vulnérabilité. Sans bagages ni chariots, ç'en est fini de toute entreprise envisageable : transhumance ou guerre victorieuse !

— Le moment venu, avant l'attaque, nous les regrouperons et les ferons garder, répond Ségorix. Nos fantassins doivent évoluer librement !

13 JUIN -58

PREMIÈRES ESCARMOUCHES

7H30

Peu après sept heures du matin, l'arrière garde des légions romaines est en vue. Les cavaliers d'Harilac, qui caracolent en tête de l'armée gauloise, juste devant la troupe compacte des fantassins, aperçoivent des hommes en armes. Casques de fer – certains équipés d'un protège-nuque, ou d'un plumet –, sacs aux dos, forêt de javelots pointés aux nues, enseignes frappées d'un dauphin, la Légion Neuf, qui ferme la marche, ondule sous le soleil matinal. Quelques chevaux accompagnent le mouvement, mais visiblement, le gros de la cavalerie n'est pas là ! De fait, sous les ordres de Dumnorix, il chevauche à l'avant de la colonne romaine.

Harilac groupe autour de lui une cinquantaine de ses archers montés sur de petits pur-sang vifs et rapides, et autant de cavaliers munis de longs boucliers, destinés à assurer la protection des archers. Son petit discours, en forme d'instructions, ne dure qu'une minute ou deux. Il sourit lorsqu'il conclut.

— Allez, les guerriers ! Foncez au galop vers nos amis, restez à distance de flèche, piquez-leur gentiment les fesses et revenez dans le rang faire provision de nouvelles munitions. On va les asticoter, ces porcs !

La dizaine d'assauts lancés par Harilac en vagues successives et roulantes, opérations plus provocantes que réellement dangereuses, agace les Romains au plus haut point. Les cohortes d'arrière-garde, sans ordre formel d'engager le combat, sont réduites à une décourageante passivité. Seuls quelques providentiels, mais inopinés, corps-à-corps viennent parfois rompre la déprimante parade des boucliers : de ces combats brefs mais d'une extrême violence, glaive contre épée, se relève toujours un blessé qui crache sur un mort !

Dès la première provocation des Helvètes, Drusus, le commandant de la Neuf, envoie à César et Labiénus un messager chargé de décrire la situation et de ramener les ordres.

8H45

Une heure plus tard, une volée de coursiers délivre aux légions les instructions du généralissime : Dumnorix flanqué de deux officiers romains, sa garde personnelle, et toute sa cavalerie se portent à l'arrière pour contrer les escarmouches de l'ennemi, prélude, pense-t-on, à une attaque de grande envergure. Toutes les légions, obliquent immédiatement vers la droite, en direction de la colline déboisée dans le bas, située là-bas, à moins de deux kilomètres. Avec la Sept, la Huit et la Dix, la légion Neuf de Drusus a mission de se mettre en ordre de bataille. C'est Aulius Tullius Capito, le général commandant la légion Dix, qui assure le commandement de cet ensemble. Les trois autres généraux sont placés sous ses ordres et rapportent directement à lui. Dans le même temps, les deux légions restantes, la Onze et la Douze, investissent le sommet de la colline, y amènent les bagages et assurent leur protection au moyen d'une fortification. Entre les deux blocs, César installera son poste de commandement. Exécution immédiate !

Avec une synchronisation presque parfaite, les Romains quittent le bel alignement des légions en ordre de marche qui devait les mener à la queue leu leu d'une traite vers Bibracte. Par cet infléchissement à droite en direction de la colline, les six légions se retrouvent presque côte à côte, pointant vers le même objectif.

8H55

Les observateurs postés par les Helvètes, ainsi que les transfuges gaulois du corps des auxiliaires de l'armée romaine, informent sans délai Ségorix et Harilac de la manœuvre de César.

— Ah ! Le bougre ! Il se réfugie sur la colline ! grogne Harilac, qui aurait de beaucoup préféré grignoter l'armée romaine, cohorte par cohorte, sur la route plate qui mène au nord.

— À sa place, j'aurais fait pareil ! observe Ségorix.

— Il faut attaquer les premiers, vite et fort ! Ne leur laissons pas le temps de s'organiser !

— Cavalerie d'abord, puis des bataillons, bien compacts, comme cuirassés. Qu'en dis-tu, Harilac ?

— C'est classique… et foutrement efficace !

— En plaine, oui ! intervient Divicon. Mais là, ils sont en haut, nous sommes en bas : ce n'est pas la même chanson !

— On n'a pas le choix, Général ! plaide Ségorix.

— Alors, que les dieux nous soient favorables. Je ferai un sacrifice dans ce but, ajoute Artébax, le druide.

— Alors, dépêche-toi de sortir tes autels, Druide ! ajoute Harilac. Dans une heure, ce ne sera que bruit et fureur, par ici !

9H15

Après avoir brièvement conféré avec César et Labiénus, Capito et les trois autres commandants de légions ont convoqué en réunion d'urgence les quarante officiers placés à la tête des cohortes, faute de pouvoir rassembler les centurions, leurs vrais relais de commandement.

— Soldats, nous avons reçu une double mission : d'abord repousser l'ennemi qui s'apprête à donner l'assaut, puis le poursuivre jusqu'aux Enfers et l'anéantir. Je considère comme ennemi – et César également – tout homme en armes animé d'intentions belliqueuses. Deux Gaulois sur trois, dans leur convoi, sont des civils. Alors, prenez garde ! Nous menons une guerre, pas une boucherie ! Est-ce clair ?

Un grondement d'assentiment lui répond.

— Ils sont plus nombreux, mais nous sommes mieux entraînés. Mise à part l'opération sur la Saône, ce qui se prépare aujourd'hui est notre première vraie bataille en Gaule, une bataille de soldats, une bataille de fantassins, les yeux dans les yeux et le glaive dans le ventre ! Vos centurions sont fin prêts : ils ne demandent qu'à se battre, ils n'attendent que cela ! Exhortez-les ! Chauffez-les ! Transmettez-leur ma confiance, et celle de César. Nous devons vaincre ! Et, avec l'aide de Jupiter Tonnant, nous vaincrons !

Quarante poings tambourinent sur quarante poitrines en guise d'approbation.

— Comment vois-tu notre organisation pour le combat ? demande un officier de la légion Dix.

— J'allais y venir, Lucius !

Capito expose rapidement, mais clairement et dans le détail, l'ordre de bataille imaginé quelques minutes plus tôt par César, Labiénus et lui-même, au cours d'une très brève réunion stratégique. Les quarante cohortes barreront tout le flanc de la colline. Elles devront être prêtes à s'étaler à droite et à gauche au cas où l'ennemi entamerait une manœuvre de débordement par un côté ou d'encerclement des deux côtés à la fois. Elles formeront une triple ligne de défense de manière à assurer un renfort immédiat et renouvelable en cas de besoin. Nous avons l'avantage considérable d'être en position haute : profitons-en ! C'est pourquoi les armes de jet seront utilisées les premières par la première ligne, d'abord les javelots, puis les flèches – attention de ne pas atteindre nos propres troupes ! L'artillerie entre en scène immédiatement, catapultes et balistes : elle intervient dès les premiers lancers de javelots. En fonction du résultat de la première opération de défense et de la réaction de l'ennemi, on fera donner la deuxième ligne, puis la troisième.

— Que fait-on des sacs et des pieux ?

— On fait comme d'habitude : l'équipe d'intendance de chaque cohorte se charge se rassembler vos affaires avec les bagages généraux. Plus de question ? Alors, rompez… et, que Minerve nous donne la victoire !

En même temps que Capito parle à ses troupes, la cavalerie de Dumnorix défile le long des cohortes et se porte à l'arrière, à la rencontre de l'armée helvète, comme convenu.

9H15

César installe son poste de commandement juste au-dessus des quatre légions, à peu près à mi-pente de la colline. Avec Labiénus, ses lieutenants, ses conseillers et ses coursiers, il dispose ainsi d'un angle de vision très large. Non seulement il surplombe son armée active, mais il embrasse trois horizons sur quatre et bénéficie, sur l'armée gauloise, d'un point de vue dégagé, quoi qu'un peu lointain.

Au-dessus de lui, les légions Onze de Lucius Octavus et Douze de Titus Cornélius Minor servent de renfort en cas de besoin tout en prenant en charge la protection des bagages de l'armée tout entière. Les chariots accèdent au plateau qui coiffe la colline par un chemin latéral, situé pour l'instant hors de ce qui sera la zone directe d'affrontement et grimpant pour partie à travers un petit bois. Mercator et ses lieutenants dirigent la manœuvre. Une fois arrivées au sommet, les deux légions de protection et de réserve commencent les travaux de fortification destinés à abriter vivres et bagages : elles dressent autour des chariots une barricade faite des pieux transportés par les légionnaires, de rochers trouvés sur place, d'arbres que l'on coupe. Les hommes – près de dix mille en tout – prennent position tout autour.

9H30

La colonne helvète des gens sans arme est arrêtée à quelques centaines de pas. On avise un champ large à l'herbe déjà jaunie par le soleil et qu'un paisible ruisseau traverse. Les paquetages de l'armée y sont concentrés. Les multiples pyramides de bonne taille que forment ces entassements recèlent, pêle-mêle, des sacs de peau gonflés d'objets non identifiables, des outres de tous calibres, des tonneaux en bois remplis de grains ou de liquides, des tentes grossièrement roulées, des coffres en bois ou en fer, des outils, des jarres, des vivres. Chaque tas appartient aux soldats d'une même famille, ou d'un même clan, identifiés par l'emblème fiché en terre. Ce capharnaüm est posé à même le sol, ou juché sur des plates-formes toujours arrimées aux bœufs tracteurs de manière à faciliter un éventuel départ précipité. Tout autour, une triple ceinture de chariots forme clôture. Des hommes en armes – l'équivalent de trois légions romaines –, pris dans tous les clans du peuple helvète, gardent le champ, disséminés par grappes au milieu des bagages ou patrouillant à la périphérie.

9H30

L'armée gauloise, regroupée sous les ordres

d'Harilac, s'apprête au combat. Devant, la cavalerie, légère, vive, réactive : cinq cents hommes. Derrière, l'infanterie, rangée en bataillons serrés : cinquante mille hommes. Entre les deux, Harilac et ses lieutenants.

Au signal, l'armée s'élance. Tressautant sur le dos de leurs chevaux aux oreilles dressées, tenant d'une main ferme et basse les deux rênes, le torse barré de la lanière de cuir qui soutient le fourreau, le casque ou le bonnet de cuir attaché au menton par une lanière, la main droite armée de la longue épée qui leur permet d'atteindre les fantassins sans se pencher, les cavaliers piquent leurs montures des talons et fondent sur les Romains.

Ils poussent des hurlements à réveiller les morts ! Le grondement sourd et puissant de la cavalcade joint aux vociférations épouvanteraient les plus braves. Dans le même mouvement, les fantassins suivent, d'abord en marchant puis, à mesure que le but approche, en courant et hurlant. Ils progressent, rangés par groupes, sortes de cohortes hétéroclites mais tout aussi dangereuses que les bataillons romains. Dagues, poignards, épées longues ou courtes, arcs et flèches, haches, lances, javelots, masses, tout ce qui peut servir à trancher, piquer, couper, percer, assommer, meurtrir, tuer, est mis à profit. Au bras gauche, le long bouclier de bois orné de son umbo central – cette rondelle métallique à laquelle s'accroche, au revers, l'épaisse poignée de cuir – fait office d'ultime protection : les guerriers, le torse nu ou revêtu d'une chemise de cuir, ne portent pas d'armure.

13 JUIN -58

COMBAT DE CAVALERIE

9H35

Le choc des cavaleries se produit au pied de la colline, terrible et tourbillonnant. Sur son cheval noir de haute taille, Harilac s'est porté à l'avant de l'attaque. Son casque – corne de phacochère et ailes de merle – galvanise ses troupes autant qu'il terrifie l'ennemi. Depuis la défaite de Dumnorix, il y a dix jours, la réputation de puissance et de ruse du chef militaire helvète a atteint le moindre décurion de l'armée de César, amplifiée sans aucun doute par la cascade de témoignages, le plus souvent exagérés, sur sa force surhumaine et sa cruauté. Chez César, on évoque Hercule lorsqu'on prononce le nom d'Harilac !

Avec des rugissements d'apocalypse, la cavalerie gauloise sépare en deux parties le bel ordonnancement romain comme un coin fend une bûche. La fureur décuple les forces des attaquants tandis que les Romains, suivant les consignes de Dumnorix, s'abstiennent de répliquer au premier choc et semblent attendre que l'assaut s'essouffle.

La manœuvre gauloise est habile : les lignes de fantassins romains, immobiles, laissent le champ libre. Profitant de l'aubaine, Harilac, qui a transpercé la cavalerie romaine, la contourne puis revient par les deux flancs tandis que ses guerriers, au pas de course, au coude à coude, lance en avant, se jettent dans la mêlée. Une fois de plus, la tenaille fonctionne ! Une fois de plus, la cavalerie de César fait les frais de la manœuvre. En quelques minutes, l'affaire est entendue ! De nombreux chevaux romains percés, éventrés tombent, emprisonnant des jambes, écrasant des armures, assommant des soldats ! Les cavaliers désarçonnés sont achevés à l'épée ou piétinés par les chevaux. Lorsqu'ils le peuvent, ils profitent de la confusion pour s'enfuir, implorant les dieux de les guider hors de portée de ces sauvages aux vociférations de bêtes. Des enseignes romaines, lacérées, jonchent le sol.

Du côté des Gaulois, le bilan est lourd : les cavaliers d'Harilac se sont battus à un contre huit : plus d'une centaine gît dans le sang, les tripes ouvertes, défoncés et lardés de coups de glaive. Le quart de la cavalerie gauloise disparaît dans la bataille. Les fantassins s'en sortent mieux : peu de morts, quelques blessés.

Un regard sur le champ de bataille montre les cavaliers romains les plus tardifs quitter honteusement la plaine, sans arme, la mise de travers. Après la furie du combat, dans le silence tout à coup retrouvé, une immense clameur monte vers le ciel, dont les échos roulent jusqu'aux pieds de César, comme un défi ! Le généralissime, immobile, statufié, observe. Le visage semble parcheminé. Les yeux ne cillent pas.

9H45

Harilac parcourt des yeux le charnier qui, peste-t-il, va gêner sa progression. Qu'importe ! Son visage, farouche, est couvert de sang. Ses cheveux, poisseux, raides et emmêlés, ne parviennent pas à cacher la braise d'un regard halluciné. Son cheval, que l'odeur du sang rend nerveux, piétine d'avant en arrière avec, parfois, de petits cabrements que le cavalier compense avec souplesse. Il a remisé au côté son épée de fer, geste qui laisse dégouliner à l'extérieur du fourreau des grumeaux de matière sanguinolente et visqueuse.

— Helvètes ! dit-il d'une voix forte en étendant la main pour obtenir le silence. Helvètes, c'est notre deuxième victoire contre le Romain.

Un long cri jaillit, s'amplifie en volant jusqu'aux dernières cohortes, en même temps que se dresse au bout des poings une forêt d'armes de mort.

— La troisième victoire ne tient qu'à vous !

La vocifération reprend, identique, puissante, stridente. Les poings se lèvent à nouveau. Harilac laisse s'éteindre le feu de l'acclamation.

— Là-bas – d'un large geste, il désigne le milieu de la colline – vingt mille porcs romains s'apprêtent à défendre leur peau. Ici, cinquante mille guerriers ne rêvent que de la leur trouer ! Je vous le dis, nous sommes les plus braves (cris et poings qui se lèvent), les plus forts (cris et poings qui se lèvent encore), les plus décidés (hurlements et forêt de poings) ! Que Taranis nous damne, nous allons leur rentrer dedans, les étriller, les exterminer ! Ces rats nous collent au train depuis des semaines ! Chassons-les ! Massacrons-les !

Harilac dégaine son épée, la lève au ciel en poussant un hurlement rauque et long. Une vague de cinquante mille gosiers lui répond, dont l'écho roule un long moment dans la plaine.

Le chef gaulois s'écarte alors de l'espace qui mène son armée au pied de la colline. D'un signe convenu, les chefs de clans mettent leurs hommes en ordre de bataille ! À l'avant, ils forment une sorte de phalange. Les hommes, groupés par grappes d'une centaine, avancent épaule contre épaule, en rangs très serrés. Ils se protégent des flèches et javelots adverses en formant un toit de leurs longs boucliers : peu d'interstice dans cet enchevêtrement horizontal ! Pas de lumière non plus, ce qui rend l'exercice périlleux ! Dans la phalange, les fantassins des deux premiers rangs pointent leurs lances à l'horizontale, les autres ont l'épée au poing. Ainsi armé et cuirassé, le carré s'avance vers l'ennemi. L'objectif : enfoncer les premières lignes ennemies, désorganiser leur système de défense et massacrer à tout va !

Harilac abaisse son bras. Les voix rauques et caverneuses des carnyx sonnent la charge. Des dizaines de phalanges, en trois rangs successifs, s'ébranlent, suivies de la horde vociférante des fantassins gaulois.

13 JUIN -58

DÉTERMINATION

9H45

César fulmine.

Sa cavalerie en lambeaux lui a arraché, il y a un instant, des torrents maîtrisés d'imprécations qui se sont abattus à l'aveuglette, et injustement, sur le groupe de ses lieutenants. Sa colère, froide et violente, ne s'accompagne d'aucun geste outrancier, d'aucun hurlement. Vu de loin, il semble juste discuter. Quelque chose de fixe dans le regard, de crispé dans la mâchoire, de guttural dans la voix, manifeste, seul, l'état de bouillonnement intérieur du généralissime. Quelques mots incongrus, également ! Totalement inhabituels dans sa bouche !

— Des mercenaires ! gronde-t-il. Voilà ce qu'ils sont, ces cavaliers de cirque ! Des mercenaires tout juste bons à amuser les putains des bas-fonds de Rome ! Pas de tripes ! Pas de courage ! Pas de hargne ! Pas de couilles !

Autour de lui, le silence ! Évidemment ! Son conseil rapproché, Labiénus, Procillus et deux lieutenants, entoure César depuis le petit jour. Les généraux des six légions, convoqués sans ménagement, s'observent. Dumnorix, chef de la cavalerie, est absent.

— Nous avions le nombre, ils avaient la fougue ! Voilà la différence. On me dit que les Gaulois sont brouillons, pas organisés, instinctifs ! Qui donc a rapporté pareilles âneries ? Ils ont manœuvré à la perfection ! Et si vite, qu'il eût été vain d'intervenir.

— Nous avons commis une erreur !

Labiénus, qui a relevé la tête, fixe César dans les yeux lorsqu'il exprime son aveu. Aucune morgue, aucune fierté dans ce regard ! Le stratège a observé, il analyse, il rapporte. En ces instants, les états d'âme de son chef comptent pour peu : son devoir est de commenter, il commente.

— J'ai vu ! répond César, le ton débordant d'une ironique causticité. Mais dis toujours !

— Nous étions prêts à faire cesser les escarmouches, pas à arrêter une charge de cavalerie ! Nous avons sous-estimé les Gaulois : fatale erreur !

— Que fallait-il faire ? demande, candide, Procillus.

— Ne pas envoyer la cavalerie sans le soutien d'une ou deux légions...

— Tactiquement, tu as raison, Labiénus ! coupe César. Mais je ne parle pas de tactique ! Je parle des tripes de combattant ! Il n'est pas tolérable que des soldats de l'armée de Rome aillent au combat comme on va en promenade ! Les guerriers, les vrais, ne pensent qu'à la guerre, ne vivent que pour tuer, meurent pour la victoire ! Ils sacrifient tout à cela ! Leurs vieux jours, leurs femmes et leurs enfants, leur lopin de terre, leur peau ! Plus rien ne compte ! L'acharnement à se battre et à vaincre est leur seul horizon ! Prenez exemple sur les Gaulois : ont-ils peur de la mort, eux ? Est-ce qu'ils tortillent de la croupe quand il s'agit d'affronter l'ennemi ? Vous avez entendu ces cris de guerre ? Vous avez vu cette charge hargneuse ?

Capito se redresse d'un coup, comme fouetté jusqu'au sang. Quoi ! Me donner, à moi, ces sauvages en exemple ? À moi ? ! Il a déjà la bouche ouverte pour répliquer lorsqu'il croise le regard de César. Il y lit clairement, mais fugitivement, que l'apostrophe ne s'applique pas à lui. Il se tait.

— Soldats ! tonne le généralissime. Je veux des guerriers, pas des femmelettes ! Vous serez jugés sur l'ardeur de vos hommes !

César interrompt sa harangue, le temps, pour chacun, de se pénétrer de ses paroles. Les têtes se sont levées, les yeux ne fixent plus le bout des chausses. Les six généraux savent que la victoire passe par l'engagement total des troupes. Ils savent que rien n'est plus contagieux que la peur, dans une armée au combat. Inversement, le courage appelle le courage : contagion, encore !

César sait qu'ils savent.

— Les hommes ont vu la défaite des nôtres. Je ne les laisserai pas un instant douter de notre détermination à nous battre et à vaincre ! Je ne veux pas qu'ils pensent que leurs chefs sont à l'abri du risque de mort parce qu'ils sont les chefs et qu'ils ont les moyens d'échapper au sort funeste en cas de défaite ! Je ne peux pas les haranguer, ils sont trop nombreux ! Alors, je vais leur montrer, par un signe que tous comprendront, que je les emmène au combat pour la victoire, que je partage le sort des combattants et que je défie la mort !

Il appelle son ordonnance, qui fait les cent pas à quelque distance de la réunion.

— Prends mon cheval, ainsi que les chevaux de tous les généraux, lieutenants, conseillers, rassemblés ici. Emmène-les loin, là où aucun d'entre nous ne pourra les atteindre. Nous ne les récupérerons qu'à l'issue de la bataille !

L'ordonnance salue et quitte le cercle en direction du pacage improvisé où broutent paisiblement une douzaine de chevaux.

— Généraux, faites savoir à vos hommes que César a renvoyé son cheval ! Dites-leur qu'il combattra à leurs côtés, à pied. Et qu'il en sera de même pour les généraux ! Allez ! Et, par Jupiter, nous vaincrons ! J'en fais le serment !

13 JUIN -58

LA RIPOSTE

10H15

Le troisième rang de phalanges gauloises commence de grimper les flancs de la colline lorsque les premiers carrés parviennent à portée des forces romaines. Le front s'étale sur cinq cents mètres. À l'arrière, les clameurs et vociférations helvètes redoublent. Les soldats frappent leurs boucliers du plat de leur épée pour ajouter à l'enfer du vacarme. À l'appel d'une modulation spéciale des carnyx, jaillit de milliers de gorges un long et terrible cri de guerre. Il est hurlé trois fois de suite. C'est le signal de l'assaut.

Les phalanges accélèrent. Quelques dizaines de mètres à peine les séparent des cohortes de la légion Sept. Elles accélèrent toujours ! Encore trente mètres pour le contact !

Quintus Aurélius, abaisse d'un coup le fanion au renard, son enseigne, qu'il tient à bout de bras : privé de son cheval, il reste invisible de ses hommes ! Il a dû inventer ce sémaphore pour donner ses ordres. C'est le signal de la riposte.

Aussitôt, les javelots – plus de mille – s'envolent, fendent l'air en une courbe aussi gracieuse qu'inéluctable, avec un chuintement que le nombre finit par rendre sifflant, et viennent se ficher en pluie sur le champ de boucliers horizontaux offert par les phalanges, en contrebas. Les premières lances n'ont pas encore atterri qu'un envol de flèches les suit, courbe plus élancée pour cibles plus lointaines. Un instant, les sifflements des deux armes se joignent en une terrible et mortelle harmonie.

Par-dessus la première ligne romaine, les projectiles lancés par les catapultes et les balistes s'abattent sur les boucliers, écrasant les assaillants sous le granit et la ferraille.

Aux flèches succèdent une deuxième vague de javelots. Puis, de nouveau des flèches. Et ainsi de suite. Le pilonnage ne cessera pas tant que les cinq mille hommes de la légion Sept n'auront pas épuisé leurs armes de jet et leurs munitions.

En dessous, le désordre est immédiat. La riposte des légionnaires a stoppé net l'attaque. Les dégâts, innombrables, font basculer d'emblée le sort des armes. Les phalanges gauloises sont si denses, si serrées, qu'en retombant, les javelots percent et clouent ensemble les longs boucliers qui se chevauchent. La chute des boulets s'avère particulièrement meurtrière. Sous le toit d'osier, de bois et de cuir, la pagaille le dispute à la douleur. Ceux dont le crâne a éclaté à l'impact des pointes, morts sur le coup, coulent à terre, le bras gauche crispé sur la poignée de leur bouclier : ils entraînent au fond, inévitablement, les porteurs des boucliers voisins. Les chanceux qui n'ont pas été atteints par les javelots et tentent de se relever se blessent à cette herse qu'est devenu le toit protecteur. Les guerriers que le sort a jusqu'alors épargnés et qui parviennent à se redresser tombent sous les piqûres mortelles des milliers de flèches romaines qui strient l'air déjà chaud. Cernés de morts ou de blessés, empêtrés dans mille obstacles, les survivants ne peuvent envisager de repli qu'en abandonnant leur bouclier, devenu chaîne et boulet à la fois.

Sans protection, quelques centaines d'Helvètes émergent du chaos de bois, d'osier tressé, de sang et de cuir qui recouvre les premières pentes de la colline.

C'est alors que l'armée romaine se met en marche.

10H20

Au commandement, quarante cohortes, glaive au poing droit, petit bouclier ovale au bras gauche, dégringolent vers la plaine.

Face à la fougue, l'intrépidité, l'emportement, les hurlements des Gaulois, l'ordre, la discipline, la détermination des Romains dégagent, tout à coup, un relent d'irréel. Par groupes de soixante-dix hommes, les centuries déboulent, les unes à côté des autres, les unes derrières les autres, sans se mélanger pour rester, à tout instant, à portée de voix de leurs centurions respectifs. Chaque groupe de six centuries forme une cohorte à laquelle a été assignée une fraction de territoire à conquérir. Les dix cohortes d'une même légion restent groupées et solidaires, sans laisser d'espace pour des cohortes d'autres légions, ce qui rendrait confus le commandement de l'ensemble. L'armée romaine, ou le triomphe de la stratégie servie par une discipline sans faille ! Déferlant dans l'ordre, les soldats de Rome avancent. On les dirait mécaniques !

Hébétés, impuissants à se défendre, les rescapés des phalanges gauloises tombent sous le glaive. Les légions passent.

Au total, la riposte de César fait douze mille morts.

13 JUIN -58

LE REPLI HELVÈTE

10H35

Harilac trépigne de rage. Face au désastre des phalanges, ses fantassins prennent peur ! À l'ouest du champ de bataille, à distance rapprochée, une colline comparable à celle qu'occupent les forces romaines offre une solution de repli. Il se résout à une retraite tactique.

Artébax le druide, d'une voix éteinte, constate les dégâts.

— Beaucoup des nôtres ont traversé le Sidh et ont rejoint l'Au-Delà. Nous leur rendrons hommage plus tard, avec tous les autres, lors de la fête de Samain.

Pour l'instant, je vais offrir un sacrifice aux dieux pour attirer leur bienveillance…

— Plus tard, Druide ! Plus tard ! interrompt Harilac avec un geste agacé de la main. Ségorix, il faut nous décider !

— Un Helvète ne se replie pas ! répond le roi avec fierté.

— Non ! Mais un Helvète se fait tailler en morceaux comme un vulgaire jambon s'il ne bouge pas ! réplique Harilac.

Camilas se tient immobile. Crilax, ombre du roi comme à son habitude, attend les ordres.

— Il a raison ! dit Divicon d'une voix sourde en faisant un geste du menton vers Harilac. Roi, il ne sert à rien de t'entêter. Rassemble tes forces, montre leur que tu ne crains pas le combat, et fais face !

Ségorix réfléchit une fraction de seconde. Il lève les yeux sur Harilac qui, d'un mouvement de paupières, l'encourage à décider.

— D'accord ! Repli sur la colline. Et sans panique ! Exécution.

Les chefs se dispersent pour donner aux hommes l'instruction de repli en bon ordre.

10H45

Déchaîné, Harilac quitte le cercle, enfourche à la volée son cheval noir qu'un esclave tenait par la bride à quelques pas de là. D'un galop furieux, il se porte au contact du chef des Tulinges. Au passage, il fait signe au Boïen de le suivre. Les montures transpirent lorsque tous trois mettent pied à terre. Ces deux clans ferment la marche de l'armée gauloise, désormais. Il ne faut pas plus de deux minutes à Harilac pour expliquer son plan aux deux chefs. Sans poser de questions, ils opinent et s'en retournent auprès de leurs troupes respectives.

10H55

Harilac observe que les instructions commencent d'être suivies. De spontané et pagailleux, il lui semble que le repli devient davantage maîtrisé. Illusion, sans doute !

Il faut penser aux bagages. Il se dirige vers le champ où les gens sans arme attendent au milieu des chariots.

— En route ! En route ! crie-t-il en indiquant une direction voisine de la colline : il lui faut absolument empêcher que les bagages, mal placés, encombrent le champ de la bataille qui s'annonce.

Il donne l'ordre de retirer dix des quinze mille soldats affectés à la garde des chariots. Il aura besoin de toutes ses forces pour vaincre les Romains. Pour compenser sa ponction, il recrute, parmi les gens sans arme, tous les hommes valides, artisans, domestiques, esclaves, mais pas les prêtres ni les autres « faiseurs de sacré ». Il en affecte quelques milliers – les tribus périphériques – à la garde des chariots sous le commandement des cinq mille guerriers restant. Il envoie les autres vers le champ de bataille avec ordre de se procurer une arme sur les morts et de venir grossir l'effectif des combattants.

Une femme barre la route, entre deux chariots.

— Ôte-toi de là, femme ! aboie Harilac en cabrant son cheval.

— Tu m'as pris mon homme ! répond la femme, les poings sur les hanches, une dague passée à la ceinture qui tient fermés les deux pans de sa tunique.

— Que fait-il ?

— C'est le chaudronnier.

— J'en ferai un soldat !

— Je sais me battre aussi ! Donne-moi un arc et des flèches, et tu verras ! Donne-moi une épée, et les Romains le regretteront !

Le visage piqueté de taches de rousseur recèle deux petits yeux malins, à la limite de la cruauté. Une crinière blondasse couvre le cou et les oreilles auxquelles pendent deux boucles en os. De stature courte mais solide, campée au milieu du chemin, les pieds légèrement écartés, elle respire la froide détermination.

Harilac réfléchit à toute allure. Le convoi comporte plus de cent mille femmes. Si seulement deux sur dix sont, comme celle-ci, du bois dont on fait les guerrières, alors le renfort peut s'avérer décisif. Pas le temps de recueillir l'accord de Ségorix.

— Tu es seule dans ton genre, femme ?

— Tu veux rire, soldat ! Regarde autour de toi !

De fait, partout où porte son regard dans le convoi civil, il distingue maintenant ces visages sur lesquels, en temps de guerre, son œil avait maintes fois glissé sans jamais prendre soin de s'arrêter. Des centaines de silhouettes, vêtues comme des femmes mais farouches comme des hommes, tresses brunes, nattes blondes, tuniques bariolées, épaules de bûcheron, arrêtent leurs activités et le fixent de toute la force de leur volonté.

— Très bien, femme ! Tu l'auras voulu ! Rassemble ton bataillon en jupon et suis-moi ! Tu prends le commandement ! On va là-bas, sur la colline !

Elle s'écarte. Le cheval d'Harilac fait quelques pas en avant, puis s'arrête. L'homme se retourne sur sa selle. Son œil brille. Il fixe la femme dans les yeux. Elle a un air sérieux, grave même.

— Alors ça… tu me les coupes !

Il éclate d'un rire tonitruant, qui se communique à toutes les nouvelles recrues.

Sautant à bas de son cheval, il s'approche de la femme, la saisit à bras le corps et lui secoue le dos de deux ou trois bourrades à assommer un ours. Puis, aussi vite qu'a duré ce fugitif mouvement, il saute en selle et disparaît dans un tourbillon de poussière.

11H

L'armée romaine avance.

Pas de cris, pas de chants, pas de hurlements ! Mais un grondement métallique ininterrompu, crissement les unes contre les autres des lamelles d'armures, chocs des fourreaux contre les jambières, frappe des lances par terre. Les semelles de cuir piétinent l'herbe sèche sans aucun bruit, mais la multitude des pieds, des pas, des galopades, soulève la poussière, nuage blanc-gris dont émergent, comme par magie, des troupes sans cesse identiques et sans cesse renouvelées. Des officiers chevauchent, raides dans leur cuirasse qui dessine la musculature de leur thorax, crinière rouge sur le casque, lance courte à la main. Des fanions, des emblèmes, des étendards, des drapeaux, parsèment, de place en place, la masse ondulante, dévoilant l'aspect rangé de l'organisation des cohortes en marche.

11H

Les chefs de clans, leurs lieutenants, les anciens, tout ce que l'Helvétie compte d'autorités sur un quelconque groupe de soldats, bousculent, houspillent, exhortent, vocifèrent, pour que le mouvement vers la colline accélère. De fait, très rapidement, les hommes trottinent. Certains, à l'avant-garde, courent. Tous hurlent !

Marée de casques à cornes, à ailes, à crânes. Vagues de bonnets de peau, de fourrure, de toile. Bouquets d'armes de toutes sortes brandies ou portées : épées, bien sûr, mais aussi arcs, frondes, lances, épieux, broches de fer. Et ces boucliers, oblongs, hauts et larges comme un homme, bariolés de motifs colorés. Et ces ouvertures béantes des carnyx, gueules à jamais figées dans leur râle de cuivre, comme agonisant. Et ces enseignes aux têtes d'animaux : l'ours, évidemment, l'animal fétiche du peuple helvète en transhumance, mais aussi les bêtes de la montagne, réelles ou imaginaires, seules ou par couple, le loup, le renard, le chamois, la buse et bien d'autres.

Ils se regroupent sur la colline, les Verbigènes et les Tulinges, les Sarunètes et les Rauraques, les Séduns et les Nantuates, et ceux des Boïens qui font partie du voyage.

11H15

Harilac a rejoint Ségorix et l'état-major, à mi-pente, là où le roi a décidé d'installer son commandement.

—Comme c'est étrange ! pense Divicon. Les positions sont tout à coup inversées : nous surplombons les Romains. Une aubaine !

—Mouais ! Pas très fortiches, les stratèges de César ! laisse tomber, superbe, Ségorix en esquissant un sourire.

Dans le petit groupe, chacun avait fait, pour lui-même, cette constatation. Pourtant, personne ne l'avait exprimée tout haut, de peur, peut-être, de rompre le charme et attirer à nouveau sur eux le maléfice qui semblait pourtant avoir changé de camp ! Même Artébax se tait !

Peu à peu, comme un amphithéâtre se remplit lorsque arrive l'heure de la représentation, la colline des Gaulois se peuple jusqu'au sommet ! Près de cinquante-cinq mille guerriers y trouvent place.

Le convoi civil fait route vers le lieu de regroupement par l'est. Sa progression, extrêmement lente, met en péril l'ensemble de l'expédition. S'il advient que les Romains aient le projet de s'en prendre d'abord aux bagages, aux chariots, aux vivres, c'en est fini de l'exode, même en cas de victoire finale des Helvètes.

— Bah ! Il n'y a rien d'autre à faire ! marmonne Ségorix, pour qui cette mauvaise pensée vient chasser le réconfort de se savoir mieux placé que l'adversaire pour la bataille finale.

Venant de la même direction que le convoi, mais progressant beaucoup plus vite, une multitude désordonnée, hurlante et vibrante, court dans leur direction.

— C'est quoi, ça ! interroge Ségorix. Et d'abord, d'où ça vient ?

Les voix, plus stridentes que celles des guerriers, l'intriguent. À mesure que la meute s'approche, il distingue des tenues que ne revêtent pas, d'ordinaire, les soldats helvètes : des tuniques longues volètent au gré de la course, des châles flottent sur les épaules,

les têtes ne portent aucun casque. Pourtant, il y a les armes : il voit des javelots, des épées, mais pas de boucliers !

— Par Lug Tout Puissant... !

Il bourre le flanc d'Harilac d'un magistral coup de coude.

— Des... des femmes !

— Je sais ! répond calmement Harilac....Elles ont voulu !

11H55

Harilac se tourne vers sa gauche, pointe son doigt vers le bas de la colline, là où se présente, ordonnée et rutilante, l'armée de Rome.

— Regarde dans cette direction, Roi, et observe bien ! Quand je lèverai les deux bras, lâche les hommes !

Puis, sautant en selle, il disparaît vers le lieu de rencontre où doit se dérouler le combat.

Sur la colline, les Gaulois cessent de progresser et se sont retournés vers la vallée : ils font désormais face à l'ennemi.

Les premières cohortes – elles appartiennent à la légion Neuf – montent à l'assaut sur un front de trois cents mètres de large. Rien ne bouge chez les Gaulois. Même les cris se sont tus ! La minute paraît une éternité.

Soudain, du flanc nord de la colline jaillit un

vacarme assourdissant : hurlements, son rauque des cors, des trompes et des carnyx, grondement de milliers de pieds sur le sol sec, martèlement de milliers d'épées sur les boucliers. Et toujours, ces vociférations, comme pour chasser le mauvais sort, la mauvaise fortune, les mauvais dieux ! Quinze mille Gaulois, des Tulinges pour l'essentiel auxquels se sont mêlés des Boïens, attaquent à revers les premières forces romaines.

Ségorix aperçoit le cheval noir d'Harilac, tout en bas, et l'Helvète qui remonte au grand galop son armée de traverse.

La manœuvre foudroie les Romains. Attaqués par le côté droit, celui qui est le plus difficile à défendre car le bouclier, tenu de la main gauche, gêne les mouvements de l'épée, ils doivent faire demi-tour sur place pour combattre avec quelques chances de succès. Le bataillon Tulinge ne leur en laisse pas le loisir. La colonne romaine, enfoncée, transpercée par la furie helvète, se scinde en deux. Deux à trois cohortes, celles de l'avant-garde, se retrouvent isolées en terrain ennemi.

Voyant que sa manœuvre a réussi, Harilac arrête son cheval, se tourne vers la colline, regarde dans la direction du poste de commandement, vers le milieu de la pente. Il avise l'enseigne du roi. Il ne distingue pas le double crâne de loup sur fond vert foncé : trop loin ! Peu importe, se dit-il ! Alors, poussant un rugissement de triomphe, il lève haut les deux bras.

C'est le signal qu'attend Ségorix. Le roi, à son tour, lève son épée et la rabaisse en direction de la vallée en poussant un rugissement violent que relaient immédiatement des dizaines de trompes. Aussitôt, tout le long de la pente, la vague des cris de guerre naît, prend corps, s'intensifie et les premières lignes helvètes se précipitent au combat, suivies bientôt par toute la colline.

13 JUIN -58

LA MORT D'HARILAC

12H08

En bas, dans la plaine, un javelot romain fend l'air.

Catapulté par le bras noueux d'un centurion anonyme de la légion Huit, il parcourt à grande vitesse la distance qui sépare le romain d'un grand gaillard à casque pointu orné de deux ailes de merle et d'une dent de sanglier. L'homme est ridicule : la bouche ouverte comme un puits, il lève les deux bras ; ce n'est pas une attitude de combattant, ça. Peut-être est-ce que je gâche mon arme avec ce géant qui n'a pas l'air bien malin. Si encore il se battait, je pourrais voir sa valeur ! Mais, là ! On dirait qu'il dit bonjour ! C'est bien le moment ! Mais, quelle cible ! Enfin, le coup est parti ! Ça fera toujours une de ces brutes de gaulois en moins !

Le javelot poursuit sa route : la pointe ne dévie pas de sa trajectoire courbe, même si la queue vibre très légèrement. Le projectile tourne sur lui-même à vitesse très lente.

L'homme commence à baisser les bras. Le bras droit d'abord, lourd, armé de la longue épée puis, une fraction de seconde plus tard, le bras gauche. Le torse pivote légèrement vers la gauche, vers le théâtre des opérations, vers ces cohortes romaines emprisonnées, vers ces forces gauloises farouches. La bouche, qui a fini de pousser son rugissement de triomphe, est encore à demi ouverte, la barbe et la moustache frémissent du mouvement de tête donné pour projeter le hurlement vers les nues. Les yeux noirs, enchâssés dans des orbites profondes, se tournent vers son nouvel objectif : la bataille, la tuerie, la victoire ! Il serre les flancs de son cheval entre ses cuisses d'airain et pique du talon pour ordonner à l'animal de reprendre le combat. Le grand cheval noir comprend l'ordre. L'homme ne voit pas, à la hauteur de son horizon, le point qui ne grossit que très peu et se dirige vers lui. Le cheval, se tasse un peu sur ses postérieures, bande d'un coup ses muscles et se projette en avant.

Le choc ! Le mouvement de l'homme à cheval, brutalement stoppé, se transforme en une fulgurance brûlante ! Un éclair éblouissant comme mille soleils éclate dans son cerveau, puis un voile opaque, moucheté de taches rouges, recouvre ses sens tandis que sa gorge, soudain, se remplit d'un liquide chaud et gluant. La tête bascule en avant, sur la poitrine, en même temps qu'un flot s'échappe de la bouche entrouverte et dépose son arabesque sanguinolente et filandreuse sur la crinière du cheval. Les yeux rencontrent l'image de ce bâton fiché là, incongru, en plein milieu du torse, juste au-dessus du sternum. À un doigt près, le large baudrier de cuir en aurait arrêté la pointe. L'épée tombe de la main du géant dont les yeux, ouverts mais vitreux, ne voient déjà plus rien. Le corps, en équilibre sur le dos du cheval, s'affaisse, penche à droite et tout doucement glisse de la selle. Le casque roule sur l'herbe sèche. Une aile de merle se brise. Le cheval noir, libéré de son maître, se cabre, hennit une longue plainte tremblotante et s'enfuit au galop en tournant le dos à la fureur de la bataille, loin de cette masse couverte d'une pelisse de bouc qui gît à terre dans une position grotesque, mamelon à jamais inerte, invisible, inutile.

13 JUIN -58

LA BATAILLE

12H15

Les trois cohortes de l'avant-garde romaine, tailladées par l'attaque frontale des hordes hurlantes qui dégringolent de la colline, transpercées par la furie des Tulinges faisant désormais obstacle à toute retraite, succombent.

Les pertes, considérables, aiguisent la rage des légions de César.

La bataille qui commence au zénith du soleil, en ce 13 juin, jour des Ides du mois de Junon, durera encore, de nombreuses heures plus tard, lorsque la lune, pleine et ronde, montera au firmament.

Témérité contre fureur. Courage contre bravoure. Application contre vaillance. Glaive contre épée. Discipline contre improvisation. Dague contre poignard. Cuirasse contre torse nu. Casque de fer contre mèches torsadées. Bouclier court et maniable contre pavois long et encombrant, homme contre homme, puis, bientôt, homme contre femme ! Par dessus la mêlée, flèches contre flèches, boulets contre rien. De part et d'autre, les chefs des bataillons, des cohortes, des hordes, des centuries, des bandes, d'égale ardeur, déterminés à vaincre, hurlent au massacre ! À la plus grande insouciance du Gaulois face à la mort, qui le rend extrêmement dangereux, répond un art de la guerre redoutable chez le Romain.

Dans le camp de César, les Capito, Aurélius, Drusus, Naso, leurs officiers, leurs centurions, ivres de fougue, de détermination et d'ardeur, mènent leurs troupes à la bagarre. Les légions progressent.

Chez les Helvètes, une grande voix manque.

Bousculés, abîmés, repoussés, meurtris, des clans gaulois se replient à nouveau sur la colline, dont les légions encerclent la base. Mètre par mètre, les hommes de Drusus et de Capito, remontent le cône du mamelon, par tous les côtés à la fois. Ils repoussent vers le haut les forces gauloises encore valides, taillent, tranchent, tuent, en de farouches corps-à-corps. Mars, le terrible dieu de la guerre, se régale ! La colline se transforme en piège pour les combattants de Ségorix. À elle seule, la bataille du sommet, effrayante de violence, laisse quatre mille morts sur l'herbe rouge. Pas un Gaulois n'en réchappe.

Le plus grand nombre des Helvètes se regroupe dans le champ, près des chariots de bagages. Les légions de Naso et d'Aurélius encerclent aussitôt l'endroit. Les équipes d'artillerie installent alentour leurs *tormenta*[7], ces machines à projectiles, catapultes, balistes, dont le rendement, face à un ennemi groupé et peu mobile, est phénoménal. En guise de riposte, les gaulois déversent sur les assaillants des grêles de traits, de lances et de cailloux.

Des flèches gauloises, tirées à ras de terre, filent au milieu des roues des chariots, trouant cuisses et jambes de légionnaires à travers les minces jambières.

Une fois les carquois épuisés, guerriers, hommes, femmes, et même enfants, bombardent les lignes ennemis toutes proches avec tout ce qui tombe sous la main. Le moindre tonneau devient arme, l'objet domestique un peu pesant, projectile.

Les femmes, déchaînées, se jettent dans les lignes romaines en hurlant, toutes griffes sorties, matraquent des casques, crèvent des yeux, percent des cuirasses, saisissent à pleine mains des lames de glaive[8] pour finir mains tranchées, têtes ouvertes, les doigt crispés sur quelque hideux trophée arraché à l'ennemi.

La bataille du champ de chariots, la vraie bataille, décisive et acharnée, dure tout l'après midi. Vers quatre heures, les légions Sept et Huit reçoivent le renfort d'une bonne partie des cohortes de la Neuf et de la Dix qui ont achevé leur travail sur la colline. Là-haut, Mars sourit, la main négligemment posée sur le sein de la déesse Victoire !

À la tombée du jour, le champ de chariots est encore secoué de quelques combats sporadiques, ici ou là, mais les combattants le savent déjà : la déesse, qui a longtemps balancé pour déposer sa couronne de lauriers, a choisi ! Le front décoré est romain !

Les quelques résistances isolées une fois réprimées, la colline se tait du bruit des armes. Plus aucun mouvement n'agite sa surface. Les hommes de César, exténués et abrutis, semblent figés ! La lune, vers minuit, n'éclaire plus qu'un charnier lugubre et pestilentiel. L'endroit résonne du bourdonnement des mouches à viandes par milliers qu'accompagne, en de horribles harmonies, la sourde mélopée plaintive et continuelle des milliers de blessés, que zèbre parfois le dernier cri d'un agonisant.

César et Labiénus, Capito et les autres, les lieutenants, les officiers, les centurions, les légionnaires, ont remporté une grande victoire. Disputée, meurtrière, incertaine parfois, mais indiscutable !

Derrière la fatigue qui tire ses traits et cire son teint, César rayonne !

NUIT DU 13 AU 14 JUIN -58

LA FUITE DES HELVÈTES

Ségorix est mort. Et avec lui, Crilax qui l'a défendu jusqu'au bout. Les légionnaires se sont mis à dix, armés finalement de piques, pour mettre un terme à l'effroyable carnage de romains causé par le Verbigène fou de rage, cerné et traqué comme une bête féroce. Le roi a vendu chèrement sa peau ! Son épée de fer tordue et inutilisable, il a continué de se battre avec son enseigne ! C'est au moment où la pointe de la hampe a traversé la gorge d'un soldat romain, transformant le fanion aux deux loups en un plastron sanguinolent, que, frappé par derrière, son casque a éclaté.

Dès le début de l'assaut, Camilas et Artébax le druide, guidés par de sombres augures, se sont échappés en courant par l'autre côté de la colline. Dans leur fuite, ils ont rejoint Vérucloet le diplomate, peu doué pour la chose militaire. Son compère, Nammée, engagé dans le combat aux côtés de son roi, est mort. Par une étrange coquetterie du sort, le vieux Divicon a sauvé sa vie : assommé par un projectile, son coma passager l'a fait passer pour mort aux yeux des soldats romains ! Il a eu la chance de reprendre conscience juste avant le ratissage systématique de la colline par les légions et s'est évanoui par le côté le plus sombre de la place.

La nuit, paresseusement éclairée d'une clarté laiteuse, masque le début de l'effroyable et honteuse retraite. Le relief ne laisse pas le choix aux survivants helvètes : la route la plus dégagée pour s'éloigner des Romains file en direction du nord. L'exode dans l'exode mène vers le pays des Lingons.

La débâcle s'effectue au pas de course, sur un terrain vallonné que piquent parfois de petits boqueteaux : pas de chevaux, pas de chariots, pas de bagages, pas de vivres, plus d'armes. Un peuple en guenilles, ou plutôt ce qu'il en reste, se jette sur le chemin, vers le nord, vers le salut, vers l'oubli. Pitoyable équipée que la terreur gouverne. Il n'y a plus de chefs, plus de familles, plus de clans. On court sans savoir où ! On fuit l'horreur et la mort. On ne sait rien de l'horizon. Les vociférations qui accompagnaient les assauts le cèdent à un silence pesant, coupable, malheureux. Halètement de milliers de poitrines. Courir… loin…

CHAPITRE VI

RETOUR

NUIT DU 13 AU 14 JUIN -58

GLOIRE AU VAINQUEUR

MINUIT EST PASSÉ. Sur le champ de bataille, immobile et fantomatique, le généralissime, entouré de ses généraux, ses conseillers, et des officiers de cohortes, contemple le charnier. Quelques centurions, même, sont là : non par désir de côtoyer le chef, mais simplement parce qu'ils passaient dans les parages lorsque s'est formée cette réunion impromptue. César apprécie leur présence.

Les serviteurs du généralissime ont dressé à la hâte des tréteaux qu'ils ont couverts de victuailles et de boissons. Le dernier aliment absorbé par les soldats remonte à plus de seize heures. La respectueuse retenue dont il font d'ordinaire preuve en présence de César cède, cette nuit, devant la nécessité. Avec la plus grande complicité de César en personne !

— Soldats, vous avez fait votre devoir !

D'abord frêle, presque timide, le tintement s'intensifie légèrement, puis devient bruit en s'épaississant, se densifiant, pour finir, vacarme assourdissant, accompagné alors d'un long cri de victoire hurlé par cinquante gorges éraillées qui emplit l'air chaud de la nuit. Puis, le martèlement roulant des poignards, dagues, épées sur le métal des armures et des casques s'affadit doucement, se voile, s'éloigne, jusqu'à ce battement frêle et étouffé qui marque la fin de l'évoé [1].

Un léger sourire éclaire le visage plein et pâle de César pendant l'acclamation. Ses yeux noirs portent au-delà du cercle qui l'entoure, vers ces collines de Rome qui chanteront sa gloire sous peu, ce Sénat où ses amis diront du bien de lui tandis que ses ennemis n'oseront en dire du mal.

— La bataille fut âpre, longue, difficile, meurtrière ! Les Helvètes sont défaits ! On me dit qu'ils fuient vers le nord. Nous vérifierons et prendrons demain matin les mesures qui s'imposent. Quant à vous, mes compagnons, vous avez combattu dans l'honneur et le courage ! Grâce soit rendue aux dieux immortels de Rome ! Nos légions ont vaincu, par Jupin ! Et c'est bon ! Gloire à notre armée !

Il lève le poing aux nues.

Par trois fois, le cercle, imitant le chef, hurle l'antienne au firmament, mi-remerciement aux hommes pour la victoire passée, mi-incantation aux dieux pour les gloires futures.

Le festin qui s'ensuit se prolonge tard dans la nuit chaude jusqu'à ce que, abrutis de fatigue et ivres de sommeil, les hommes s'écroulent sur place.

Une tente de fortune a été dressée pour César. Elle abrite les rêves lourds et ensoleillés du général vainqueur.

14 JUIN -58

LENDEMAIN DE BATAILLE

Au petit jour, une escouade de cavaliers romains prend la route de Rome : le Sénat doit être informé au plus tôt de l'évolution des événements aux marches des provinces romaines.

Libérius, Servilius et Balbus, les trois lieutenants de l'état-major particulier de César, sont chargés, sous la responsabilité directe de Labiénus, le bras droit du généralissime, de coordonner et diriger l'ensemble des opérations qui suivent nécessairement toute bataille d'importance.

— Toi, Libérius, occupe-toi de nos blessés. D'abord, compte-les et donne-moi le chiffre le plus rapidement possible. Par la même occasion, évalue les pertes gauloises. Dans le même temps, fais construire des brancards, fais rechercher les blessés et regroupe-les sur une aire de soins ! Rassembles-y les médecins de toutes les légions et leurs assistants. Qu'ils commencent immédiatement.

— Quels hommes me donnes-tu pour cette tâche ?

— Prends les hommes de la légion Onze. Il y a des cohortes fraîches qui n'ont pas participé à la bataille. Mettons-les à l'ouvrage. Transmets cet ordre à Octavus, de ma part.

— Que fait-on des Gaulois ?

— Comme les nôtres ! Tu les regroupes et tu les soignes. Mais pas de zèle ! Les violents et les revanchards, tu les supprimes !

Muni de ses instructions, Libérius salue ses compagnons et quitte la réunion.

— Balbus, tu t'occupes de la reconstruction ! Fais l'inventaire de tout ce qui manque et de tout ce qui est endommagé ou cassé : gros ou petit matériel, en bois, en fer, en bronze, collectif ou individuel – je veux savoir combien d'armes devront être remplacées – matériel roulant ou non, enfin tout ! Prends avec toi les légionnaires de la Sept.

L'ingénieur disparaît à son tour.

— Toi, Servilius, je te charge de la tâche la plus pénible, mais la plus symbolique et la plus nécessaire : les morts ! D'abord, comme Libérius avec les blessés, tu les comptes et tu me donnes le chiffre rapidement. En ce qui concerne les funérailles, j'entends que l'on traite la question avec grande dignité. On séparera, évidemment, les Gaulois des légionnaires. Il n'est pas opportun de prévoir des inhumations : d'abord, les légionnaires ne reposeraient pas dans la terre de leurs pères, ensuite, le nombre fait obstacle : pas le temps de creuser des tombes par milliers. Tu construiras des bûchers ! À défaut des familles, les légionnaires survivants rendront hommage à leurs compagnons morts ! Avec l'aide du pontife de l'armée, tu organiseras les incinérations, légion par légion. Il te faut six bûchers sur six emplacements suffisants pour accueillir tout le monde. Les Gaulois, tu les brûles tels quels : pas besoin de décorum : tu entasses et tu mets le feu ! Les chevaux, c'est pareil, évidemment ! La légion qui t'aidera, c'est la Douze.

Devant ses chariots, Mercator l'intendant s'inquiète ! La lancinante question des vivres n'a pas progressé d'un pouce ! La distribution doit intervenir demain. Les magasins, tenus éloignés de la bataille, et farouchement gardés, n'ont subi aucun dommage pendant la bataille. Seulement, ils n'abritent de la nourriture que pour une semaine, au lieu de deux ! Au pire, après passage à Bibracte, on fera une distribution supplémentaire pour la dernière semaine du mois aux environs du vingt et un juin. Le mois aura vu trois distributions au lieu de deux : la belle affaire ! L'idée que les morts sont des bouches qu'il n'aura plus à nourrir lui traverse l'esprit un instant ! En contrepartie, corrige-t-il aussitôt, il y aura les prisonniers !

14 JUIN -58

DÉCOMPTE DES MORTS

Exceptionnellement, c'est le soir que le Conseil se réunit devant la tente du généralissime. Son quartier général, nettoyé et rangé, a repris son allure habituelle. L'uniforme impeccable de César tranche avec les tenues de la plupart des membres du Conseil. Les généraux et les lieutenants ont délaissé l'armure, inutile, pour des tuniques de travail qu'une journée entière à parcourir les décombres de la bataille a souillées et vilainement tachées. Labiénus porte encore sa tenue militaire. Procillus, singulièrement, a revêtu des braies rouges que recouvre une chemise de lin claire.

— Servilius, à toi ! dit Labiénus.

— Général, dit le lieutenant en s'adressant à César, tu as livré hier une fameuse bataille ! Le rapport entre nos pertes et les pertes ennemies est extrêmement favorable !

— Des morts de légionnaires ne sont jamais favorables, Servilius ! interrompt César d'une voix glacée.

Quel imbécile je suis ! Je pensais lui faire plaisir ! Mais, par Jupiter, quel liquide coule dans les veines de cet animal à sang froid ? Des chiffres ! Voilà ce qu'il veut ! J'ai compris ! Des chiffres et rien d'autre ! Les commentaires, il les fera lui-même !

—Nos pertes se montent, au total, à deux mille sept cents hommes ! annonce Servilius d'une voix froide et un peu lointaine. C'est la Neuf qui a le plus souffert : elle était à l'avant-garde lors de l'attaque de la colline…

—Pourquoi est-on allé se fourrer sur cette colline ? interroge César d'un air soudain soupçonneux.

Il tourne la tête pour obtenir une réponse de Drusus, le commandant de cette légion.

—Drusus est mort, Général ! dit très simplement Labiénius. Il est mort sur la colline, pendant l'assaut !

César ferme un instant les yeux. Sa mâchoire se crispe.

—Marcus Drusus était un combattant solide et un chef apprécié. Nous perdons un élément de valeur ! Labiénus, qu'en est-il de ses officiers ?

—Valérius Gallinus est légèrement blessé ! Sans gravité ! Quant à Lucius Carina…

—Je connais Gallinus ! interrompt César. C'est un soldat remarquable ! Il remplacera Drusus jusqu'à nouvel ordre.

—Je te l'amènerai après le Conseil, propose Labiénus.

—Très bien ! Mais, par Minerve, pourquoi Drusus a-t-il suivi les Gaulois sur la colline ? À moins d'un siège en règle contre un oppidum ou un camp, on ne se place jamais sous l'ennemi pour l'attaquer ! Jamais !

— C'était une initiative individuelle, Général ! intervient Capito.

Le commandant de la Dix sait pertinemment que Labiénus, stratège en chef de l'armée romaine, ne chargerait jamais un général face à César. Il se laisserait plutôt accuser. Labiénus a toujours pratiqué ainsi : grâce à quoi, il jouit de l'estime absolue, non seulement des chefs des légions, mais de l'armée tout entière. César connaît bien son lieutenant. Et le stratège, et le généralissime, expriment à Capito une reconnaissance muette pour son intervention.

César se tourne à nouveau vers Servilius.

— Deux mille sept cents hommes, disais-tu ?

— Oui, Général ! La Neuf a perdu un peu plus de mille hommes et, pour les trois autres légions, entre cinq et six cents hommes chacune.

— C'est tout ?

— Non, Général ! Les plus grosses pertes, en proportion, affectent la cavalerie : mille cinq cents morts, pour l'essentiel des mercenaires gaulois. Très peu de romains. De plus, quelques centaines d'esclaves ont profité du chaos pour s'enfuir et rejoindre les Helvètes.

César recompose mentalement son armée. L'équivalent d'une demi-légion a disparu, un peu plus de quatre cohortes. Il lui faudra rééquilibrer ses légions :

elles ne comprendront plus dorénavant que neuf cohortes au lieu de dix.

— Où en es-tu avec les morts, Servilius ?

— Les bûchers sont prêts, Général ! Les cérémonies funéraires peuvent avoir lieu ce soir, si tu le désires, ou demain.

— Demain, Servilius. J'ai décidé que nous resterions quelques jours ici pour mettre de l'ordre dans l'armée. Qu'en est-il des morts chez l'ennemi ?

— C'est l'hécatombe, Général ! répond Servilius avec un sourire. Nous avons compté, pour l'instant cent cinquante mille morts et le décompte n'est pas terminé : il reste un carré ou deux.

— Par Jupiter ! Cent cinquante mille !... Si l'on ajoute les morts de la Saône...

— Environ trente mille, précise Procillus.

— ... nous en sommes à près de deux cent mille morts ! C'est deux fois le nombre de leurs guerriers ! N'avais-je pas donné des ordres pour qu'on épargne les civils ? demande César, l'air soudain grave.

— Ce sont les femmes ! intervient Capito avec une lueur d'admiration dans l'œil.

— Les femmes ?... Quelles femmes ?

— Les femmes de la colonne helvète ! Elles se sont jetées dans la bataille comme des hommes... pire que des hommes ! Des furies ! Des tueuses ! Quand elles n'avaient pas d'armes, elles essayaient de tuer avec leurs peignes, avec leurs fibules, avec leurs ongles même !

César, que les morts ennemis laissent souverainement indifférent, part d'un grand éclat de rire.

— Capito, imagines-tu nos matrones à nous, empêtrées dans leur robe plissée, le chignon pointu au vent et le glaive à la main ?…

À cette évocation, les rires fusent. Visiblement, les nerfs tombent, mais très vite, le sérieux reprend le dessus.

— Combien reste-t-il d'Helvètes, Servilius ?

— Difficile de savoir avec précision ! Entre cent et cent quarante mille. Disons… entre les deux : cent vingt mille !

— Eh bien ! En voilà une fameuse colonne ! Combien de soldats, parmi eux ?

— Sans doute très peu ! Pas plus de dix mille !

— Et les prisonniers ?

— Très peu également ! intervient Labiénus. Les Gaulois se battent jusqu'à la mort !

— Un exemple pour nos soldats ! commente César.

— À propos de prisonniers, j'ai fait une drôle de pêche ! intervient Capito. Une fille, superbe, grande et bien construite, beaucoup d'allure, apeurée au fond d'un chariot. Je l'ai un peu bousculée pour la faire descendre. Elle sanglotait ! Elle m'a dit qu'elle s'appelait Danna et qu'elle était la fille d'un certain Orgétorix !…

— Quoi ?! s'étrangle César.

— Qui cst cct Orgćtorix ? dcmande Capito, qui ne s'est jamais penché avec attention sur l'histoire des peuples de Gaule avant d'y être personnellement impliqué.

— Un Helvète qui rêvait d'être chef ! répond César.

Soudain pensif, il ajoute.

— Je me demande si c'est la femme de Dumnorix, ou sa belle-sœur ! Diviciac, le druide éduen, m'a dit qu'Orgétorix avait donné l'une de ses filles en mariage à Dumnorix pour faciliter le passage des Helvètes chez les Éduens… Bah ! Nous verrons plus tard ! En attendant, Capito, prends soin de la dame.

— À tes ordres, Général ! réplique le commandant avec un grand rire contagieux.

— Aulius ! précise César d'un air faussement grondeur. Prendre soin veut dire… prendre bien soin, n'est-ce pas ?

— C'est ainsi que je l'ai compris, Général ! répond Capito avec un sourire d'ingénuité.

Très vite, le sérieux reprend le dessus.

— Labiénus, as-tu confirmation de la direction que les Helvètes ont prise ?

— Sans aucun doute, Général ! Mes « explorateurs » à cheval ont rejoint la colonne : ils se dirigent vers le nord en appuyant un peu leur route vers le levant.

— Ils vont chez les Lingons ?

— C'est ça !

— Nous aviserons de ce qu'il y a lieu de faire ! En attendant, compagnons, mettez de l'ordre dans vos légions ! Je vous donne deux jours ! Pas un de plus ! Départ le 17 au matin. Mais avant tout, transmettez à vos hommes les félicitations de leur général en chef pour cette éclatante victoire.

NUIT DU 14 AU 15 JUIN -58

LES FUGITIFS HELVÈTES

Les fugitifs helvètes se sont regroupés. Ils font désormais route en convoi, sous la direction du vieux Divicon, secondé par Vérucloet le diplomate. Camilas, le passe-partout, vibrionne alentour. Le druide, Artébax, également rescapé de la tuerie, chevauche un âne, raflé dans un champ au petit jour.

C'est à marche forcée que les survivants du grand peuple helvète fuient loin du lieu de la tuerie, loin de l'arrogance du Romain, loin de la vengeance toujours possible de César. Pas de halte pour le repas – du reste, les vivres manquent cruellement –, pas de campement pour la nuit, on marche, droit devant, à travers les vallons et les bois. Dans les villages traversés, les familles recomposées dépêchent des acheteurs de victuailles montés sur les quelques rares chariots réchappés du désastre. Par pitié pour ces pauvres hères en haillons plus que par devoir, les paysans éduens leur fournissent une pitance maigre et congrue.

Moitié courant, moitié marchant, les Helvètes fuient…

15 JUIN -58

LE SORT DES HELVÈTES SE JOUE

Au petit matin, Mercator l'intendant commence les opérations de ravitaillement. La distribution de rations deux fois moins copieuses qu'à l'accoutumée s'effectue rapidement. Dans le même temps, ses assistants, accompagnés d'une volée d'esclaves, font leur marché à Bibracte.

Sous la tente de César, des galettes de froment, des fruits, du lait et de l'hydromel, apportés par les serviteurs et déposés sur un long coffre bas faisant office de table, attendent Labiénus et Procillus. L'habitude de la réunion informelle du matin reprend. La première vraie nuit après la victoire a redonné des couleurs aux visages creusés par la fatigue et, parfois, l'anxiété.

Les deux lieutenants pénètrent sous la tente.

— Ave, Général !

— Ave ! Asseyez-vous et servez-vous ! invite César, en réponse.

Le trois hommes se sustentent en échangeant des propos légers et anodins. On parle de tout et de rien ! On glose sur les probables aventures de Capito avec la belle Danna ! On dirait trois amis, réunis dans l'insouciance d'une belle matinée d'été.

Lorsqu'il estime le moment venu, César redevient le généralissime.

— Cent mille Helvètes courent dans la nature ! Nous avons à prendre une décision : que faisons-nous ? J'aimerais vos avis !

— Au plan militaire, répond Labiénus, les Helvètes sont anéantis ! Peut-être ont-ils encore quelques soldats, mais ils n'ont plus ni armée, ni armes, ni même chevaux. De ce point de vue, s'acharner à les poursuivre pour les exterminer n'a aucune justification stratégique ! Ils ne représentent plus de danger, ni pour Rome, ni pour la Gaule et ses peuples.

— Que fais-tu de leur alliance avec les Séquanes ?

— Qui voudrait s'allier avec un peuple vaincu ? Les Séquanes sont un grand peuple, mais ils ne pousseront pas la grandeur jusqu'à l'abnégation en s'attachant un boulet aux pieds ! Le ferais-tu, toi, Général, en pareilles circonstances ?

César, amusé d'être ainsi interpellé, doit reconnaître que son lieutenant a raison.

— Que préconises-tu ?

— L'affaire helvète me semble entendue ! Du strict point de vue militaire, je suis d'avis d'interrompre les opérations ici-même, de prendre le temps de reconstruire nos légions et de reconstituer notre cavalerie durement décimée. Nos légionnaires méritent un peu de repos : ils sont sur le pied de guerre depuis plusieurs semaines, plusieurs mois pour certains. Le pays est agréable, les Éduens, accueillants. Envoyons nos recruteurs lever les cohortes manquantes ! Achetons des chevaux et des cavaliers ! Bref, refaisons-nous une santé avant de rentrer.

César, pensif, se garde de répondre. Il se tourne vers Procillus.

— Et toi, Caïus ?

— L'acharnement contre les Helvètes ne nous apporterait rien de plus que nous ayons aujourd'hui, Général. Au contraire, en fabricant des victimes, on détournerait la sympathie sur la tête des vaincus. Les Gaulois ne te pardonneraient pas la cruauté gratuite – pas même les Éduens ! Le risque, alors, c'est l'union contre nous ! La coalition ne fait pas partie des mœurs habituelles des peuples de Gaule. Mais, qui sait ce qui pourrait advenir s'ils se donnaient un ennemi commun ! Et, à Rome, tes ennemis t'accuseraient de barbarie. Vainqueur… mais boucher ! Voilà ce que l'on dira sur le forum. Achever les Helvètes constitue un excellent moyen de gâcher notre victoire !

— Est-ce également l'opinion de nos généraux ?

— Ils n'ont pas d'état d'âme, Général ! répond Labiénus. Ce sont des soldats, ils t'obéiront ! Pour eux, ta décision, quelle qu'elle soit, est la bonne décision.

Un silence, long, réfléchi, pesant, suit cette affirmation du stratège. Jamais César ne s'est comporté en sanguinaire aveugle, en tueur, en sicaire. Pourquoi commencer aujourd'hui ? Mais, par ailleurs, il faut envisager toutes les solutions, échafauder toutes les hypothèses, tirer de la situation tous les avantages possibles.

— Que conseillez-vous de faire des Helvètes, alors ? demande le Généralissime.

— Rien ! On les laisse filer ! répondent en chœur les deux lieutenants.

Nouveau silence.

— Pas question ! laisse brutalement tomber César, prenant ses conseillers à contre-pied.

— Pourquoi ? interroge Procillus.

— À cause des Germains !

— Comment, à cause des Germains ? !

— Allons ! L'Helvétie est vide, à l'heure actuelle : les maisons, brûlées, les villages détruits, les champs retournés. C'est une terre à prendre. Pas même à conquérir ! Il suffit de s'y présenter pour s'y installer. Je tiens de mon ami, le druide Diviciac, que les Germains ont de furieux désirs d'expansion. Arioviste, leur roi, terrorise les populations et les peuples de Gaule, et particulièrement les Séquanes. Dès qu'il l'aura décidé – et ce peut être demain matin – il enverra ses hordes entre Léman et Thurgovie. Avenches [2] et Genève seront à lui. Le voilà aux portes de la Province, le voisin des Allobroges. Ah, non ! Jamais !

Il tape du poing sur la table. Oubliée, la victoire éclatante sur les Helvètes ! Loin, les réjouissances, frugales mais apaisantes, du succès ! Les affaires de la Cité, la « Politique », n'ont jamais vraiment quitté le devant de la conscience de César. Il calcule, il suppute, il anticipe. Rare moment que Procillus et Labiénus partagent avec admiration et respect.

— Une seule décision est raisonnable : renvoyer les Helvètes chez eux !

— Tu veux qu'on les raccompagne ? !...

— Non, Caïus ! On va se montrer bien plus malins ! On va faire faire le travail par d'autres : on va demander aux Lingons de les renvoyer en Helvétie ! Tout simplement !

— Comment ?

— Par la menace : « Défense d'aider les Helvètes : ce sont des ennemis de Rome. Les amis de nos ennemis sont nos ennemis ! Restez en dehors de notre guerre ! Pas de toit, pas d'eau, pas de vivres, pas de secours aux Helvètes, sinon vous devenez belligérants et vous serez traités comme tels ! ». C'est le message que je vais envoyer au roi des Lingons. Procillus, tu demanderas à tes « aigles » de me fournir son nom.

À la méridienne, Marcus Fulvius Probus, lieutenant de l'état-major particulier de César, accompagné d'un groupe de cavaliers romains, prend la route de

Langres[3]. Il est porteur d'une lettre de Caïus Iulius César, proconsul de Gaule transalpine et autres provinces romaines, *Pontifex maximus* de la République, généralissime de l'armée de Rome, à Teutocnorix, Très Grand et Très Puissant Roi du peuple des Lingons.

16 JUIN -58

RÉSIGNATION

Voilà deux jours et trois nuits que les fugitifs taillent la campagne, les monts, les vallons, les bois. Ils se dirigent à peu près en ligne droite, guidés par Artébax. Le druide connaît la route des astres, et sait lire les signes du ciel. Parfois, quelques judicieux sacrifices – pas trop car on manque cruellement de volailles – remettent le peuple sur le chemin lorsque le contournement d'un obstacle naturel requiert que l'on reprenne la bonne ligne, ou lorsque les nuages masquent les bornes célestes.

Des femmes, exténuées, ont pris place sur des chariots achetés à prix d'or à l'habitant. Les tout jeunes enfants, balancés par le rythme de la marche, dorment sur les épaules des pères, des grands-pères ou de tout mâle capable d'en supporter la charge. Le peuple helvète est à bout de force !

Depuis hier, de courtes haltes, quatre fois par jour, ménagent les organismes. Elles sont mises à profit pour se ravitailler, dormir et ensevelir les fuyards les moins solides, qui n'ont pas réussi à supporter l'effort et ont succombé.

La marche, particulièrement rude cette nuit, a assommé la colonne. Titubants de fatigue et de sommeil, les Helvètes sont tombés sur place dès qu'a retenti, au matin, l'ordre de s'arrêter.

Le sens du devoir maintient les meneurs en état de veille quelques instants encore.

— À en croire le paysan de la ferme, là-bas, nous atteindrons le pays des Lingons dans une quinzaine de kilomètres, dit Camilas.

— Encore un jour et une nuit ! calcule Divicon.

— Qu'allons-nous chercher, chez les Lingons ? interroge Vérucloet.

— Rien de particulier, sinon la paix ! Nous avons décidé de mettre la plus grande distance possible entre les Romains et nous ! rappelle Divicon.

— C'est juste, Général ! Mais, vois où nous en sommes ! Et rien ne nous dit que nous serons bien accueillis par les Lingons : nous n'avons passé aucun traité avec eux.

— Qu'en penses-tu, Druide ?

— Depuis le début de cette aventure, je sens le mauvais sort ! Nous avons pris une route néfaste ! En dépit de mes sacrifices, les dieux étaient occupés ailleurs et nous avons subi une défaite honteuse. Maintenant, nous errons, de jour et de nuit, comme des voleurs, dans un pays que nous ne connaissons pas, au milieu de gens qui nous tournent le dos, en route pour un pays qui, peut-être, nous rejettera. J'ai perdu mes talismans ! Ils ne peuvent plus nous protéger !

— Que proposes-tu ? demande Divicon.

Le druide baisse la tête. Tu ne fais plus le fier, maintenant, Général d'autrefois ! Cent fois je t'ai mis en garde ! Cent fois tu as négligé mon conseil ! Cent fois tu as déplu aux dieux ! Je ne suis pas le stratège, moi ! Je n'ai rien à proposer !

Vérucloet tire le druide de l'embarras en prenant la parole d'une voix basse, presque inaudible.

— Allons trouver César et rendons-nous !

— Un soldat helvète meurt ! Il ne se rend pas ! s'insurge Divicon.

— Un soldat, peut-être, Général ! La voix de Vérucloet, redevenue claire, claque. Mais dans ce convoi, tu trouveras cent civils pour un soldat ! Il n'y a plus d'armée helvète ! Il n'y a plus de soldats ! Que veux-tu ? Que nous mourrions tous ? De faim, de fatigue ou du retour des Romains ? Que veux-tu, Général ? Parle !

Contrairement à sa longue habitude des négociations et des entretiens diplomatiques, Vérucloet a élevé la voix ! Le silence qui suit, lourd de réflexions, de pensées, de colère, de frustration, se prolonge.

— Pardonne mon emportement, Général !

Les pensées de Divicon voguent vers ces contrées d'Aquitainc où il signa ses premières victoires contre l'envahisseur, Rome l'arrogante, Rome l'impérialiste. Comme un retour aux sources, la transhumance helvète devait le mener en Saintonge, terre voisine de cette Aquitaine où plongent ses racines de soldat et ses souvenirs de gloire. Il s'apprêtait à confier sa carcasse terrestre à cette terre salée, battue des vents, face au grand Océan que nul ne traverse, lorsque serait venu le moment de la séparation. Il aimait l'idée que son âme commence sa deuxième existence sur le sable que roule le flot du large. Trop tard… Jamais il ne goûtera l'océan, le sel sur ses lèvres, le vent dans ses yeux… Jamais…

Il se secoue.

— Tu as parlé d'or, Vérucloet ! Nous rendre me répugne, mais nous devons penser d'abord à notre peuple. Négocions avec César ! Après tout, nous avons déjà tenté cette manœuvre !

— Très bien ! ponctue le diplomate. Je me mettrai en route demain matin. J'irai trouver César et je lui demanderai de nous laisser en paix. Nous n'avons pas grand-chose à offrir en échange. Puissent les dieux mettre leur poids dans la balance !

Reclus de fatigue, les quatre hommes, meneurs de ce qui reste du glorieux peuple helvète, tombent, hébétés, dans un sommeil brut et sans rêve.

16 JUIN -58

FUNÉRAILLES

Les morts sont honorés. Six fosses géantes abritent chacune un bûcher considérable et rougeoyant. Chaque légion a rangé ses cohortes sur trois côtés de la fosse. Face au quatrième côté, les dépouilles mortelles des soldats morts au combat. Les corps sont répartis équitablement en six contingents, sans tenir compte de la légion à laquelle ils appartenaient de leur vivant : les opérations de reconnaissance eussent pris un temps infini. Impeccablement rangé sur le côté faisant face aux dépouilles, l'état major de la légion au grand complet, avec enseignes et musique. César a voulu qu'un membre du haut-commandement soit présent dans chaque légion, par hommage pour les morts et respect pour les vivants. Lui-même participe à la cérémonie de la légion Dix, aux côtés de Capito. Pas de discours ! La présence digne et recueillie tient lieu de message.

À l'écart de la grandiose et émouvante cérémonie romaine, deux cratères géants, nourris de troncs d'arbres entiers par dizaines, engloutissent les dépouilles des Helvètes. Procillus, le Gaulois, a tenu à honorer personnellement ces morts. Côte à côte avec un druide venu de Bibracte pour la circonstance, il veille que le passage dans l'Au-Delà préserve toutes les chances des morts gaulois de voir leur âme revivre du souffle d'une nouvelle vie [4].

Après la cérémonie, Labiénus fait le point des blessés et de la reconstruction avec les lieutenants en charge. Il pourra rassurer César : l'armée sera en état de reprendre la poursuite dès demain matin. Les artisans travaillent toute la nuit, armuriers, forgerons, charrons – on fabrique des plates-formes pour les blessés avec des essieux existants – menuisiers, maréchaux-ferrants, tous les auxiliaires de l'armée, continuent le travail de réparation et de remplacement commencé deux jours auparavant. Pendant ce temps, les légions dorment.

Au matin du 17 juin, César, précisément informé de l'emplacement des fugitifs helvètes par les espions de Procillus et les éclaireurs de Labiénus, donne l'ordre de la poursuite.

17 JUIN -58

AMBASSADE HELVÈTE

Installé au premier tiers de son armée en marche – deux légions devant, quatre légions derrière – César chevauche au pas en compagnie de Procillus et Labiénus. Le soleil est passé au zénith depuis deux bonnes heures lorsqu'un centurion venant de l'avant est arrêté par la garde personnelle du généralissime. Il traîne, dans son sillage, un gaulois de fort bonne prestance, air digne, buste droit, vêtement correct quoique poussiéreux, monté sur un cheval de labour. Les deux hommes qui l'accompagnent, visiblement des soldats, chevauchent, eux, de pitoyables haridelles aux yeux perpétuellement effrayés. Cet attelage a déclenché une cascade de rires dans l'avant-garde de l'armée romaine jusqu'à ce que le plus noble des trois Gaulois ait réussi à faire comprendre au centurion qu'ils étaient des Helvètes et qu'ils venaient voir le généralissime.

— Je te connais ! dit César qui n'oublie jamais un visage. Tu as mené une ambassade auprès de moi lorsque vous avez commencé votre exode, n'est-ce pas ?

Vérucloet garde, de l'événement, un humiliant souvenir.

— Ave, Proconsul ! C'est juste, et ta mémoire est fidèle ! Mais nous n'avons pas réussi à te convaincre, alors !

— Parfois, les intérêts des peuples divergent ! répond prudemment César.

— Permets-moi de penser avec tristesse, Général, que les événements auraient pu tourner différemment !

— On ne réécrit pas l'Histoire ! laisse tomber le généralissime.

En descendant de cheval, il fait signe à son ordonnance d'installer le mobilier de campagne qui ne le quitte jamais et d'apporter des rafraîchissements.

— Que me vaut l'honneur de ta visite, Ambassadeur ?

— Ton armée, César, a durement frappé mon peuple. Nos dieux se sont détournés de nous et la plupart de nos guerriers sont morts.

— Ils se sont vaillamment battus, mais il fallait un vainqueur !

La platitude de la répartie étonne un peu Vérucloet qui, en bon diplomate, n'en laisse rien paraître.

— Depuis le soir de la bataille, les survivants se sont regroupés. Nous nous dirigeons vers le nord en marchant jour et nuit pour échapper à ta colère !

— Je n'ai nulle colère, Ambassadeur ! Je suis un soldat, pas un tueur ! J'engage des batailles lorsqu'il faut les engager, je cherche la victoire sans faiblir. Je ne ressens aucune colère tant que l'ennemi est loyal !

— Je suis venu te demander la paix !

Un bref instant, César ferme les yeux. Pas un trait de son visage n'a bougé. Il savoure ! La requête du Gaulois scelle sa victoire, absolue, définitive et met un point final à une opération militaire commencée il y a tout juste trois mois.

— Que m'offres-tu ?

— Je n'ai plus rien à t'offrir, Général : nous avons tout perdu !

— Tu sollicites ma clémence les mains vides ? s'étonne doucement César.

— Mes mains ne sont pas totalement vides, Général ! répond Vérucloet la voix lasse, mais une flamme maligne au fond de l'œil. Si tu épargnes mon peuple, tu fais acte de soldat. Si tu nous extermines – et c'est largement dans ton pouvoir – alors, tu passeras pour un boucher aux yeux des peuples de Gaule certainement, aux yeux de tes amis de Rome sans doute, mais, par-dessus tout, à tes propres yeux. César, mes mains ne sont pas vides : je t'offre l'honneur !

Labiénus et Procillus fixent le généralissime qui, la tête légèrement baissée, garde le silence un long moment. Les muscles de sa mâchoire frémissent. Il déteste le plaidoyer de Vérucloet, car il sait que l'Helvète a raison. Même si sa décision était déjà prise bien avant cette entrevue, il a horreur qu'on le prive, par raison, de sa capacité de choisir.

— Sache, Gaulois, que Rome n'a cure de la survie de quelques tribus helvètes et que mon triomphe ne serait en rien diminué par une sévérité définitive envers ceux qui défient l'autorité de la République !

Vérucloet, raide sur son fauteuil, a compris : il a gagné ! Autrement, César ne se serait pas donné le mal d'une explication fumeuse et grandiloquente ! Il ne laisse rien paraître et garde le silence !

— Si j'accèdais à ta demande, Ambassadeur, j'exigerais vos armes et des otages de la plus grande noblesse qui soit. Par-dessus le marché, on m'a dit que des esclaves de mon armée avaient profité de la bataille pour rejoindre tes rangs et s'enfuir avec ton peuple : je veux les récupérer ! Que dis-tu ?

— Tu dictes ta loi, César ! Comme jadis Brennus ! Dans toute la Gaule, les bardes chantent l'épopée de ce roi celte qui prit Rome et déclara : « Malheur aux vaincus ! » [5]. C'est notre tour, maintenant, d'être à ta merci ! Nous ferons ce que tu ordonneras !

— Retourne près des tiens, Ambassadeur ! Arrête ton convoi. Campez sur place jusqu'à ce que j'arrive. Qu'aucune famille, aucun clan ne cherche à fuir. Un détachement de mon armée t'accompagnera pour veiller à ce que mes ordres soient respectés. Lorsque mes légions auront rejoint ton peuple, je te dirai ma décision. Va !

Vérucloet s'incline légèrement, se retourne et, toujours aussi raide, se dirige vers son cheval. Il n'a pas fait quatre pas que César l'arrête.

— Ambassadeur !

Vérucloet se retourne.

— Présente mon salut à Ségorix, ton roi.

— Ségorix est mort, Général ! répond Vérucloet d'une voix sourde.

— C'était un brave ! Va, maintenant !

Le soleil est couché depuis deux heures déjà lorsque Vérucloet et ses deux protecteurs rejoignent le convoi helvète, arrêté dans une vaste plaine pour la halte de la nuit. Ils gagnent l'emplacement où Divicon a planté son enseigne. Le vieux général a fait appeler autour de lui les survivants des chefs de clans et des principales familles qui composent désormais la colonne réduite. Pressentant que des décisions importantes devront être prises, il tient à se conformer à la tradition de son peuple : le roi a droit de vie et de mort, mais il décide en Conseil. N'ayant pas été élu, il n'a pas pris le pouvoir, il l'a ramassé, et, pour l'heure, nécessité faisant loi, nulle famille, nul noble, nul riche, ne lui a contesté ni son autorité, ni son action. Il sait, cependant, qu'une fois sortis de cette vilaine affaire, nombreux seront ceux qui, pour se draper eux-mêmes dans les plis du pouvoir, lui reprocheront le plus petit de ses agissements ! Il est dans la nature humaine de brûler ce qu'on a adoré ! Divicon ne l'ignore pas. C'est pourquoi il lui faut faire preuve de la plus grande prudence.

— César nous demande d'arrêter le convoi ! commence Vérucloet.

— Qu'a-t-il en tête ? demande Divicon, méfiant.

— Rien, je suppose, hormis d'accepter notre reddition contre nos armes, des otages et le retour des esclaves transfuges de son armée. Ce sont les conditions qu'il m'a dictées.

— Je n'en crois rien ! explose une lourde moustache rousse.

— Explique-toi, Tarinac !

— Le Romain veut nos armes. Ça veut dire qu'il craint que nous nous tournions contre lui, même après avoir signé la paix. S'il nous extermine, il est tranquille !

Jamais Tarinac le Verbigène n'en avait autant dit à la fois. Homme rude, réservé, à la limite du renfermement, il a coutume d'agir sans rechigner, sans questions oiseuses, sans états d'âme, tant que l'action s'avère conforme aux idées du clan dont il est le chef ininterrompu depuis des lustres. Il a ressenti durement la mort de Crilax, son cousin, et voue aux Romains une haine dense et profonde.

— Ton aversion pour Rome t'égare ! fait observer Vérucloet, avec infiniment de douceur.

— Peut-être, Vérucloet ! Mais que savons-nous des intentions réelles du Romain ! Rien ! Absolument rien ! Mon clan est anéanti : nous étions plus de soixante-dix mille à Genève, nous voici huit mille maintenant. Je ne veux pas que la race des Verbigènes disparaisse ! Je le dois à nos pères. C'est très simple !

— Que comptes-tu faire ? demande Divicon, qui envie le courage de Tarinac.

— M'échapper ! Avec les volontaires valides, tirer vers le levant, vers le Rhin. Je n'offrirai pas ma gorge au Romain sans combattre !

— Il te rattrapera !

— Si le choix c'est mourir ici sans se battre, ou là-bas en combattant, alors, autant se battre !

— César a précisé qu'il ne voulait pas de transfuges, rapporte Vérucloet.

— Je me moque de César ! Il nous a écrasés, il ne va pas, en plus, nous dicter sa loi ! objecte, buté, le chef des Verbigènes.

— Bien ! conclut Divicon en voyant que Tarinac ne fléchira pas. Nous respectons ta décision, Tarinac ! Artébax rendra un sacrifice pour le succès de ton entreprise. Nous protégerons ta fuite, autant que nous le pourrons ! Mais le secret est illusoire : dès que César sera là, des dizaines de traîtres se mettront à sa solde pour gagner à la fois ses faveurs et quelques pièces !

Il crache par terre de dégoût à cette pensée que personne, dans le Conseil, ne contredit. Divicon, pas plus que les autres, n'a d'illusion sur la veulerie dont les dieux revêtent parfois l'âme humaine.

Dans la nuit, six mille Verbigènes, tous volontaires, emmenés par Tarinac, tournent le dos au couchant et s'enfoncent à pied dans la noirceur de la campagne.

20 JUIN -58

LE RETOUR DES HELVÈTES

Après trois jours de marche, l'armée de César opère sa jonction avec les fugitifs. Les légionnaires posent leur sac et montent le camp sur une colline d'où ils dominent l'emplacement des Helvètes.

L'armée n'est pas arrivée depuis une heure que déjà le premier délateur se présente aux factionnaires en armes qui ceinturent l'emplacement du camp. Le pas feutré, la mine chafouine, empaqueté dans une longue saie de toile afin de préserver l'anonymat, le sycophante demande à s'entretenir avec un Romain haut placé dans la hiérarchie militaire, lieutenant ou général : ce qu'il vient dire est de la plus haute importance. Dûment chapitré à l'avance, le factionnaire le dirige vers Procillus. Après quelques courbettes de son interlocuteur, Procillus apprend qu'il a toujours été un franc admirateur de Rome et de sa civilisation, que, bien sûr, l'Helvétie est son pays mais s'il ne tenait qu'à lui, c'est vers le Sud qu'il aurait migré et non vers l'Ouest, qu'il faut voir dans l'obstination de ses concitoyens la principale cause de leur malheur, qu'il accepte le prix de la défaite, lui, pas comme ces pleutres de Verbigènes qui ont pris la fuite dans la nuit d'avant-hier, que César peut compter sur lui, qu'il est prêt à rendre tous les services qu'on lui demandera…

Vers le milieu de l'après-midi, après que Labiénus et Procillus lui aient fait rapport de tout ce qu'ils ont vu et appris des fugitifs helvètes, César fait quérir Vérucloet.

L'ambassadeur attitré des Helvètes se présente devant le généralissime, flanqué de Divicon, de

Camilas et d'Artébax : tout l'état-major gaulois a fait le déplacement.

— Ave, Proconsul ! dit Vérucloet.

— Ave, Ambassadeur ! Ton escorte est bien fournie, aujourd'hui !

Il avise Divicon qui disparaissait jusqu'à présent derrière la haute stature de Vérucloet.

— Tiens, le Tigurin ! dit, avec un sourire de malice, César qui n'a rien oublié de leur précédente rencontre. Nous sommes à égalité, aujourd'hui : une victoire pour chacun d'entre nous, n'est-ce pas !

— C'est exact ! répond Divicon avec juste ce qu'il faut d'inclinaison de la tête pour que son geste puisse passer pour un salut. Général, j'irai droit au but : je crains ta décision ! Vous avez une maxime, pour cela, à Rome : *In cauda venenum* [6]. Puisque nous voici, de ton fait, à la fin de notre aventure et de notre route, quel venin nous as-tu concocté ?

— Tigurin, je respecte ton caractère farouche autant que les rides qui plissent ton front, mais ton sens de la formule me désarme !

— Ne nous fait pas languir !

— Je ne veux pas de mal aux Gaulois qui se comportent en gens loyaux. Je l'ai dit à ton ambassadeur, il y a trois jours. J'ai demandé que vous arrêtiez votre course et que vous m'attendiez. On me dit que certains ne l'ont pas entendu ainsi ! Est-ce vrai ?

— Je ne vois pas de quoi tu veux parler ! répond Divicon.

— Ttt… ttt !

— Mais, Général…

— Procillus, explique-lui !

Après quelques minutes, et quelques aveux, César reprend.

— Labiénus, envoie une cohorte de cavaliers à la recherche des Verbigènes. Qu'ils demandent aux peuples des pays qu'ils vont traverser de nous livrer les fugitifs. Qu'ils préviennent les habitants qu'en cas de refus, ils seront traités comme des ennemis de Rome.

Puis il se tourne vers Divicon.

— Tu vois, Tigurin, les Verbigènes ne sont pas malins ! Pas malins et pas loyaux ! Ils en paieront le prix !

Le silence qui accueille cette menace directe et claire se prolonge sans qu'aucun Helvète ne songe à y mettre fin.

— Quant à toi et ton peuple, Helvète, j'ai décidé d'accepter ta reddition. J'en ai dit les conditions à ton ambassadeur : je les maintiens !

— Nous nous occupons de rassembler armes, esclaves et otages. Ce sera fait demain ou après-demain. Qu'attends-tu de nous après cela ?

— Que vous retourniez dans votre pays !

— Quoi ?!… s'étrangle Divicon.

L'étonnement du druide, de l'ambassadeur, de Camilas, comme celui du vieux soldat, s'apparente à de la stupeur. Ils s'attendaient au pire ! La geôle pour les meneurs, qui auraient ensuite fini enchaînés et traînés à Rome pour illustrer le triomphe de César, une humiliation qu'aucun n'était prêt à supporter ; le peuple helvète réduit en esclavage et vendu à l'encan ; les femmes jeunes avilies, salies et déversées comme prostituées dans les bas-fonds de la Ville Éternelle. Ils avaient tout imaginé ! Même la folie tout à coup sanguinaire d'un vainqueur incontrôlable offrant à ses dieux l'immolation de tout un peuple.

Mais, ça ! Jamais, au grand jamais, ils ne l'avaient envisagé !

—Vous rentrez au pays pour y mener une vie paisible ! répète César.

—Je ne comprends pas…

—Il n'y a rien à comprendre, Helvète ! Hormis ce que j'ai dit !

—L'Helvétie est un désert : nous n'y survivrons pas !

—Nul ne vous a forcé la main, dans cette affaire ! Vous avez cru bon de brûler vos villes, vos villages, vos champs ! Spectaculaire ! Courageux !… Mais stupide !

—Ce qui est fait est fait ! ne peut s'empêcher de dire Divicon.

César esquisse un sourire devant ce nouvel aphorisme, puis s'adresse à son camp.

— Labiénus, voici mes ordres : envoie un détachement à Solonium, chez les Allobroges. Je veux que Propilus, le gouverneur, rassemble des vivres en grande quantité et qu'il les fasse porter à Genève, en pays helvète. Une fois sur place, qu'il attende l'arrivée du peuple et se mette à la disposition de leur chef pour transporter ces vivres là où on lui dira.

Le généralissime se tourne vers Divicon.

— Ainsi, Helvète, tu auras de quoi subsister quelques temps. Une fois dans ton pays, mets-toi immédiatement au travail ! Redresse les murs écroulés, reconstruis les bâtiments effondrés, remets de la paille sur les toits, de l'eau dans les auges, du fourrage dans les étables, retourne les champs ! Que les clans regagnent leurs terres respectives ! Que les troupeaux croissent ! Tes artisans créeront leurs nouveaux ateliers : dans peu de temps tu auras fabriqué des outils, des charrues, des jarres et des tonneaux. Ne perds pas de temps à fabriquer des armes ! Je te le dis, Helvète, la vie t'attend dans le pays de tes pères, et non pas sur une terre inconnue. Ramène ton peuple chez lui. Et à l'avenir, abstiens-toi d'opérations aventureuses et évite de chercher querelle alentour. Ainsi les Helvètes, déjà réputés pour leur richesse [7], seront enviés pour leur sagesse.

Divicon reste silencieux un long moment. Il regarde César d'un air mystifié. Ce dernier, impassible, savoure une seconde fois sa victoire. Il a vaincu par les armes, il vainc par l'esprit ! Les Helvètes ne s'y trompent pas. Divicon fait un pas en direction de César et s'arrête. Sans prononcer un mot, il appuie son poing droit fermé à l'emplacement de son cœur, s'incline autant que le lui permettent ses vieux os, puis, s'étant redressé, se retourne lentement et quitte la tente avec une poignante dignité. Vérucloet, Artébax et Camilas suivent le vieux général, celui dont les rêves aquitains se sont définitivement brisés ici, au sommet d'une colline, dans le nord du pays des Éduens.

APPENDICES

APPENDICE I

LA LANGUE GAULOISE

Les personnages du « Roman de la Guerre des Gaules » parlent le langage de tous les jours. Gaulois et Romains discutent et se comprennent sans interprète. Si la vérité historique n'y trouve pas son compte, la lecture y gagne en fluidité. Tel est le privilège du romancier.

La langue gauloise était une grande langue, tant en richesse et en qualité d'expression qu'en couverture géographique. « *Abondante, mais orale, elle n'a rien laissé* » regrette Albert Grenier [1]. En effet, l'usage de l'écriture était interdit, car, dit-il, « *il ne paraissait pas convenant de confier à la lettre, chose morte et immuable, la parole vivante des poètes* ». Alors, on apprenait par cœur, et les druides transmettaient aux élèves, par tradition orale, les poèmes et récits qui formait l'âme d'un peuple.

Le gaulois reste donc une langue mystérieuse ! Face aux deux grandes langues du monde occidental d'il y a deux mille ans, elle fait figure de parent pauvre en raison même de son caractère non écrit. De nombreux historiens philologues ont travaillé pour la comprendre et nous en restituer la beauté. Mais les rares inscriptions retrouvées, un millier environ, ne peuvent permettre au gaulois d'entrer en compétition avec la langue d'Homère ou de Cicéron.

Et pourtant…

En 1918, Georges Dottin (1863-1928), doyen de la Faculté des Lettre de Rennes, publie « *La langue Gauloise, grammaire, textes et glossaire* », une somme sur le sujet, à l'époque. Le préfacier de cet ouvrage n'est autre que Camille Jullian.

Camille Jullian (1859-1933), normalien, est élu au Collège de France en 1905. Il y crée la chaire des Antiquités Nationales et consacre sa vie à l'Histoire de la Gaule, ouvrage monumental, avec ses huit volumes parus entre 1907 et 1921. Il eut trois successeurs : Albert Grenier (de 1935 à 1948), Paul-Marie Duval (de 1964 à 1982) qui se placèrent plus ou moins sous son patronage tout en donnant à leurs chaires des intitulés différents et enfin Christian Goudineau, qui, depuis 1984 a repris exactement le même intitulé, rendant un explicite hommage à Camille Jullian.

Le texte de Camille Jullian ci-dessous est extrait de la préface de l'ouvrage de G. Dottin.

Il est difficile de trouver plaidoyer plus fort en faveur de la langue gauloise, ou indignation plus marquée devant son injuste disparition.

« Voici une langue, la langue gauloise, dont le domaine a été presque aussi étendu que celui du latin

ou que celui du grec. Elle a été parlée au pied des monts Grampians jusqu'au sommet des Appenins, des bords de l'Elbe aux bords du Danube ; on l'a comprise près du Bosphore et sur l'Ida de Phrygie : et vous ne voulez pas croire que cette langue a joué, dans l'histoire du monde, un rôle à peine inférieur au rôle du latin et du grec, elle qui a servi de lien et de communion aux pensées et au commerce de près de cent millions d'hommes ? – Oui, mais il ne nous reste rien d'elle. – Disant cela, vous dites une double injustice. D'abord vous transformez en motif de condamnation le résultat d'un hasard. Et ensuite vous oubliez que, si elle n'a rien laissé, ce n'est pas parce qu'elle n'a point produit.

La langue gauloise a eu le grand tort, qu'elle a partagé avec l'indo-européen primitif, de ne pas être une langue écrite ; les Celtes trouvaient plus beau, plus noble, plus pieux, de parler, d'entendre et de se souvenir.

*Toutes les formes de littérature étaient représentées chez les Gaulois : la rhétorique, où excellaient tous leurs chefs de guerre ; les épopées cosmogoniques, historiques ou éthiques, composées par les druides ; les poésies lyriques ou les chants satiriques des bardes. Je vous assure qu'il y a, chez eux, l'équivalent de l'*Iliade *ou de la* Genèse, *des* Atellanes *ou des odes de Pindare. Je vous assure que cette littérature était aussi riche, plus riche même, que celle de Rome avant Ennius. La langue gauloise rendait beaucoup à ceux qui s'en servaient.*

Tout cela a disparu pour toujours. Aucun historien

de l'avenir n'en connaîtra jamais rien. Un des plus nobles chapitres de l'esprit humain nous sera éternellement caché.

Je ne pardonne point à Rome et à César d'avoir été la cause de ce meurtre intellectuel, venant après d'autres meurtres. Hé quoi ! Charlemagne a eu la pensée de noter les chants populaires des Francs ; et personne dans l'Empire romain n'a eu l'idée de transcrire des poèmes de druides ou des strophes de bardes ? Comment était donc faite l'intelligence de ces maîtres du monde, s'ils n'ont pas vu la beauté de ces œuvres de vaincus, s'ils n'ont pas compris le devoir de les conserver ? Rien ne fait mieux sentir l'incroyable petitesse morale du grand Empire romain que le dédain des pensées et des lettres qui ne venaient pas d'eux-mêmes ou de la Grèce. Débarrassons-nous, une fois pour toutes, de notre admiration convenue pour les formes impériales du passé, somptueux édifices qui ne sont que des façades, enveloppant surtout des cadavres d'hommes et des souffrances de patrie. »

APPENDICE II

PEUPLES CITÉS DANS « LA FURIE HELVÈTE »

Allobroges. Le territoire des Allobroges s'étendait sur la plus grande partie des pays qui seront nommés plus tard la « Sapaudia » (ce « pays des sapins » deviendra notre Savoie) et au nord de l'Isère. L'ensemble de l'Allobrogie est usuellement défini comme le territoire correspondant en grande partie aux actuels départements de la Savoie, de la Haute-Savoie et de l'Isère.

Ambarres. Peuple celte localisé dans l'actuel département de l'Ain. Ce nom signifie « ceux qui habitent des deux côtés de l'Arar », (nom de la Saône, à l'époque) et se retrouve dans celui de plusieurs villes : Ambérieu-en-Bugey, Ambérieux-en-Dombes, Ambutrix ou Ambronay. Les Ambarres avaient pour principaux voisins les Éduens, dont ils étaient les clients au nord, les Arvernes à l'ouest, les Allobroges au sud et les Séquanes à l'est.

Ambrons. Ils pourraient être originaires des côtes nordiques de l'Europe, des îles Frisonnes ou du Jutland. Ils formeraient une branche du peuple des Teutons. Conquérants, ils seront maîtres de presque tout le pays qui s'étend depuis les Alpes jusqu'au Tibre. La partie montagneuse la plus au sud de cette région a gardé le nom d'Ombrie.

Arvernes. Ils furent l'un des peuples les plus puissants de la Gaule celtique. Situés au centre de la Gaule, les Arvernes contrôlaient les deux grands fleuves navigables qui allaient vers le nord, l'Allier et la Loire. Ils occupaient le bassin de l'Allier et s'étendaient jusqu'au territoire des Bituriges, au nord, et jusqu'aux Cévennes au sud. Leur territoire correspondait à peu près aux départements actuels du Puy-de-Dôme et du Cantal. La capitale, Gergovie lors de la guerre des Gaules, se trouvait sur un plateau qui domine l'actuelle ville de Clermont-Ferrand. Auparavant, elle semble s'être trouvée dans les oppida de Corent et/ou de Gondole.

Boïens. Peuple celte, originaire d'Europe centrale (Pannonie), que l'on retrouve établi en plusieurs régions d'Europe. Le nom semble signifier « Les Terribles ». Ce peuple paraît avoir donné son nom à l'actuelle Bohême. Il a largement essaimé. En Gaule, il semble qu'on puisse distinguer au moins deux groupes : celui des *Boii* entre l'Elaver (Allier) et la Liger (Loire), dont le territoire correspond à une partie du Bourbonnais (battus par César en -58, avec les Helvètes, leurs 32 000 guerriers ont étés confiés aux Éduens qui les ont installés dans cette région ; c'est sur ce territoire qu'est située Gorgobina, ville qui résiste à Vercingétorix pendant la Guerre des Gaules) ; et celui des Boïates de l'Aquitaine, dont le territoire est le pays de Buch en Gascogne, autour du Bassin d'Arcachon.

Caturiges. Petit peuple celte, dont le territoire alpin se situait dans la vallée supérieure de la Durance. Leur capitale était Eburodunum, située à l'emplacement de l'actuelle ville d'Embrun. L'ethnonyme signifie les « rois du combat ».

Cimbres. Ils pourraient venir du Jutland dans le Danemark actuel d'après Pline l'ancien. On estime qu'ils étaient de 60 000 à 80 000 et qu'ils proviendraient de centaines de villages dispersés dans les côtes d'Europe du nord. Si leurs origines sont sujettes à polémique, on pourrait les supposer celtes comme les Ambrons, tout comme on pourrait les qualifier de germains ainsi que les Teutons.

Éduens. Puissant peuple de Gaule, établi dans les départements français actuels de l'Allier, la Côte-d'Or, la Nièvre et la Saône-et-Loire, avec Bibracte pour capitale. Les Éduens disposent des riches terres de la vallée de la Saône.

Ils sont voisins et ennemis des Séquanes à l'est et des Arvernes au sud-ouest.

Garites. Tribu gauloise installée sur les bords de la Garonne. Son territoire s'étendait dans le comté de Gaure, dans l'ancienne province d'Armagnac, entre Auch et Condom.

Germains. Nom générique désignant les peuples occupant toute la région entre la mer Baltique et le Danube, la Vistule et le Rhin.

Graïocèles. Petit peuple de la Gaule cisalpine qui, avec les Centrons en Vallée de la Tarentaise et Haut-Faucigny, les Salasses en Val d'Aoste ou encore les Médulles en Maurienne, sur le Mont-Cenis, contrôlait l'un des cols alpins. La capitale de ce peuple aurait été Ocellum ; selon diverses sources, ce serait l'emplacement de l'actuel village d'Aussois en Haute-Maurienne, ou celui de Usseau, dans le Piémont.

Helvètes. Ensemble de peuples celtes ou germano-celtiques, établi sur le territoire de la Suisse actuelle et limitrophe des Germains subrhénans. La confédération helvète était formée de quatre pagus dont ceux des Verbigènes et des Tigurins.

Helviens. Peuple situé dans le sud du Vivarais (actuel département de l'Ardèche). Les Helviens avaient pour voisins les Gabales et les Vellaves, clients des Arvernes. Leur première capitale pourrait être le site fortifié de Jastres (Lussas).

Latobriges. Petite tribu de Germains située au nord de l'Helvétie, dont elle est séparée par le territoire des Tulinges.

Latovices. Peuple celte de Pannonie (actuelle Hongrie et partiellement la Croatie et la Serbie). Leur territoire n'est pas localisé avec précision, mais se situait probablement entre la Save et la Drave.

Massiliens. Petit peuple installé autour de Phocée (Marseille).

Nantuates. L'un des quatre peuples celtes, avec les Sédunes, les Véragres et les Ubères, habitant le Valais actuel. Situé dans le Chablais valaisan actuel, son oppidum était Tarnaiae, l'actuelle Massongex, probablement le centre religieux de tout le Valais. La ville semble dédiée au culte de Taranis. « Nantuates » signifie « habitants de la vallée ».

Rauraques. Ce territoire correspond de nos jours à la plus grande partie du département du Haut-Rhin, au canton de Bâle et à la partie de ceux d'Argovie, de Soleure, du canton du Jura et de Berne, qui est située à l'ouest du Jura helvétique. Il avait pour bornes à l'ouest, les Vosges et la chaîne qui les relie au Jura septentrional, au sud, le mont Vocetius (le Bözberg) jusqu'au confluent de l'Aar et du Rhin, à l'est, le Rhin, au nord, le pays des Triboques.

Rutènes. Peuple du sud du Massif central. Son territoire s'étendait des monts d'Aubrac, au nord, au causse Castrais, au sud, soit une vaste zone qui recouvre l'ancien Rouergue, aujourd'hui le département de l'Aveyron, et une bonne partie du département du Tarn.

Santons. Peuple qui occupait un territoire couvrant la future province de Saintonge soit actuellement le département de la Charente-Maritime, avec l'ouest du département de la Charente, le nord Gironde et les sud Vendée et Deux-Sèvres.

Sarunètes. Petite peuple situé dans l'actuel canton de Saint-Gall. L'encyclopédiste J.-B. Bourguignon d'Anville (1697-1782), dans sa « Notice de l'Ancienne Gaule », leur attribue Sargans comme ville principale, « *au-dessus du lac de*

Constance et un peu au-dessous de l'endroit où se fait la jonction des deux branches qui forment le Rhin. »

Sédunes. Peuple celte établi dans le Valais central. De nombreuses sépultures et traces d'habitats de cette époque ont été retrouvées dans la région de Sion, qui était son oppidum et que quelques auteurs identifient avec la Drousomagos des textes antiques. Les Sédunes se distinguent par l'habitude qu'avaient leurs femmes de porter de lourds anneaux de cheville.

Ségusiaves. Peuple de la Gaule celtique, allié et client des Éduens. Les Ségusiaves étaient établis sur la rive droite du Rhône. La Saône les séparait des Ambarres et des Allobroges ; ils avaient au sud les Vellaves et les Helviens pour voisins, et au nord les Séquanes et les Boïens. Leur centre était le Forum Segusiavorum (Feurs).

Séquanes. Les « gens de la Seine » formaient l'un des peuples gaulois influents de l'est de la Gaule au contact des Helvètes. Ils contrôlaient un vaste territoire correspondant aujourd'hui à la Franche-Comté, entre la Saône, le Rhône, le Jura et les Vosges. Le toponyme Bourbonne-les-bains (Haute-Marne) – en référence au dieu gaulois Borvo – pourrait marquer un point frontière entre les Séquanes, les Lingons et les Leuques. Leur capitale était Vesontio (Besançon). Parmi les autres villes importantes connues on trouve Epomanduodurum (Mandeure), Segobodium (Seveux) et Luxovium (Luxeuil).

Teutons. Le terme « Teutons » (du proto-germanique Deudanos, dont le mot allemand Deutsch, dérive) désigne différents peuples germaniques, originaires des bords de la Baltique et des îles du Danemark, et dont le nom générique signifie « notre Peuple ». Ce mot peut désigner, soit un peuple qui, lors de la dégradation climatique des années -100, a quitté le nord de la Germanie pour piller la Gaule, soit des tribus connues par ailleurs sous le nom d'Alamans.

Tigurins. L'un des quatre clans formant le peuple des Helvètes. Son territoire se situait sur le plateau suisse, entre le lac Léman et le lac de Neuchâtel. Les Tigurins ont laissé leur nom à la ville de Zurich.

Tolosates. Peuple de la Gaule Aquitaine, appartenant aux Volques Tectosages. Les Tolosates étaient établis sur les deux rives de la Garonne. Leur principale ville était Tolosa (Toulouse).

Tulinges. Peuple germanique établi sur la frontière nord de l'Helvétie dont il était dépendant. Sa localisation correspond peut-être au grand duché de Bade, près de la ville actuelle de Stuhlingen.

Vellaves. Peuple de la Gaule Celtique, soumis aux Arvernes, établi dans le Velay (Haute-Loire).

Verbigènes. L'un des quatre clans formant le peuple des Helvètes.

Sources :

Camille Jullian – *Histoire de la Gaule*
Jean-Pierre Picot – *Dictionnaire historique de la Gaule*
Wikipédia

BIBLIOGRAPHIE

I. Principaux ouvrages utilisés pour la rédaction du *Roman de la Guerre des Gaules*

BORDET Maurice, *Précis d'Histoire romaine*, Armand Colin, Paris, 1989.

BRUNAUX Jean-Louis, *Les Gaulois*, Les Belles Lettres, coll. Guide Belles Lettres des Civilisations, Paris, 2005.

CARATINI Roger, *Jules César*, Éditions Michel Lafon, Paris, 2001.

CARCOPINO, *Alésia et les ruses de César*, Flammarion, Paris, 1958.

CÉSAR, *La guerre des Gaules*, GF Flammarion, Paris, 1964
— *Guerre des Gaules*, Les Belles Lettres, Paris, 2002.

DOTTIN Georges, *La langue gauloise*, Librairie Klincksieck, Paris, 1918. (disponible par www.lexilogos.com)

ELUERE Christiane, *L'Europe des Celtes*, Gallimard Découverte, Paris, 1992.

GOUDINEAU Christian, *César et la Gaule*, Errance, coll. Points Série Histoire n° H271, Paris, 1990.
— *Le dossier Vercingétorix*, Actes Sud / Errance, Arles, 2001.

GRENIER Albert, *Les Gaulois*, Petite Bibliothèque Payot, Paris, 1997.

HARMAND Jacques, *Vercingétorix*, Fayard, Paris, 1984.

HORST Eberhard, *César*, Fayard, Paris, 1981.

JULLIAN Camille, *Histoire de la Gaule*, Hachette, Paris, réédition 1993.

LE BOHEC Yann, *César chef de guerre*, Éditions du Rocher, coll. L'Art de la Guerre, Paris, 2001.

LE GALL Joël, *Alésia, Archéologie et Histoire*, Éditions Errance, Paris, 1990.

MOMMSEN Théodore, *Histoire romaine*, Livres V et VI, Robert Laffont, coll. Bouquins, Paris, 1985.

NAPOLEON III, *La Guerre des Gaules de César*, Éditions Errance, Paris, 2001.

PICOT Jean-Pierre, *Dictionnaire historique de la Gaule*, Édition La Différence, Paris, 2002.

RICHARDOT Philippe, *Les erreurs stratégiques des Gaulois face à César*, Édition Economica, Paris, 2006.

ROBERT Jean-Noël, *Rome*, Les Belles Lettres, coll. Guide Belles Lettres des Civilisations, Paris, 1999.

ROMAN Danièle et Yves, *Histoire de la Gaule*, Fayard, Paris, 1997.

SAVIGNAC Jean-Paul, *Merde à César*, Édition La Différence, Paris, 2000.

SUÉTONE, *Vies des Douze Césars*, Le Livre de Poche, Paris, 1963.

THIERRY Amédée, *Histoire des Gaulois*, Didier en Cie, 1866, numérisé par Google.

II. Les sites Internet suivants ont également été d'une grande utilité

www.wikipedia.org
www.marikavel.com
www.arbre-celtique.com
www.lexilogos.com

NOTES

CHAPITRE I

1. Vers le milieu du IIe siècle av. J.-C., les grands peuples de Gaule, Arvernes, Éduens, Séquanes, Helvètes et probablement d'autres, avaient supprimé la royauté. La puissance était passée entre les mains de la noblesse. À la place du roi avait surgi le « Justicier » ou « Vergobret », nommé pour un an. « Vergobret » viendrait de deux mots celtes : « guerg », qui agit, qui fait, et « breth », justice. (Source : T. Mommsen pp. 162, 163).

2. Depuis 121 av. J.-C., les Éduens, qui avaient appelé Rome à l'aide contre les Arvernes, avaient obtenu le titre de « frères et consanguins du peuple romain ». (Source : C. Jullian p. 441).

3. Les Verbigènes sont, avec les Tigurins, l'une des quatre tribus d'Helvétie.

4. Les Helvètes vivent divisés en quatre tribus, unies par un lien fédéral assez lâche. Ils ont douze oppida, quatre cent villages. Leur principale ville, Avenches (*Aventicum*), est située exactement au centre de leur route principale, celle que forme le sillon lacustre de Constance à Genève ; aux deux extrémités de cette route, *Noviodunum* ou Nyons et *Vitodurum* ou Winterthur, fermaient, à l'entrée des défilés, les portes de leur domaine. (Source : C. Jullian p. 415).

CHAPITRE II

1. La dernière révolte des Allobroges contre Rome remonte à deux ans à peine. Leur capitale, Solonium, fut prise et le propréteur de la Province, Caïus Pomptinus, put facilement s'emparer de tout leur pays. Le temps de la résignation leur parut arriver. Et, avec eux, tous les peuples de la Gaule méridionale perdirent dès ce jour et à jamais le désir de l'indépendance. (Source : C. Jullian pp. 473 et suivantes).

2. Les Allobroges ont été battus et soumis par le consul Cnaius Domitius Ahenobarbus en 122 av. J.-C. (Source : M. Bordet p. 107).

3. La charge sacerdotale, en Gaule, repose sur trois fonctions : les druides (étude de toutes les sciences humaines et divines : théologie, astronomie, physiologie, ainsi que justice, enseignement, divination, prédiction, magie, guerre), les vates (sacrifices, divination, magie), et les bardes (poésie officielle non écrite – louange et blâme – et musique). (Source : F. Le Roux et C. Guyonvarc'h p. 42).

4. La *Regia*, à l'origine une résidence royale, est devenue, sous la République, le siège du *Pontifex Maximus*, dignité à laquelle César avait été appelé depuis 63 av. J.-C. (Source : E. Horst pp. 119 et 152 et C. Goudineau p. 113).

5. Posidonios d'Apamée, qui avait pris la direction de l'école philosophique stoïcienne de Rhodes, se passionnait pour la géographie physique, l'ethnographie et l'histoire contemporaine. (Source : C. Goudineau p. 75).

6. Massif Central.

7. Christian Goudineau a reconstitué la carte de la Gaule telle que l'on peut la dessiner à partir des multiples descriptions tirées de la *Géographie* de Strabon. César n'a pas pu utiliser les cartes de Strabon, né en 57 av. JC, deuxième année de la conquête des Gaules. Les cartes dont disposait César devaient donc être encore plus frustres que celles du géographe grec. (Source : C. Goudineau, p. 78).

8. En mai 59 av. J.-C., le tribun Vatinius présenta à l'assemblée du peuple un projet de loi nommant César proconsul de la Gaule Cisalpine (Italie du Nord) et de l'Illyrie (actuelle Dalmatie). De plus, il aurait sous ses ordres les trois légions stationnées à Aquilea et pourrait choisir lui-même ses subordonnés, les légats. La clause la plus audacieuse portait de un à cinq ans la durée du mandat. Malgré l'opposition acharnée du Sénat, la *lex Vatinia* fut approuvée par plébiscite. (Source : E. Horst p. 160).

9. Possiblement le lac du Bourget (il y a un petit lieu-dit appelé Albens au nord-est du lac).

10. Titus Attius Labiénus, né vers 100 av. J.-C., commença à servir en Cilicie vers 78-74 av. J.-C., sous le commandement de Servilius. En 63 av. JC, peut-être à la demande de César, il poursuivit Gaius Rabirius pour avoir fait mettre à mort un tribun de la plèbe, trente-sept ans auparavant, en dépit de l'immunité que lui conférait sa fonction. La même année, en tant que tribun de la plèbe, il manœuvra pour assurer à César la charge de *Pontifex Maximus*. (Source : E. Horst pp. 117, 118).

11. César a été nommé *Pontifex Maximus* en 63 av. J.-C., charge que le titulaire conserve à vie. (Source : E. Horst p. 78).

12. De par sa charge de proconsul, César avait droit de s'adjoindre six lieutenants avec rang de propréteurs. (Source : T. Mommsen p. 172).

13. Le secrétariat de César fut dirigé, les premières années, par Pompeius Trogus, Gaulois naturalisé romain. À partir de 54 av. J.-C., il fut probablement remplacé par Aulus Hirtius, qui rédigea le chapitre huit de *La Guerre des Gaules*. (Source : E. Horst p. 414 note 12).

14. Suétone décrit ainsi César : « Il avait, dit-on, la taille haute, le teint blanc, les membres bien faits, le visage un peu trop plein, les yeux noirs et vifs, une santé robuste quoique dans les derniers temps il fût sujet à des syncopes soudaines et même à des terreurs qui interrompaient son sommeil. Il eut aussi deux fois des attaques d'épilepsie en plein travail. » (Source : Suétone XLV).

15. Aix-en-Provence.

16. En 106 av. J.-C., les Helvètes envahirent l'Aquitaine. Le nouveau consul de Rome, Cassius, les poursuivit. Le jeune chef des Helvètes, Divicon, tendit un piège au consul qui dut combattre dans les pires conditions. Il fut tué, ainsi que son premier légat, Calpurnius Pison. Le reste de l'armée romaine se rendit, dut livrer des otages et abandonner la moitié de ses bagages. Les Helvètes

obligèrent tous les soldats qui avaient survécu à passer sous un joug. (Source : C. Jullian p. 453).

17. Itinéraire cité par Horst. Note 21 p. 409 et C. Goudineau p. 50.

18. En 60 av. J.-C., les Séquanes recrutèrent des mercenaires Germains pour lutter contre les Éduens. Le roi suève Arioviste en profita pour s'installer en Gaule. (Source : C. Jullian p. 484 s.).

19. Au début de la Guerre des Gaules, c'est Cornélius Balbus qui occupait le poste de *praefactus fabrum* (intendant des ouvriers). On dirait aujourd'hui « ingénieur commandant le corps du génie ». Il fut remplacé, en 55 av. J.-C., par Mamurra. (Source : T. Mommsen p. 244 – E. Horst p. 214).

20. Dans beaucoup de pays des Gaules, l'époque est marquée par la lutte entre les fidèles de la monarchie et les tenants de l'aristocratie des chefs. La royauté traditionnelle fut supprimée chez les Sénons, les Carnutes et les Séquanes. Parfois, quelques puissants seigneurs se frayaient la route vers la tyrannie, en répandant leurs largesses sur la multitude et en louant des mercenaires : ce fut le cas de Dumnorix chez les Éduens et d'Orgétorix chez les Helvètes ; et peut-être déjà, chez les Arvernes, le parti monarchique tournait-il ses espérances vers le fils de Celtill, le futur Vercingétorix. (Source : C. Jullian p. 480).

21. L'épopée celte irlandaise comporte de féroces déesses de la guerre et du carnage, volant comme des oiseaux au-dessus des combattants et jetant la panique chez l'ennemi. Telle est Bobd-Catha, la Corneille des combats, dont le nom se retrouve dans la Cathubodua de Haute-Savoie. (Source : A. Grenier p. 299).

22. Les Gaulois divisent l'année en deux saisons : la saison froide, « giamon », qui commence le 1er novembre, et la saison chaude, « samon », qui commence le 1er mai. (Source : A. Grenier p. 305).

CHAPITRE III

1. Les Tigurins sont, avec les Verbigènes, l'un des quatre clans d'Helvétie. Ils couvrent les actuels cantons de Vaud et de Fribourg. (Source : T. Mommsen p. 175 note 2).

2. Suétone (XXIV) ne date pas l'inclusion de la légion Alauda à l'armée de César. C. Goudineau (p. 231) en fait remonter la création en 52 av. J.-C. William Smith (*A Dictionnary of Greek and Roman Antiquities* – London 1875) mentionne 55 av. J.-C. Ce serait la Légion V.

3. Une multitude de non-combattants encadrait les légions, presque aussi nombreuse qu'elles. Il y avait les auxiliaires civils de l'armée, libres ou esclaves : courriers, agents de transport, charretiers, palefreniers, muletiers, vivandiers, valets de cuisine, serviteurs d'officiers, ouvriers de toutes sortes. Il y avait aussi les chercheurs de fortune qu'une troupe humaine entraîne toujours après elle : négociants venus d'Italie, officiers en quête d'emplois, quémandeurs à la recherche d'emprunts, intrigants politiques qui sollicitent l'appui du chef, marchands ambulants, aventuriers, maraudeurs, voleurs, et, sans doute, prostituées de toutes catégories. (Source : C. Jullian pp. 496, 497).

4. 480 sesterces par an, soit 1,25 sesterce par jour, ou encore 5 as (il faut 4 as pour faire 1 sesterce). (Source : E. Horst p. 50 et C. Goudineau p. 231).

5. Cicéron cite Diviciac dans le *De Divinatione*. C'est son frère Quintus qui parle : « Même dans les nations barbares, la science divinatoire n'est pas négligée. Ainsi, en Gaule, ce sont les druides qui en sont les tenants. Moi-même, j'ai connu l'Éduen Diviciac qui fut ton hôte et qui chantait tes louanges. ». (Source : C. Goudineau p. 92).

6. Très peu de Romains servaient à cheval, tout au plus quelques légionnaires, les officiers et l'état-major. Pour la cavalerie, César comptait sur l'appoint que lui fourniraient les indigènes de la Gaule romaine ou indépendante, Allobroges, Rèmes, Éduens, Lingons et autres, et il eut, en effet, autour de lui, quatre à cinq mille cavaliers gaulois, médiocres soldats. César fut obligé, à la fin, d'enrôler des Germains, dont la cavalerie et l'infanterie montée étaient fort supérieures à toute armée gauloise. (Source : C. Jullian p. 494).

Des levées de cavalerie furent régulièrement imposées aux peuples de Gaule, tant dans la Province que dans la Gaule indépendante, et à leurs frais. (Source : C. Goudineau p. 239).

7. Matisco.

8. C. Jullian p. 453 – C. Goudineau p. 58

9. Chaque légionnaire porte ses vivres. Selon Cicéron, la distribution intervient tous les quinze jours. La ration du légionnaire, blé, sel, pain, fromage, pesait de quinze à vingt kilos, à quoi il faut ajouter le pieu, les armes et les ustensiles de cuisine, soit, au total, un poids vraisemblable voisin de quarante kilos. (Source : C. Goudineau p. 251).

10. Suétone décrit ainsi la manière qu'utilise César pour parler à ses soldats : « Dans ses harangues, au lieu de les appeler "soldats", il leur donnait le nom plus flatteur de « compagnons d'arme ». (Source : Suétone LXVII).

11. Les calendes sont le premier jour de chaque mois. Juin (*Junius*) est le mois de Junon. (Source : JN Robert p. 145).

12. Les Helvètes, selon Posidonios, sont « riches en or et gens paisibles ». (Source : C. Eluère p. 83).

13. Albert Grenier cite Tacite parlant des Germains : « Ils adorent en commun la déesse Nerthus, c'est-à-dire la Terre-Mère. Il est, dans une île, un bois consacré et, dans ce bois, un char dédié à la déesse… seul le prêtre a droit d'y toucher. » (Source : A. Grenier p. 303).

CHAPITRE IV

1. À l'origine, la *posca* était bien du vin, mais du fait de mauvaises méthodes de conservation, elle se transformait rapidement en vinaigre. Elle était alors coupée d'eau, ce qui la rendait plus désaltérante et permettait de réaliser des économies. Cette boisson bon marché, réputée très rafraîchissante, était essentiellement servie aux légionnaires, au peuple et aux esclaves. Chez les légionnaires,

la *posca* était transportée dans une fiole accrochée à la ceinture. (Sources : C. Goudineau, p. 252 et Wikipedia).

2. Cabillonum.

3. Avaricum.

4. Lors du voyage de César vers Rhodes, en 74 av. J.-C., son bateau fut capturé par des pirates près de l'île de Pharmacoussa, au large des côtes d'Asie Mineure. Sa liberté dépendait du paiement d'une rançon importante : cinquante talents (un talent valait environ 25 kg d'argent : la rançon demandée représentait donc environ 1 tonne ¼ d'argent). César envoya ses serviteurs réunir la somme. Sa captivité dura près de quarante jours. Libéré contre la rançon, il mit sur pied, en un temps record, une expédition punitive contre ses geôliers. Il récupéra un butin considérable et fit exécuter les pirates sans aucun scrupule. (Source : E. Horst p. 75-76).

5. En réalité, ce jugement provient de Strabon. Mais ce dernier, né en 57 av. J.-C., s'est beaucoup inspiré des travaux de Posidonios d'Apamée. (Source : A. Grenier p. 26).

6. Chaque légionnaire transporte, dans son bagage, un pieu de bois destiné à la fortification du camp. (Source : C. Goudineau p. 252).

7. L'alliance entre Rome et les Éduens remonte à la première moitié du IIe siècle av. J.-C. Cette alliance est fondée sur d'antiques relations, *fratres consanguineique* (« frères de même sang »). (Source : C. Goudineau p. 48).

CHAPITRE V

1. Suétone décrit ainsi la pratique religieuse de César : « Aucun scrupule religieux ne lui fit même abandonner ou différer jamais une seule de ses entreprises. Bien que la victime se fût enfuie au moment où il allait l'immoler, il ne remit pas son expédition contre Scipion et Juba. ». (Source : Suétone LIX).

Pour Eberhard Horst, l'attitude de César envers la religion d'État était d'un scepticisme distant, qu'il partageait avec la plupart des aristocrates contemporains. Ses prédécesseurs à la Regia, siège du Pontifex Maximus, vaquaient aussi à leurs occupations profanes sans affres de conscience. (Source : E. Horst p. 152).

2. Allusion à l'épisode de Bithynie. En 84 av. J.-C., il se rend à la cour de Nicomède, roi de Bithynie. Son comportement alors, rapporté à Rome par des négociants invités également à la table du roi, apparaît extrêmement déplacé pour un officier et un représentant de Rome. Eberhard Horst précise que l'homosexualité n'était pas exceptionnelle parmi les jeunes romains ; le genre de vie très libre que menait César rend la rumeur vraisemblable. (Source : E. Horst p. 59).

Suétone mentionne que «… il s'est attardé chez Nicomède et l'on ne fut pas sans dire qu'il s'était prostitué à ce roi. ». (Source : Suétone – II).

Christian Goudineau ajoute : « Son séjour [chez Nicomède] a fait jaser des générations de romains. Près de quarante ans plus tard, lors du triomphe célébrant les victoires de César sur la Gaule, ses soldats – qui, ce jour-là, pouvaient tout se permettre – entonnaient, entre autres chansons grivoises : *César a eu le dessus sur les Gaules, mais c'est Nicomède qui eut le dessus sur César.* » (Source : C. Goudineau p. 108).

3. Sylla aurait dit, concernant César : « Méfiez-vous de ce jeune homme mal ceinturé ». Mal ceinturé, ou négligemment ceinturé, une toge flottant au vent : cela passait, à Rome, pour être un signe d'amollissement, bon pour les petits maîtres efféminés. (Source : E. Horst p. 55).

4. La nuit est divisée en quatre « veilles » de trois heures chacune, réparties également de part et d'autre de minuit, seul repère fixe. Comme pour les heures diurnes, les heures de la nuit varient donc en longueur selon les saisons. (Source : JN Robert p. 146).

5. Le culte a ses lieux consacrés, non pas des édifices mais une enceinte dans une lande ou une clairière au cœur d'une forêt ; le terme gaulois est *nemeton* qui signifie simplement espace délimité. (Source : A. Grenier p. 304).

6. Le boisseau contient 8,78 litres de solide. On compte 10 kg de blé par boisseau. (Source : JN Robert p. 136).

7. L'artillerie romaine se composait de diverses machines dont le fonctionnement reposait sur un seul et même principe, celui de la détorsion. Ce principe est utilisé pour lancer soit des boulets selon une trajectoire courbe, soit des traits selon une trajectoire tendue. Ces engins répondent au terme générique de *tormenta*. Les catapultes envoyaient des boulets de plusieurs dizaines de kilos jusqu'à 300 mètres : les soldats les avaient appelées des « onagres » (les ânes sauvages) D'autres machines, de taille différente (balistes, « scorpions ») projetaient des flèches énormes, des « javelots de siège » avec une force et une précision redoutable. Une expérimentation a démontré qu'une flèche de 60 cm lancée par une tormenta pouvait percer à plus de 300 m de distance une planche épaisse de 2 cm et s'y enfoncer de 30 cm. (Source : C. Goudineau p. 235).

8. C. Goudineau cite Plutarque : « les femmes, avec des épées et des haches en leurs mains vinrent au devant en grinçant des dents et hurlant de douleur et de courroux, et chargeant tant sur les fuyards que sur les poursuivants, les uns comme traîtres et les autres comme ennemis. Mais, qui plus est, elles se jetèrent au milieu des combattants, et s'efforçant d'arracher les pavois aux Romains, et empoignant leurs épées avec les mains toutes nues, jusques à endurer d'un courage invincible qu'on les navrât et les tranchât en pièces à coups d'épée. » (Source : C. Goudineau p. 61).

CHAPITRE VI

1. Cri des Bacchantes, que ces prêtresses de Bacchus poussaient en l'honneur de la victoire de leur champion sur les Géants.

2. Aventicum, bourgade à l'époque des faits, deviendra, un peu plus tard, la capitale de l'Helvétie romaine.

3. Andemantunum est la capitale des Lingons.

4. Il faut distinguer, disaient les druides, entre les corps que nous voyons et les âmes qui les animent : ceux-là disparaissent, celles-

ci ne périssent point. Elles durent au moins deux existences, séparées par ce que l'on appelle la mort ; et cette dernière n'est que le départ pour un autre séjour. Au-delà du domicile provisoire que l'homme nomme son corps, il trouvera un nouveau corps et vivra du même souffle une nouvelle vie. (Source : C. Jullian p. 277).

5. Il s'agit du célèbre épisode de la prise de Rome par les Gaulois en 390-386 av. J.-C. Après sa victoire, le chef gaulois, Brennus ou Brennos, soupçonné par le Romain Quintus Sulpicius d'utiliser des poids truqués pour accroître la rançon, aurait jeté sa lourde épée dans la balance, en disant : « *Vae victis* ! ». (Source : C. Goudineau p. 26)

6. « Le venin est dans la queue ». Faisant allusion au scorpion, les Romains créèrent ce proverbe qu'ils appliquaient à une lettre ou à un discours débutant sur un ton amical et inoffensif pour s'achever sur un trait blessant. (Source : Petit Larousse illustré – pages roses).

7. Posidonios, cité par C. Eluère p. 83.

APPENDICES

1. A. Grenier p. 271

TABLE DES MATIÈRES

Achevé d'imprimer en décembre 2008

par Sagim-Canale, Courtry

Imprimé en France

L'imprimerie Sagim-Canale est titulaire
de la marque Imprim'vert

Dépôt légal : janvier 2009

N° d'impression : 11195

Éditions Alphée, Jean-Paul Bertrand
28, rue Comte-Félix-Gastaldi
Monaco